우리 고승들의 禪詩 세계

|임종욱 지음|

보고사

서 문

 한문학을 공부하면서 늘 의욕만큼 능력이 부족한 것을 느끼면서 노력으로 이를 만회하고자 애써왔다. 그러면서 이런저런 글도 쓰고 논문도 내면서 더딘 걸음이나마 스스로 만족할 수 있는 성과를 내고자 하였다. 누군가가 아는 만큼 공부는 어려워진다고 했는데, 요즈음은 더더욱 절감하게 된다.
 우리 한문학 연구도 많은 우수한 학자들이 배출되어, 척박한 가운데에서도 씨앗을 뿌렸던 선배 학자들의 노고에 보답하는 수준에까지 다가가고 있다. 이런 움직임은 한자와 한문이 대학의 정규 교과에서 소외당하는 현실 속에서 새로운 시대를 향한 한 줄기 빛으로 작용하리라 믿는다.
 다만 한문학 연구가 다방면으로 관심을 넓히고 양적으로나 질적으로 괄목할 만한 연구 업적이 나오고 있지만, 불교계 지식인들이 남겨 놓은 한문학 유산에 대한 성과만은 보조를 맞추고 있지 못한 것 같아 항상 아쉬움을 떨쳐버리지 못했다. 원래 나 자신의 관심이 그쪽에 가 닿아 있었던 탓인지, 또 불교 한문학의 깊이가 옅지 않다는 점을 알아서인지 자연 글을 쓰고 문제를 생각할 때 먼저 떠오르는 분야는 이쪽이었다. 근래에 진행했던 작업들을 돌이켜보면 이렇게 다소 외면당하고 있는 불교 한문학에 조금이라도 도움이 되기를 바라는 마음이 있었지 않았나 여겨진다.
 이번에 그 노력의 작은 성과를 책으로 내게 되었다. 사실 이 책의 원고를 쓰게 된 계기는 작년 한 해 동안 불교방송에 출연하여 '불교문학산책'이라는 이름으로 방송강의를 하게 된 데 있었다. 한 주 20분 정도의 짧은 시간이었지만, 강의를 맡으면서 그저 방송으로만 마치지 말고 체계적으로 접근해서 뒷날 전공하는 사람이나 일반인들에게 불교 한문학을 소개하는 기회로 삼자는 욕심이 들었다. 그래서 방송 분량보다 훨씬 많은 원고를 썼고, 그러다보니 상당한 분량의 원고가 되었다. 이 책은 그 가운데 우리 고승들의 선시 세계를 조명한 원고들만 모은 것이다.

매주 시간을 쪼개가면서 원고를 작성하다보니 논의가 부족하거나 미진한 부분도 눈에 띄고, 능력에 미치지 못하는 작품도 남게 되었다. 여러 점들을 보완하고 정리해서 한 권으로 엮었는데, 여전히 낯 뜨거운 책으로 머문 듯하여 부끄러울 뿐이다. 다만 읽으시는 분들에게 옛 고승들의 선시들이 이런 것이구나 하는 흥미와 관심을 조금이라도 불러일으킨다면 다행이겠다. 글은 시원찮을지 모르겠지만, 옛 고승들의 선시 세계 속에는 우리가 일찍이 보지 못했던 비경(秘境)이 숨어 있으니, 그런 점들이 이 책을 통해 인식되었으면 더할 보람이 없겠다. 부족한 부분은 앞으로 계속 기워나가겠다.

작년 한 해 동안 방송을 함께 진행해주셨던 승가대학교의 김상영 교수님께 우선 감사드린다. 교수님의 해박한 해설이 없었다면 우리 불교사의 흐름을 제대로 짚지 못했을 것이다. 그리고 박용호 피디의 정열적인 헌신이 없었으면 이 정도 책도 나오지 못했을 것이다. 방송 때마다 번역된 한시를 잔잔하게 낭송 녹음해서 시의 맛을 살려주신 최웅경 아나운서의 수고도 잊을 수 없다. 사실 이 책은 이 세 분과의 공저라고 해도 좋을 것이다.

글을 쓴다고 집안일은 나몰라라 하고 연구실에서 밤을 새우는 남편을 잘 이해해준 아내 홍지영과 두 딸 견지, 은지에게는 고마움과 함께 미안한 마음이 앞선다. 그리고 부모님과 장인 장모님, 여러 친지분들의 따뜻한 시선은 언제나 내게 큰 힘이 되었다. 우리 청주대학교의 김홍철, 최병철 두 분 어른 교수님의 후의와 격려는 늘 마음에 새기며 살아가고 있다. 또 함께 우리나라 부(賦) 문학 역주 해제 작업을 하느라 고생이 막심한 박재금, 강석근, 배규범, 신태영 네 분께도 이 책의 보람을 함께하고 싶다.

마지막으로 어려운 형편에 책의 출간을 선뜻 응락해주신 보고사의 김홍국 사장님과 편집부 여러분께도 깊이 감사를 드린다. 이 신세는 두고두고 갚겠다.

가을이 깊어가고 있다. 올 한 해도 이럭저럭 저물어가는 길목에 서 있다. 새해를 맞을 때의 소망을 이루기 위해 충실히 살아왔는지 돌이켜보면 후회만 남는다. 남은 시간들은 이런 미련을 조금이라도 덮는 데 써야겠다.

2006년 10월에
청주대학교 연구실에서 단풍을 보며 쓴다.

차 례

서문 / 3

◉ 선시의 발생과 변용 ◉
선시는 어디에서 왔는가? ··· 9

◉ 무의자 혜심의 선시 ◉
마음도 두지 말고 얽매임도 두지 말라 ································· 37

◉ 원감국사 충지의 선시 ◉
우국위민憂國爲民을 노래한 시를 쓰다 ································· 55

◉ 태고 보우의 선시 ◉
승속僧俗을 아우른 실천적 선시 ·· 65

◉ 나옹 혜근의 선시 ◉
비움과 채움의 시학詩學 ··· 83

◉ 함허 득통의 선시 ◉
조선朝鮮 불교의 꺼지지 않는 등불 ····································· 103

◉ 허응 보우의 선시 ◉
무심한적無心閒寂한 시세계, 순교자의 문학 ······················· 117

◉ 서산대사 휴정의 선시 ◉
선맥禪脈과 국맥國脈을 이은 승병장의 선시 ····················· 131

◉ 소요 태능의 선시 ◉
수행으로 세상에 경종을 울린 선시의 세계 ····················· 147

◉ 백곡 처능의 선시 ◉

다정다감했던 시승詩僧의 선시 ·· 163

◎ 설암 추붕의 선시 ◎
방대한 작품집을 남긴 고승의 선시세계 ······························ 177

◎ 허정 법종의 선시 ◎
자연과 속세를 함께 품고 살다 ·· 195

◎ 천경 해원의 선시 ◎
진지하면서도 청한淸閑한 선승의 삶 ····································· 213

◎ 아암 혜장의 선시 ◎
일생을 울분으로 살다 요절하다 ·· 233

◎ 초의 의순의 선시 ◎
진경산수시眞景山水詩를 완성한 시승 ···································· 251

◎ 철선 혜즙의 선시 ◎
안분자족安分自足의 삶을 실천하다 ······································· 259

◎ 석전 박한영의 선시 ◎
도도하게 선맥禪脈의 흐름을 갈파하다 ································· 279

◎ 중국 고승들의 선시 ◎
우리 선시의 뿌리를 살펴본다 ·· 287

[부록 1] 옛 시인들이 노래한 낙산사洛山寺 ······················· 303
[부록 2] 옛 선비들이 노래한 산사山寺의 아름다움 ········· 323

찾아보기 / 343

◎ 선시의 발생과 변용 ◎
선시는 어디에서 왔는가?

너는 좌선하고 있느냐? 그렇지 않으면 앉아 있는 불타의 흉내를 내고 있느냐? 좌선이면 선은 좌와(坐臥)에 얽매이지 않으며, 앉아 있는 불타는 선정의 자세에 얽매이지 않는다. 진리는 어디에도 머무르지 않는다. 일부러 취사(取捨)해서는 안 된다. 너는 앉아 있는 불타를 배워서 불타를 죽이고 있다. 좌선에 사로잡히는 것은 선에 도달하는 길이 아니다.
— 남악회양(南嶽懷讓)

    문학에 있어서 믿음은 대단히 중요한 문제 가운데 하나이다. 그것은 문체(文體)와 더불어 작가의 개성을 대변해주는 근본적인 토대가 되기 때문이다. 물론 전달 과정 가운데 그릇 이해되는 경우도 종종 있지만 그 오해의 정도를 헤아리기 위한 기준으로서도 작가의 믿음은 필요 불가결한 요소일 수밖에 없다. 그릇된 인식을 수정하기 위해 우리는 문학의 텍스트에로 시선을 돌리게 되는 것이고, 그러므로 믿음은 문학의 가치평가를 위한 방편이 된다고 할 수도 있다.
    이러한 믿음이 어떻게, 어떤 방법으로 구체화되는지의 여부는 다양하게 추적될 수 있을 것이다. 문학은 결국 작가의 목소리이면서 동시에 텍스트 자체의 목소리이기도 하다. 이러한 문학의 양면적 성격 때문에 그에 접근하기 위한 방법론이 줄기[幹]에 가지[枝]를 덧붙이게 되는 것이겠지만 우리는 여기서 일단 러시아 형식주의자들이 강조하는 후자의 방법론으로부터 멀어지기로 하자. 그러면 남는 것은 작가의 믿음과 문학이다. 이것 역시 믿음과 문학 중 어느 쪽에 강조점을 두는가에 따라 시각에 큰 차이가 생긴다. 그러나 분명한 것은 양자를 공평한 시선으로 음미할 때 비로소 아름다운 중용(中庸)의 미학이 싹트리라는 사실이다.

그리고 또한 믿음은 단순한 윤리의 문제가 아니라 궁극적으로 논리를 초월한 현묘(玄妙)의 세계라는 점이다. 우리의 인식기관을 무한히 활용할 수 있다는 전제하에 과학의 진보라는 역사관이 성립되었던 것이지만 이것이 얼마나 무서운 시행착오를 저질렀는가를 우리는 역사를 통해서 충분히 보아왔다. 존재에 대한 무한한 초월의 가능성, 이것은 곧 직접적으로는 종교를 탄생시켰고 간접적으로는 문학의 존재근거의 한 몫이 되기도 했다. 그것은 상상력이야말로 시간과 공간을 관류하면서 인간의 정신 활동을 기름지게 하는 근원이기 때문이다. 아리스토텔레스의 『시학』이래로 끊임없이 문제의 초점이 되어온 상상력은 가깝게는 문학과 예술에서 멀리는 현대과학에 이르기까지 다양한 장을 통해 강조되어 온 인간만의 능력이다. 그리하여 우리는 이러한 연맥 관계를 매개로 하여 문학에 있어서 초월과 상상력의 관계를 종교에 있어서의 그것으로부터 유추할 수 있게 된다.

동서를 막론하고 문학과 종교는 같은 모태를 가지고 발생하여 성장한 일란성 쌍생아임은 주지의 사실이다. 문학은 종교의 초경험적 논리를 이야기, 즉 신화(神話)의 창조를 통해 대중화시켰으며 종교 역시 이성의 한계를 극복한 꿈과 몽상의 세계를 문학에 제공하여 그 범주를 확장시켰던 것이다. 이러한 상보적 관계에서 비롯된 근친성이 때로는 거부의 몸짓이나 일방적인 추수, 또는 맹신적인 도취로 비화하기도 했는데, 그러한 와중에서 꽃핀 종교문학의 높고 깊은 경지는 우리 인류문화의 값진 자산이 되었던 것이다.

 이러한 전제를 바탕으로 우리는 종교문학의 한 영역이라 할 수 있는 '선시'의 폭과 깊이를 타진해보고, 선시를 감싸고 있는 문제에 대한 해결책을 모색해보고자 한다. 선시에 관한 정확한 정의는 선시라는 갈래가 미개척 분야인 만큼 확정된 통설은 없다. 현재까지 선시를 대상으로 연구된 전문적인 저서가 이종찬의 『한국(韓國)의 선시(禪詩)-고려편(高麗篇)』과 『한국불가시문학사론(韓國佛家詩文學史論)』, 인권환의 『고려시대(高麗時代) 불교시(佛敎詩)의 연구』세 편 정도에 머물고 있는 실정이고 그밖에 다양하게 선시 또는 불교문학을 연구한 저술들이 나왔지만 아직 기대에 못 미치고 있는 상황에서 당연한 일인지도 모른다. 그리고 선시의 거의 대다수가 한시(漢詩)라 할 수 있는데 이를 번역하여 시집으로 묶인 책자도 흔하지는 않은 편이다. 이런 여러 가지 사정 때문에 우리 문학사에서 선시에 관한 장이 따로 마련되지 못한 것이 아닌가 생각된다. 그러므로 선시 문학의 전모를 섣불리 논한다는 것은 소경이 문고리 잡는 식의 당돌한 오류를 범하는 위험한 작업임에 분명하다. 왜냐하면 우리는 선시를 논하면서 많은 부분을 가정을 통해서 근거가 애매한 결론을 도출해야 하기 때문이다.

 그럼에도 불구하고 고려시대와 조선조에 걸쳐서 이루어진 선시의 분량이 상당한 양에 달하며, 한문학을 우리 국문학의 한 장르로 당당히 들어와 있는 지금 선시의 이론과 실제를 일별하고 넘어가는 과정이 절실히 요청되고 있음도 간과할 수 없다. 더욱이 저서를 통한 이종찬, 인권환 두 분의 논의가 문학적 저변에 기초한 선시의 탐구라기보다는 '선(禪, Dhyāna)'이라는 종지(宗旨)를 기반으로 한 선시의 측면에 치우친 느낌이 없지 않아, 시보다는 선에 치중하여 선시를 파악하려고 한 태도가 짙은 아쉬운 점도 있다. 물론 이러한 접근방법이 선시의 특성상 전혀 무시할 수 없는 과정임은 분명하지만 한 번쯤 시에 초점을 맞추어 선시를 이야기해 보는 것도 뜻 깊은 일일 것이다. 또한 이 점은 바로 이 책의 성격을 말해주는 것이기도 하다. 필자는 가능하면 '선시'라는 종교문학을 종교라는 테두리에서보다는 문학이라는 테두리에서 친숙해지고자 노력할 것이다.

이와 같은 기본적인 논지에 맞춰 우리는 실제적인 작품비평에 앞서 선시가 가지고 있는 몇 가지 특수성에 대해 이론적인 접근을 시도하고자 한다.

선(禪)의 본질과 의미

부처의 가르침을 한마디로 간추려 말하기란 대단히 어려운 일이다. 그것은 분량이 많다거나 내용이 난해해서라기보다는 말로써는 통하기 어려운 지혜의 표현이기 때문이다. '깨달음[悟道 또는 眞覺]'은 표현의 문제나 형식의 구현이 아니라 행동의 문제다. 구체적인 형태가 있는 것도 아니고, 드러내 보여줄 철칙이 있는 것도 아니다. 그렇다고 물론 그 깨달음의 경지가 옅다거나 본질이 불투명하다고 잘라 말할 수는 없다. 장엄한 존재 현상은 묘사나 기록의 대상이 아니라 관조의 대상인 것처럼 궁극적으로 아름다운 것은 그것에 비길 언어를 가지지 못한 데서 오는 난관일 것이다.

그럼에도 불구하고 우리는 선시를 대상으로 그 미학적 아름다움의 본질을 탐색하기 위하여 몇 가지 '선'에 대한 일반론을 고려하지 않을 수 없다. 더구나 앞으로 전개될 논의들의 핵심을 놓치지 않기 위해서라도 얼마간의 기본지식을 전제로 삼아야 하는 것이다.

'선'이란 범어인 'Dhyāna'의 한역어(漢譯語)인 선나(禪那)에서 유래되었다. 이 말은 선정(禪定, 선으로 마음을 안정시킴), 정려(靜慮, 고요하게 생각함), 사유수(思惟修, 생각을 통해 수양함) 등 다양하게 의역이 가능한데 간단히 정의하면 '본체에 대한 돈오(頓悟)나 자성(自性)에 대한 직관적인 지각, 설득'이라고 말할 수 있다. 그러므로 그 본지를 이해하기 위해서 긴 설명을 붙이는 것보다는 육조 혜능(慧能)의 말을 빌려 풀어보는 것이 더 명확할 것이다.

선지식이여 나의 이 법문은 위로부터 내려오면서 먼저 무념으로 종을 삼고 무상으로 체를 삼으며 무주(無住)로 근본을 삼는다. 무상이란 현상계에 있으면서 현상계를 떠나는 것이고, 무념이란 생각하면서 생각이 없음이며, 무주란 사람의 본성이 세간의 선과 악과 깨끗함과 더러움과 미워하는 이나 가까운 이나, 말을 주고받고 공격하고 속이고 다툴 때에도 공(空)한 것으로 여겨서 원수를 갚을 생각, 해칠 생각을 내지 아니하여 생각 생각에 지나간 일을 생각지 않는 것이다. 만약 앞생각과 뒷생각이 잇달아서 끊어지지 않으면 그것은 얽매임이다. 모든 법에 생각 생각이 머물지 않으면 곧 얽매임이 없는 것이다. 이것이 무주(無住)로써 근원을 삼는 것이다. -『육조단경(六祖檀經)』에서

이렇게 봤을 때 우리는 불교의 종지나 선의 참뜻을 짐작하게 된다. 무념(無念)과 무상(無相)과 무주(無住), 즉 뜻을 만들지 않고 모습을 세우지 않으며 머무름[執着]이 없는 경지에 머물러 밖으로 모습을 떠나고 안으로 어지럽지 않고 청정한 마음의 상태를 선이라고 할 수 있다. 물론 이런 말에 사로잡혀 스스로 어리석어질 필요는 없다. 선의 본질은 지식이 아니라 정신의 깨달음이다. '자성(自性)이 공(空)함을 깨달으면 중생이 곧 부처이고, 자성이 어리석으면 부처도 중생되는 것을 면치 못하는 것'이다. 스스로 커다란 의단(疑團, 의심의 덩어리)을 일으켜 심오한 깊이를 깨닫지 못한다면 우리는 말 잘하는 앵무새 이상이 될 수는 없다.

이처럼 불교는 깨달음을 관건으로 삼는 종교이다. 그래서 때로 선을 일러 회광반조(廻光反照)라고도 부릅니다. 빛을 돌려 자기 자신에게 되쪼이는 것, 자성을 스스로 돌이켜 보는 것, 이것이 진정한 선(禪)인 것이다.

한편 이러한 내적인 고찰과 더불어 선사상의 외면적 고찰, 즉 통시적 이해도 여러 가지 재미있는 사실을 보여준다.

발생과정에서 본다면 선은 크게 인도선과 중국선으로 분류된다. 전자는 석존이 가섭존자(迦葉尊者)에게 자신의 '정법안장 열반묘심 실상무상 미묘법문(正法眼藏 涅槃妙心 實相無相 微妙法門)'을 부촉한 사실에서, 후자는 보리달마(菩提達摩)가 중국에 건너와 중국선종의 초조(初祖)가 되어 이조혜가(二祖慧可)에게 의발(衣鉢)을 전하면서 비롯되었다. 앞의 사실을 보통 삼처전심(三處傳心)이라 하고 뒤의 것을 직지인심 견성성불(直指人心 見性成佛)이라고 표현한다.

인도에서는 불타 이전부터 원래 선과 유사한 수행방법이 있었다. 이를 유가(瑜伽)라 불렀는데 불타는 이것을 체계화하고 정신면으로 확충하여 단순한 수행의 길잡이가 아닌 근본적인 진리의 문에 이르는 원리로 발전시켰다. 이것을 열반에 들기 전에 자신의 법을 가장 깊이 깨우쳤다고 생각한 가섭에게 이어 주었는데 그를 총칭하여 삼처전심, 즉 다자탑전분반좌(多子塔前分半座), 영산회상거염화(靈山會上擧拈華), 사라쌍수시쌍부(沙羅雙樹示雙趺)이다. 이런 사실은 불교가 바로 믿음과 신념을 우선하는 종교임을 말하는 것이기도 하다. 그래서 가섭존자는 선종에 있어서 초조로 추앙 받게 된다.

가섭을 초조로 인도에서는 모두 28조까지 배출되는데 28조가 바로 보리달마이다. 그는 인도에서 불교의 맥이 쇠퇴하는 것을 보고 바다를 건너 중국으로 건너온다. 이때부터 인도선은 활발하고 패기에 찬, 해학적이며 임기응변이 강한 중국기질과 어울려 독특한 경지를 지닌 철학으로 탈바

꿈하게 된다. 이런 변화과정은 전통적인 중국의 사상인 유학(儒學)과 노장사상이 선과 밀접하게 가까워지면서 더욱 가속화된다. 특히 꾸준히 계속되어 온 불경의 한역사업(漢譯事業)이 끼친 공헌도 무시할 수 없다. 방대한 양의 12부경(部經)이 오랜 기간이 걸쳐 번역되면서 선사상 속에 중국적인 요소가 은연중에 틈입되었던 것이다. 잠깐 이에 대해 설명을 덧붙이면 이렇다. 불경의 역경사업은 크게 구마라즙(鳩摩羅什, 350~409)과 그 이전 시기의 번역인 구역(舊譯)과 현장(600~664)과 그 이후의 번역인 신역(新譯)으로 대별된다. 역경의 기원은 후한 명제(明帝) 영평(永平, 54~75) 때 서역승(西域僧) 가섭보등(迦葉摩騰)과 축법란(竺法蘭)이 낙양에 와서 42경장(藏經) 등 5부를 번역한 것이라 한다. 이때부터 약 천여 년 동안에 걸쳐 역경사업은 계속 진행된다.

남인도 태생인 달마는 서기 520년경 중국의 양(梁, 六朝의 하나, 502~556)나라에 도착하여 금릉(金陵)에서 양무제와 역사적인 대면을 가진다. 이 일을 기록한 것이 『벽암록(碧巖錄)』제1칙인 달마확연무성(達磨廓然無聖)이다. 그러나 무제와의 기연(機緣)이 맞지 않아 낙양으로 가서 숭산(嵩山) 소림사(少林寺)에 들어가 9년간 면벽하면서 인연을 기다리게 된다. 그러다가 마침내 2조인 신광(神光, 慧可의 속명)을 인가하여 선지(禪旨)를 전한다. 이로부터 인도에서 건너온 의발은 혜가(慧可, 487~593)를 거쳐 3조 승찬(僧燦, ?~606), 4조 도신(道信, 580~651), 5조 홍인(弘忍, 602~675), 6조 혜능(慧能, 638~713)에게까지 전수되는데, 육조의 5대제자라 불리는 남악회양(南嶽懷讓, 677~744), 청원행사(靑原行思, ?~740), 영가현각(永嘉玄覺, 647~713), 남양혜충(南陽慧忠, ?~775), 하택신회(河澤神會, 685~760)가 중심이 되어 남종선(南宗禪)을 꽃피우게 된다. 이 일은 대략 8세기를 전후로 전개되었는데 당대(唐代) 문물의 최극성기였던 성당기(盛唐期, 713~765)와 시대적으로 일치하는 기간이다.

이와 같은 문화의 융성에 힘입어 선종 역시 발전을 거듭했는데 수많은 명승들이 속속 배출되어 나온다. 마조도일(馬祖道一, 701~788), 백장회해(百丈懷海, 720~814), 단하천연(丹霞天然, 739~834), 남전보원(南泉普願, 748~834), 약산유엄(藥山惟嚴, 751~834), 조주종심(趙州從諗, 778~897), 임제의현(臨濟義玄, ?~867), 덕산선감(德山宣鑑, 782~865) 등이 그 대표적 인물이다.

그러나 한편 선종의 눈부신 발전은 자연히 그 외적 규모의 비대도 함께 초래해 이른바 선문오종(禪門五宗)이 성립하는 계기를 만든다. 이름하여 임제종(臨濟宗)과 운문종(雲門宗), 위앙종(潙仰宗), 조동종(曹洞宗), 법안종(法眼宗)이 그것이다. 특히 임제종은 꾸준한 성장을 거듭하여 고려말 보우(普雨)나 혜근(慧勤), 경한(景閑)과 같은 대덕들에 의해 한국에까지 전래되어 조계종의 성립에 한 계기가 되기도 하였다. 이렇게 여러 조사와 선승들의 선도적인 노력을 통해 선의 정신은 유교와 노장사상과 더불어 동양의 정신사를 가늠하는 3대 지주로 자리하게 되었던 것이다.

선은 항상 있는 것[常]과 항상 있지 않은 것[無常], 즐거운 것[樂]과 즐거움이 없는 것[無樂], 나라고 하는 것[我]과 나가 없는 것[無我], 깨끗하다고 생각하는 것[淨]과 깨끗하지 않은 것[不淨]의 양극을 모두 부정하며 더나아가 이 부정하는 생각 자체까지도 부정한다. 그러므로 선은 자유롭게 사유하고 자연스럽게 오도의 경지에 도달하는 것을 최우선으로 삼는다. 이와 같은 선의 논리적 애매성은 이른바 선기(禪機)가 무르익어 저절로 깨친 자에게는 자명한 이론이지만 그렇지 못한 이에게는 납득하기 어려운 궤변으로 오해되기 쉬운 위험성도 가지고 있다. 선이 포용력이 강한 종교이면서 입문하여 수행하기 어렵기도 한 것은 아마 이러한 자연논리를 떠난 차원에서 그들의 사고가 진행되는 탓도 있을 것이다.

그러나 선가에서 불립문자(不立文字)를 주장하면서도 끝내 불리문자

(不離文字)의 지평을 고수하는 것은 이심전심(以心傳心)은 언어 자체의 기술로 정의할 수 없기도 하지만 또한 언어[法]의 매개를 통하지 않고는 그것이 불가능하다는 독특한 언어관에 기인한다. 어느 것도 일목요연하게 규정될 수 없다는 불가지론을 선은 시사하고 있는데 이것은 결국 범부와 성인의 차이에서 빚어지는 것이다. 선의 윤리는 곧 초논리이면서 궁극적으로 무논리, 논리가 없는 것이다.『금강경(金剛經)』의 글처럼 '응무소주 이생기심(應無所住 而生其心, 마땅히 머무름이 없이 그 마음을 내어라)' 하여야만 진실로 자신의 진아(眞我)를 구현할 수 있는 것이다. 회광반조(廻光反照)의 자조정신(自助精神)을 선은 가장 소중히 여긴다. 선은 사물을 사물 그 자체와는 다르게 관찰하려 하지 않고 언제나 그 자체를 가장 완전한 것으로 보았다. 마음은 변함이 없다. 단지 깨달음이 문제일 뿐이다. 그러므로 선은 동일한 위치에서 관찰한 사실에 대해서도 다르게 해석한다. 이러한 사고방식은 전혀 일상적인 논리와는 어긋나는 것으로 선의 독창적인 상징세계를 이해하지 못한 사람에게는 난해하기 짝이 없는 요설로 들릴 것이 분명하다.

  이러한 선의 사고는 놀랍게도 시의 그것과 대단히 유사한 흐름을 가지고 있음을 간파할 수 있다.

  문학과 종교에서 사용되는 '상징'은 전체적으로 그 맥락은 비슷하지만 본질적인 측면에서 다소 차이가 있다. 문학적 상징은 내적 상태의 외적 기호, 즉 불가시적인 것을 암시하는 가시적인 것이라고 할 수 있다. 다시 말해 상징 자체가 곧 문학의 목적이 된다. 문학에 있어 표현이 어떤가는 그 작품의 실질적인 내용의 충실도를 가늠하게 되는 중요한 잣대이므로 매개체로서의 언어와 수사법은 수단적인 기능과 함께 목적적인 기능도 공유하고 있는 혼용된 개념인 것이다. 그러나 종교에 있어서 상징물들이 문학의 그것과 동등한 가치를 내포하고 있는지는 의심스럽다. 우선 종교는 무소불능한 절대자를 가정하고 있다. 그리고 그 절대자[神]에게 이르기 위해서는 대체적인 매개보다도 일방적인 믿음, 신념, 즉 신앙이 필수적이다. 그러므로 절대자의 모습이라든가 그의 신탁 따위를 물질적인 실제로 대체시켜 보여주는 종교적 상징들은 수단에 불과하다고 말할 수 있다.

표현과 주제라는 상반되면서도 유기적인 결합관계를 지향해야 할 양자는 '수사'라는 매개를 통해 비로소 변증법적 합일을 기할 수 있다. 목적대상으로서든 수단대상으로서든 추구하고 있는 종착점에 도달하기 위한 '상징'의 기능은 문학과 종교 양 세계에서 모두 균일하게 조명되어야 하는 것이고 특히 고도의 정신적 기능인 '상상력'의 영역에까지 다다랐을 때 이러한 논의는 더욱 소중한 밑바탕이 된다. 따라서 우리는 다음 장에서 종교의 한 외연인 '선'과 문학의 한 외연인 '시' 사이의 유기적이고 발전적인 통합관계를 생각해보면서 불립문자를 강하게 주장하는 선과 가장 첨예한 언어의 구사인 시가 어떻게 조화롭게 융화될 수 있는지 살펴보기로 하겠다.

선(禪)과 시(詩)의 문학적 변증법

시(詩)란 무엇인가? 이미 너무나 많이 입에 오르내려서 식상하기까지 한 의문으로 우리는 이 장을 시작해야겠다. 왜냐하면 선시라는 용어가 선에 덧붙인 파생어인지 시에 선이 첨가된 합성어인지 규명이 필요하기 때문이다. 결론적으로 나는 후자의 견해를 지지한다. 선시를 직접 지은 선승들도 자신들의 작품을 시라고 말하지 않고 있다. 그들에게 있어 시는 선의 한 부산물에 불과할 뿐이다. 이것은 선승에게 있어서 선시의 지향점이, 선시를 문학으로 간주하면서 그 지평을 모색해보려는 우리의 의도와는 다르다는 것을 극명하게 보여주는 예이다. 그들에게 선은 선험적인 것이라고 보아 무방하지만 우리에게는 경험적인 것이 되어야만 한다.

선시를 연구하면서 우리는 마치 문학작품을 작가와의 관계선상에서 관찰해야 하는가 독자와의 관계선상에서 관찰해야 하는가의 문제와 대단히 유사한 딜레마에 빠지게 된다. 양자가 모두 등가의 가치를 가지고 있음은 분명하다. 그러나 선시라는 특이한 갈래의 연구방법론의 방향 모색을 시도하고 있는 우리는 다소 경직된 시점을 견지하지 않을 수 없다. 만약 선시를 선적인 입장에서 보려고 한다면 우리는 아무것도 할 말이 없어지고 만다. 불립문자 언어도단(不立文字 言語道斷)을 최고의 가치로 보고 있는 선에 대해 문자나 언어를 통해 논리적 해명을 하는 것은 이미 한 수 접히고 들어가는 한계에 놓이는 것이다.

물론 이러한 단순히 가치적인 측면 때문에 후자의 견해를 지지하는 것은 아니다. 그것은 선시가 가지고 있는 모든 요소들, 즉 언어라든가 상징, 은유와 같은 수사법, 표현의 미학 등이 우리가 시의 본질이라고 생각하고 있는 영역들과 너무나 잘 부합되고 있는 현실 자체 때문이다. 그 어떤 문학 장르 못지않게 선시는 문학적으로 성공한 경우인 것이다.

우선 시는 이성적 또는 논리적이기보다는 다분히 감성적이다. 물론 이 말은 시가 비이성적이며 비논리적이라는 의미는 아니다. 시 역시 이성적, 논리적이긴 하지만 그러한 성격의 표출경로가 다르다. 시는 결코 동어반복이 아니기 때문이다. 즉 시는 'A'라는 사물을 'A' 그대로 진술하지 않는다. 설사 동일하게 진술했다고 할지라도 그것은 재창조된 변이체로서 새롭다. 'A'이면서 'A'가 아닌 대상을 통해 시는 'A'를 묘사하는 것이다. 이런 면에서 시는 대단히 표현기법을 중요시하는 문학 장르이다. 올바르게 말해서 표현의 문제는 시의 성패를 좌우하는 근거의 하나라고 보아도 무방하다. 시에 있어서 쾌락적인 요소가 강조되는 것도 이점에서 이해할 수 있다. 소요태능(逍遙太能, 1562~1649)의 아래와 같은 작품은 시의 감상적

특성을 잘 보여준다.

세 번 불러 세 번 답하는 종자기이러니
어찌 알았으리, 저승길로 지팡이 재촉할 줄을.
문밖에는 아침저녁의 네 그림자 사라지고
옷걸이에는 네가 입던 삼의만이 걸려 있구나.

三喚三酬作子期　那知冥路促節歸
門外竟沈朝暮影　架頭惟見舊三衣

불가에서는 삶[生]을 주(住)라 하고 죽음[死]을 귀(歸)라 표현한다. 세상은 잠시 머물다가 되돌아가는 일시적인 거주지라는 뜻이다. 윤회사상(輪廻思想)에서 비롯되었을 이와 같은 세계관은 존재의 궁극적인 초탈인 해탈을 위해 정진하는 선의 입장에서 볼 때 필연적인 귀결인지도 모른다. 해탈하여 윤회의 고통에서 벗어나면 그는 다시 번뇌의 세상에 머물 필요가 없기 때문이다. 인간의 정리로 한 사람의 죽음은 마땅히 슬프고 애틋한 것이어야만 할 것이다.

그러나 삶과 죽음, 세속과 부처라는 이원론을 극복하고 그 사변적인 간극을 초월해야 하는 선승에게 있어서 한 인간의 죽음 자체가 슬픈 일만 될 수는 없다. 진정 슬픈 것은 그가 깨우치지 못하고 돌아가 버린 사실에 대한 아쉬움이다. 그는 이 세상에 머물기 위해 다시 돌아와야 하기 때문이다.

지기로서 항상 가깝게 지내던 친구의 죽음을 감상적으로 서술하면서도 평소 그가 수행하면서 입었던 삼의(三衣)를 보면서 마음의 위안을 삼고 있다. 삶을 미처 마무리하지 못하고 떠난 벗에 대한 연민과 내생에서의 해탈의 가능성에 대한 믿음을 함께 읽을 수 있는, 문학적인 표현을 빌리면 서정성이 담뿍 담겨 있는 수작이다.

여기서 우리는 선이 내세우고 있는 표어를 하나 생각해봅시다. 기즉끽반 갈즉음다(飢卽喫飯 渴卽飮茶). 그들은 삶이나 깨달음을 어렵게 보지 않는다. 자연스러운 원인과 그에 따르는 결과, 존재의 기층에 자리하고 있는 욕(欲)의 만족을 선(禪)은 상상의 기조음으로 삼는다.

평범하지 못한 자가 비범할 수 없다. 그들은 애(愛)와 욕(欲), 오(惡)와 락(樂)을 깨달음의 귀중한 자산으로 생각하면서 현상을 잊으려 하는 것이 아니라 초월코자 한다. 언어의 배경에 가려져 있는 진실한 속성에 그들은 눈을 돌린다. 그리하여 마침내 인식의 극한에까지 자유롭게 이를 수 있는 무한함수를 궁구하게 되지만 이와 같은 궁극의 경계까지도 선은 부정하고 만다. 깨달음의 세계는 말로 용납될 수 없기 때문이다. 그것은 언어의 발생동기를 추적해보면 쉽게 드러난다.

언어는 사물에 대한 표현욕구가 팽배하면서 발생한 사회적 기능이다. 대상을 자기화(自己化)하고자, 즉 소유하고자 하는 정신의 메커니즘이 성취한 도구이다. 이러한 논의를 근거로 하여 선과 언어는 존재를 기점으로 하여 역방향의 화살표를 그리면서 뻗어나간다고 가정해도 무방할 것이다. 이와 함께 원으로 묶여진 거대한 인식의 공간에서 양자는 서로 만나게 된다.

이와 같은 사변적인 추이의 궤적도가 중요한 것은 아니다. 문제는 현상 그 자체이다. 그리고 시와 선은 각기 별개의 개체이지만 동시에 유기적으로 결합되어 있는 '이란성 쌍생아'라는 사실이다.

그런데 아이러니하게도 이러한 문맥이 설득력을 얻기 위해 시는 불가피하게 모호해지지 않을 수 없다. 문학에 있어 애매성의 본질적인 성격은 초월적 세계를 표출하려는 최선의 방법으로서 그 존재근거가 분명해진다. 평범하고 범상한 이야기, 그 일상성을 매개로 하여 시와 선은 초월과 깨달음의 세계에로 비상하는 계기를 마련한다. 그리고 놀랍게도 그 세계는 언어로 인식할 수 없는, 따라서 애매모호한 외모를 갖는 언어도단의 세계이다. 아래 시를 보자.

동산이 물위로 가는 이치 알고 싶은가
개울가 돌계집이 밤에 피리 불고 있지.
목인이 구름 속에서 판자를 두드릴 때
양주곡(涼州曲) 한 곡조가 이경에 운다. -〈동산수상행송(東山水上行頌)〉

要會東山水上行　溪邊石女夜吹笙
木人把板雲中拍　一曲涼州恰二更

선에서 말하는 이언절려(離言絶慮)의 경지를 잘 보여주는 작품이다. 전혀 예기치 못했던 이런 돌발적인 표현에 우리는 잠시 당황하지 않을 수 없다. 무책임하리만큼 난해한 언어들을 추려내 나열한 것 같은 이 작품을 읽으면서 진정한 의미를 포착해내기란 선의 본질적 내용을 파악하지 않고서는 대단히 힘든 작업일 것이다. 상식적으로 성립되지 않을 뿐만 아니라 비상식적이지도 않은 이런 표현들이 의외로 선시에는 많다. 그들은 논리적 문맥을 찾아내 설명하려는 태도 자체를 부정하고 있는 것처럼 보인다. 2·3·4구가 보여주는 음향적 이미지도 행위의 주체가 너무 실감이 나지 않기 때문에 수사적 효과는 반감되고 그에 따라 통일된 문맥의 형성까지도 어렵게 만들어 버린다.

이처럼 전후좌우의 연관관계가 파괴되어 버린 상태의 체험을 통해 우리는 이 시가 내포하고 있는 초절(超絶)의 경지를 깨우칠 수밖에 없다. 일반적인 논리를 거꾸로 뒤집어 순일(純一)한 경지인 도에로 나아가고자 하는 선의 반상합도(反常合道)의 정신이 시와 만나 이루어 놓은 특이한 조

합체일 것이다.
　물론 이러한 작품들이 진정 문학적으로 뛰어난 수준을 보인다고 단정할 수는 없다. 어쩌면 이런 유의 작품들은 대단히 미숙하고 초보적인 이해밖에 갖지 못한 문학 지망생의 습작으로 간주될 위험성마저 다분하다. 그럼에도 불구하고 분명한 것은 그들이 언어의 세계를 매개로 하여 표현의 한계를 넘어선 그 무엇인가를 이와 같은 유형의 시를 통해 끊임없이 제시하고 있다는 사실이다. 언어로는 도저히 초극할 수 없는 언어도단의 세계, 그곳을 그들은 시가 가지고 있는 애매모호함과 결부시켜 표현하고자 했던 것이다.
　이렇게 정서적 감수성과 애매모호함이라는 두 측면을 통해 시와 선의 동일성을 도모하면서 결국 시와 선이 합일된 변증법적 유추의 최종 단계의 검토를 통해서만 우리는 선시가 지향하는 진지하고 성숙한 영혼의 목소리를 확인할 수 있음을 알게 된다. 선시는 하나의 결과적 존재이며 시와 선은 각기 개연적 사실들이다. 극단적으로 선은 시라는 기능이 필요불가결했을지도 모르지만 시에서 보자면 반드시 그런 것은 아니다. 시와 선이 선시라는 완제품으로 성립하게 된 것은 어떤 강요에 의해서가 아니라 문화사적 배경과 사회상황 등 여러 가지 측면에서 해명될 수 있는 것이겠지만 이들이 개별적으로 지니고 있었던 성격의 상당 부분이 서로가 서로를 끌어당기는 견인력으로 작용했다는 것은 분명하다.
　이러한 문제는 앞으로 선시에 대한 논의가 더욱 활기를 띠면서 극명하게 드러날 것이다. 형식이라든가 내용의 이유 때문만이 아닌 더욱 근원적인 터전에서 이들의 교합을 이루게끔 만든 요인이 있었음을 상정할 수 있다.
　문학의 하위개념으로서 선시를 받아들이기 위해서는 문학 쪽에서 선이라는 거추장스런 굴레를 떨쳐버릴 필요성이 있다. '선시'의 진정한 정의가 아직도 유보된 상태에 머물러 있는 것도 우리가 너무 '선'이라는 접두사에 얽매여 있기 때문인지도 모른다. 풀어 말하자면 선시는 일련의 한시문학 작품군일 수도 있다. 그러니 선시에서 선의 몫은 일부 덜어내고 대신 시의 몫을 보충한다면 오히려 긍정적인 결과가 기대될지도 모른다는 점을 강조하면서 이어서 선의 내부에서 선시의 형성과정을 조명해보기로 하자.

게송(偈頌), 공안(公案), 그리고 선시(禪詩)

선시가 지니고 있는 독특한 분위기나 매력이 어디서 비롯되었는가를 선종 내부에서 탐색하고자 하는 것이 이 장의 목적이다. 선이 중국에 전래된 것이 양무제 때인 6세기 초이고 최초의 선시 작가로 알려진 한산(寒山)과 습득(拾得)이 7세기 전후 절강성 천태산(天台山) 국청사(國淸寺) 부근에 살았던 은자라는 추측을 그대로 승인한다면 선시가 나름대로 중국 고유의 문학인 한시의 형태를 빌어 성숙한 면모를 보인 것도 이 무렵이라고 간주할 수 있다.

그러나 단순히 선시가 당에 들어서면서 당시의 영향을 받아 일방적으로 발생한 문학이라고 하기에는 몇 가지 해결하기 어려운 과제가 있다. 왜냐하면 이미 인도선에서부터 불교는 나름대로의 불교예술을 가지고 있었고 이런 바탕이 중국으로 건너오면서, 그리고 대대적인 불경한역사업(佛經漢譯事業)이 진행되면서 중국화한 것이 선시가 아닌가 여겨지기 때문이다. 그래서 선시가 가지고 있는 초월적 세계관은 선시 자체만의 자산이 아니라 곧 선가(禪家) 전체를 흐르는 유산이라는 근거 아래 게송과 공안이라는 두 불교제도를 통해 이 점을 확인하고자 한다.

먼저 게송은, 불가에서 부르는 노래의 일종이다. 산스크리트어로는 가타 Gāthā인데 음역하여 가타(伽陀)라고도 부른다. 운허용하의 『불교사전』에 실린 기사를 참고하여 대강의 윤곽을 알아보자.

   9부교(部敎)의 하나. 12부경의 1. 가타(伽他). 게타(偈陀) 혹은 게(偈)라고만 쓰기도 한다. 풍송(諷頌, 또는 諷誦)·게송(偈頌)·조송(造頌)·고기송(孤起頌)·송(頌)이라 번역. 노래라는 뜻을 가진 어근(語根) gai에서 생긴 명사. 가요(歌謠)·성가(聖歌) 등의 뜻으로 쓰임. 지금은 산문체로 된 경전의 일절 또는 총결한 끝에 아름다운 구절로써 묘한 뜻을 읊어 놓은 운문. 또 이것을 고기송(孤起頌)·불중송게(不重頌偈)라고 함은 본문의 내용을 거듭 말한 중송에 대하여, 본문과 관계없이 노래한 운문이란 뜻.

  이러한 개괄적인 요약문으로는 우리가 필요로 하는 충분한 정보량이 되지는 못한다. 그러나 한 가지, 게송이 어떤 독립된 개체가 아니라 산문 경전에 부속된 운문체의 가송이라는 점은 게송의 성격을 잘 말해주는 부분이다. 동시에 게송의 이러한 성격은 선시와의 차이점을 지적하고 있기도 하다. 즉 게송은 노래로 불리는 음악성이 강한 반면 선시는 읽히기 위주의 문학성이 강하다는 점이다.

  둘째로 게송은 이미 인도선 시대부터 그 연원을 두고 있지만 선시는 중국 당나라에 들어서야 꽃피워 연대적 차이가 있다는 것, 셋째 내용적인 면에서 게송은 불가의 교리를 설파하는 일에 우선을 두지만 선시는 문학적인 기교나 문체에도 신경을 쓰고 있다는 사실이다. 이것은 물론 외면적인 관찰 결과일 뿐 실제로 이와 같은 차이가 어떤 작품은 게송으로 나누고 어떤 것은 선시라고 규정하는 데 절대적인 근거는 되지 않는다. 양자가 모두 한문의 운문문학을 바탕으로 하고 있기 때문에 동일한 작가가 쓴 작품이라 해도 보는 착안점에 따라 달리 구분될 가능성도 있는 것이다. 이러한 근거에서 게송이나 선시가 장르적 구별이 아니라 내용상 분류임을 유추할 수 있다. 이종찬 교수는 선시를 구분하면서 내용상 선리시(禪理詩)·선사시(禪事詩)·선취시(禪趣詩)로 나누고 있는데 게송은 아무래도 선리시에 속하지 않을까 여겨진다. 아래의 두 시를 비교해보자.

한가히 산림에 누워 세상일 다 잊었으니
명리에 허덕이는 세상사람 가엾어라.
소쩍새도 잠이 든 달 밝은 밤에
한줄기 시냇물소리 맑은 달빛이 나의 벗일세.

閑臥山林萬事輕　何須浮生强求名
杜鵑啼歇三更夜　但愛溪聲與月明

한가롭게 사니 마음은 절로 즐겁고
홀로 앉았자니 홍취는 더욱 깊어라.
묵은 잣나무는 높은 누각에 닿았고
그윽한 꽃은 낮은 담을 덮었다.
질그릇 찻잔에는 다유가 희고
비자나무 책상에는 전연이 향기롭구나.
비 그친 산당은 고요하기만 한데
툇마루에 나가면 저녁기운이 시원하다.

閑居心自適　獨坐味尤長　古栢連高閣　幽花覆短墻
瓷甌茶乳白　榧檟篆烟香　雨歇山堂靜　臨軒快晩凉

앞의 것은 태고보우(太古普愚, 1301~1382)의 게송이고, 뒷 작품은 원감충지(圓鑑沖止, 1226~1292)의 선시이다. 양자가 모두 산시의 적요(寂寥)에 의탁해 자신의 오도의 경지를 노래하고 있지만 문학적으로 승화된 정도에는 차이가 난다. 그것은 곧 직유와 은유의 차이일 것이다. 충지가 가능한 한 시적 의장(意匠)을 깨지 않으면서 선묘(禪妙)의 오묘함을 시화했다면, 보우는 자신이 토로하고자 하는 바를 그대로 노출시켜 진솔한 솔직함으로 독자를 포섭하고자 하고 있다.

이러한 표현에서 오는 비교는 사소한 문제일 수도 있겠지만 결국 선시의 내밀성이 갑자기 발생한 것이 아니라 게송에 의해 충분히 가다듬어진 결과임을 확인할 수 있게 만든다. 즉 선시는 종래의 게송이 갖고 있었던 문학적인 한계를 웅대한 당시(唐詩)의 영향을 받아 그 형식이나 내용을 보완하면서 완성된 체제인 것이다.

공안은 달리 화두(話頭)라고도 부른다. 조사(祖師)나 선승들이 그들의 제자나 일반 대중들과 나눈 문답을 기록한 짤막한 대화체로 보통 구성되어 있다. 상식적인 판단으로는 이해하기 힘든 논리를 펼치면서 물음을 주고 해답을 받는데, 일상적인 합리성은 찾기 어렵지만 오랫동안 선가에서는 진리를 깨치는 긴요한 관문으로 소중히 다루고 있는 수행방법 중의 하나이다. 그래서 특히 공안을 참구(參究)하여 증득에 이르는 선의 방법을 간화선(看話禪)이라고 부르기도 한다.

공안을 편집해 놓은 책으로는 고려조의 선승인 무의자 혜심이 엮은 『선문염송집(禪門拈頌集)』 30권이 유명하고 그밖에 설두중현(雪竇重顯)과 환오극근(圜悟克勤)이 지은 『벽암록』, 무문혜개(無門慧開)가 쓴 『무문관(無門關)』, 송나라 도원(道源)의 『경덕전등록(景德傳燈錄)』 30권 등이 있다.

그런데 비록 이런 공안이 산문으로 서술되어 있긴 하지만 대단한 시적인 상상력을 불러일으킨다는 사실에 주목할 필요가 있다. 문맥만으로는 공안에서 우리는 아무런 정보도 구할 수 없으며 현상에 뿌리내린 상상력이 아니라 그것을 초월한 사유의 세계에 도달했을 때 비로소 공안의 생명력을 흡수할 수 있는 것이다. 이렇게 사고의 극한까지 넘어섰을 때 공안이 지니고 있는 암호는 명백해진다. 이를 실제로 공안을 통해 확인해보자.

여기 재미있는 이야기가 있다. 한 중이 동산화상(洞山和尙)을 찾아와 물었다.
"부처란 어떤 겁니까?"
동산화상이 대답했다.
"삼베가 세 근[三斤]일세." -안동림 역 『벽암록(碧巖錄)』제12칙

이러한 문답에 대해 우리는 어떤 설명도 덧붙이기 힘들다. 정도를 넘어선 말의 유희처럼 들리는 이런 이야기들을 선가에서는 귀중한 보배로 여겨 참구를 거듭해왔던 것이다. 이 문답의 해설을 환오의 수시(垂示)를 통해 들어보자.

수시하기를, 죽이고 살리는 것을 마음대로 할 수 있는 칼을 가짐은 옛날부터의 풍습이며 지금도 꼭 필요한 것이다. 사람을 죽여도 상처 하나 내지 않고, 살려도 죽은 것과 마찬가지가 된다. 그래서 절대의 진리란 아무리 뛰어난 성인(聖人)이라 해도 말이나 글로 전할 수가 없다고 한 것이다. 이 세상의 학자들은 공연히 헛수고만 한다. 마치 달그림자를 잡으려다 물에 빠져 죽은 원숭이 꼴이다. 자, 말해 보라. 이미 전할 수 없는 거라 하지 않았는가. 어째서 오히려 번잡한 공안 따위가 많으냐? 눈 똑바로 뜬 자는 다음 이야기를 살펴보라.

이 말을 통해 공안은 바로 사람을 죽이기도 살리기도 하는 위력을 지녔다는 것과, 일단 공안을 참구해 깨쳤으면 그것마저도 버려야 한다는 것을 알 수 있다. 이런 식으로 공안은 평범한 상상력으로 따라잡기에는 너무나 난해한 문답으로 구성되어 있다. 실제로 이 글의 뜻을 선가에서는 어떻게 받아들이고 있는가는 차치하더라도 놀랄 만큼 극심한 상상력의 비약을 보면서 우리는 선시가 가지고 있는 비범한 사고유형, 깊이 침잠되

선시의 발생과 변용 29

어 잠복하고 있는 정서, 뛰어난 표현법의 발원이 무엇인가를 해결할 한 가닥 실마리를 잡게 되는 것이다. 위 공안의 끝머리에 이어지는 송을 읽어보자.

금 까마귀 옥토끼가 날고 치닫듯
데꺽 받은 그 대답 누가 깔보랴.
동산에게 부처를 묻다니
병신이구나.
꽃과 비단 눈부시다
남쪽에 대나무 북녘에는 나무숲.
문득 떠오른다 장경과 육대부가…
도를 아는 이들이라 웃고 울지 않는다네. 咦

金烏急玉兎速　　善應何曾有輕觸
展事投機見洞山　跛鱉盲龜入空谷
花簇簇錦簇簇　　南地竹兮北地木
因果長慶陸大夫　解道合笑不合哭 咦

이것은 선시의 일반적인 기술법과 유사하다. 분명 위 작품은 어떤 한 상황에 대한 작가 나름의 관념을 제시해주고 있지만 그것은 철저하게 외부인의 접근을 거부하는, 그러면서 시로서의 묘한 매력도 함께 보여주고 있다. 공안에서 출발해서 선시로 귀결되는 변천 과정 중의 한 전이형태를 이 시는 극명하게 드러내고 있는 것이다. 이와 같은 고찰을 통해 우리는 선시가 두터운 의미망을 쌓게 된 계기 중의 하나는 공안이 가지고 있는 초월적인 형이상학도 한 몫을 했음을 알 수 있다.

불교에 있어서 게송이 예술의 한 양식이라면 공안은 오도의 궁극적인 관문이다. 그것은 결국 불교의 형식과 내용을 떠받들고 있는 두 가지 중요한 주춧돌이라는 의미가 된다. 불교가 성립된 당시부터 현재에 이르기까지 면면한 역사를 이어오고 있는 두 양식이 동양문화의 독특한 산물인 선시의 확립에 각자 큰 영향을 끼쳤으리라는 예상은 타당하다. 이런 견지에서 우리는 이 장을 게송과 공안이 어떻게 선시의 성립에 도움을 주었는지 확인해 보았다. 이러한 가설의 증명이 비단 몇 가지 사례의 나열에 그쳐서는 안 될 것임은 분명하다. 그 관련성은 본질적인 측면에서 연관관계가 적층된 결과이기 때문이다.

선시(禪詩)와 한시(漢詩)

선시가 왜 한시의 형태를 빌어 그 체제를 구축했는지는 부언할 여지가 없는 당연한 결과로 보인다. 인도선 시대에도 물론 선시와 성격이 같은 게송이라든가 그 밖에 몇 가지 운문 형태의 불교 문학이 존재했던 것은 사실이다. 그러나 불교가 거대한 사상체계를 확립하여 동양정신사의 한 맥이 될 수 있었던 것은 인도선이 중국으로 건너와 대륙의 세련된 문물과 어우러져 종합적인 이론의 재구가 뒤따르지 않았다면 기대하기 힘든 결과였다. 불교는 사실상 중국에서 그 세계화의 첫발을 내디딘 셈이다. 이러한 와중에서 중국에 주도권을 빼앗긴 종래의 운문문학도 산스크리트어 원전에서 차츰 한문을 기반으로 한 형식이 수용되었던 것이다. 재언하지만 선시가 그 원형을 드러낸 것은 성당기, 중국의 문화가 그 극치에 다다랐을 때였다. 특히 당시(唐詩)는 중국문학사상 일찍이 보기 힘들었던 위대한 작가와 우수한 작품을 산출해내 이제 막 첫걸음을 내디딘 선시의 질적 깊이를 심화시키는 데 큰 힘이 되었다.

그리고 당시 역시 이 무렵부터 대중적인 기반을 닦기 시작한 선의 광대한 사상 앞에 나름대로 많은 자양분을 흡수하여 그 철학적 깊이를 고양시켰던 것도 사실이다. 중국문학사상 선이 끼친 영향이 상당한 것이었음은 두말할 여지가 없겠지만 여기서는 그 중에서도 선시가 그 형태를 빌려 썼던 한시, 특히 당시에 선이 어떤 영향을 미쳤는지 확인하고자 한다.

 선을 시 창작에 있어서 중요한 원천으로 자각하여 이를 강력히 옹호했던 이는 송나라 때의 엄우(嚴羽, 1185~1235)가 대표적이다. 그의 시화집인 『창랑시화(滄浪詩話)』는 이러한 자신의 견해를 극명하게 보여주는 책이다. 여기서 엄우는 이렇게 주장한다.

 시의 최고 경지는 한 가지 정신으로 들어가는 데 있다. 만약 시가 이렇게 하는 데 성공한다면 그 정점(頂點)에 도달할 것이며, 더할 나위가 없을 것이다.

 여기서 입신(入神)의 경지란 곧 좌선의 그것과 일맥상통한다. 시에 있어서 정서의 유출은 당연한 것이지만 이것이 과도하게 남발되었을 경우에 발생할 오류를 지적하기 위한 제안이면서 시가 궁극적인 정점에 도달하는 것은 무엇보다 스스로의 깊은 깨달음을 우선해야 한다는 사실을 말하고 있다. 자연발생적인 영감을 중시하면서 시도(詩道)는 묘오(妙悟)에 있다고 그는 역설했던 것이다.

  일반적으로 말해서, 선도는 묘오에 있다고 하는데, 시도(詩道) 또한 같다. 예를 들면 맹호연의 학식은 한유보다 훨씬 못하지만, 그의 시는 한유보다 낫다. 이것은 그의 묘오에 대한 완전한 의존에 기인한다. 오직 묘오에 통해야만 자기의 진정한 자신이 있을 수 있고, 자기의 본색을 나타낼 수 있다.

 이러한 시관(詩觀)은 그의 후계자라 할 수 있는 왕부지(王夫之, 1619~1692), 왕사진(王士禛, 1634~1711), 왕국유(王國維, 1877~1927) 등에게로 이어져 각기 개성 있는 시론을 펼치게 하는 자극제가 된다.

이처럼 선을 시도(詩道)에서의 한 골자로 인식하여 시론의 한 갈래로 논의된 것은 송나라 때에 와서부터이지만 당대에 이미 선의 깊은 침잠의 내밀성을 체득하여 시화한 시인이 상당수 배출되었다. 그 대표적인 두 시인이 바로 왕유(王維, 701~761)와 이백(李白, 701~762)이다.

중국에도 이미 제자백가(諸子百家)의 하나로써 세속의 영화를 거부한 채 탈속의 세계에서 노닐면서 양생의 도를 추구하던 도가가 존재했던 만큼 자연과 상황에 인식론적인 해석을 가하지 않고 대상을 범연히 관찰하고자 하는 조류는 선의 도래 이전에도 상존하고 있었다. 따라서 '자연시(自然詩)'라는 중국적인 분위기를 잘 드러내는 문학은 오래 전부터 그 전통이 확고했다고 할 수 있다. 도가의 무위자연의 사상과 선의 무심의 세계관은 여러 면에서 일치되는 부분이 많았기 때문에 이러한 무의 세계관이 더욱 농밀하게 체계화된 선의 유입은 중국의 자연시 전통에 더욱 큰 영토를 제공하는 계기가 되었다. 이러한 자연시 전통을 계승하여 이를 더욱 발전시킨 이들은 당대에 들어 한시의 형식이 그 틀을 완성시키면서 부상하기 시작한 당시인(唐詩人)들이었다.

왕유는 스스로 호를 마힐(摩詰)이라 붙일 만큼 독실한 불교신자였다. 동시대인인 두보(杜甫)와는 달리 민중의 고통보다는 궁정시인으로서 쾌락의 면을 즐겨 시화했던 그의 작품세계는 사물에 대한 건강한 인식태도와 낙관적인 해석이 중심이 되고 있다. 이와 같은 그의 경향은 당연히 서정성이 강한 시세계를 형성하게 되었다.

빈 산, 새로 비 오신 뒤
날씨는 저녁이 되자 가을.
밝은 달빛 솔 사이로 비추고.
맑은 샘물 바위 위로 흐른다.

대숲 왁자하더니, 빨래군 돌아가고.
연잎 흔들리더니, 고깃배 내려가는군.
봄풀아, 지려면 지거라
왕손은 스스로 머물 것이니. -〈산거추명(山居秋暝)〉

空山新雨後　天氣晚來秋　明月松間照　淸泉石上流
竹喧歸浣女　蓮動下漁船　隨意春芳歇　王孫自可留

자연에 은거하여 자적하는 일사(逸士)의 심경을 잘 보여주는 시이다. 언제 어디서나 볼 수 있는 평범한 소재들을 열거했으면서도 시 전반을 흐르고 있는 온화한 비애감과 선미(禪味) 가득한 삶의 인식태도가 대구의 적절함과 어울려 한 폭의 풍경화를 대하고 있다는 느낌을 자아낸다. 그러면서도 그 정조가 단순한 안빈낙도(安貧樂道)가 아닌 풍요로운 삶에 대한 깊은 천착이 엿보이는 것은 자연을 일차적인 공간처리를 위한 배치물로서가 아니라 그것을 인격을 갖춘 하나의 주재자로 받아들이는 태도 때문일 것이다. 이렇듯 자연을 맹목적인 묘사 대상이 아니라 근원적인 반성의 수단, 곧 세계상의 주체적 창조요인으로 받아들이는 태도는 선이 지향하고 있는 세계인식, 곧 아(我)와 물(物)의 합일을 통한 세계통합이라는 사고와 동일하다. 집요하게 자연을 물고 늘어지지만 그것은 항상 대결의 양상이 아니라 화해의, 더 나아가 공존의 몸짓인 것이다. 이와 같은 공존의식은 이백의 시에 오면 더욱 심화된다.

뭇새들 멀리 날아가 버리고
구름만이 홀로 한가로이 떠도는구나.
사뭇 바라보아도 싫지가 않은 것은
오로지 저기 저 경정산 뿐인 것을. -〈독좌경정산(獨坐敬亭山)〉

衆鳥高飛盡　孤雲獨居閑　相看兩不厭　只有敬亭山

　이백 시의 배후에 짙게 깔려있는 도교적인 색채를 걷어내면 남는 것은 선미의 미묘한 정조이다. 불가에서 말하는 자연은 가시적인 현상계뿐만 아니라 넓게는 12연기(緣起)가 일어나고 있는 생과 사의 전반적인 공간까지를 포함하고 있다. 그러므로 4성제(聖諦, 苦集滅道)의 깊은 진리를 깨달은 부처님의 입장에서 본 자연관과 생로병사, 윤회의 번뇌 속에 신음하는 범부의 차별적인 자연관은 엄청난 차이가 있다. 즉 범부의 눈에 비친 자연은 객관적 존재로서의 차별상 그대로가 자연이지만, 각자(覺者)의 눈에는 삼라만상이 본체와 현상 속에 상즉상입(相卽相入)하는 관계로 본래부터 모든 차별을 떠난 자연 그대로의 본지풍광으로 비쳐진다. 이것은 곧 불교가 최고의 경지로 일컫는 반야(般若, 眞理)를 완성한 진여의 세계의 반영이다.

　날아가는 새와 떠도는 구름은 보기에는 활동적인 실체인 것 같지만 그것은 한순간의 자극에 불과하다. 오직 보고 보아도 싫지 않은 것은 말없이 묵묵히 자리하고 있는 경정산일 뿐이다. 산은 모든 움직이는 동적인 사물을 다 포함하고 있는 조용한 정적인 존재이기 때문이다. 이것은 자연과 삶을 독자적인 별개의 사상(事像)이 아니라 거대한 원융(圓融)의 화합 속에서 합일된 공동체로 이해한 이백의 자연관에서 비롯된 것이고, 이것은 선의 자연관과 일치하고 있다. '산은 산이요 물은 물'이라는 독특한 불교적 변증법을 이와 같은 작품을 통해서도 우리는 감지할 수 있다.

　선이 이루고자 하는 궁극적인 비경이 무엇인지 한마디로 밝히기란 어렵다. 왜냐하면 선은 다양한 양상들의 이합집산의 결과 빚어진 보석이기 때문이다. 이러한 선의 신비감과 지혜는 곧 동양의 정신사의 큰 등불이 되었던 것이며, 특히 문학사에 끼친 공적은 왕유와 이백의 한시에 틈입된 선취시의 고찰을 통해 확인할 수 있는 것이다.

동양사상의 뼈대를 형성하고 있는 주요 골자 중에 유교, 도교와 더불어 불교가 정립되고 있음은 누구나 인정하는 사실이다. 유교가 현세적인 윤리관에 기인하고 도교가 불멸의 생명력에 깊이 몰입하면서 삶의 무위성을 주장했다면, 불교는 죽음의 두려움을 극복하고 삶의 영원성을 주장해 동양의 내세사상을 확립하는 데 큰 몫을 담당하였다.

처음 인도에서 석가모니(釋迦牟尼)에 의해 개창된 불교는 꾸준히 발전을 거듭해 보리달마가 중국으로 건너 올 무렵에는 이미 확고한 기반을 구축하기에 이릅니다. 불교는 크게 교종과 선종으로 구분되며, 특히 선종은 중국과 한국 등에서 주류의 불교 이념으로 자리하였다. 이러한 결과 무언의 세계를 통하여 진리, 즉 반야를 증득하고자 하는 선의 인식 논리는 종교상의 교리로서뿐만 아니라 동양의 문화사, 사회사, 정치사 전반을 관류하는 중요한 흐름이 되었다.

이 글을 통해 특히 문화사적으로 선종이 끼친 영향을 추적하기 위해 '선시'라는 종교 문학의 특징과 발생 및 그 변용에 대해 알아보았다. 비록 단편적인 사례를 다소 비약시킨 오류는 감수한다 할지라도 선시가 가지고 있는 비범한 문학성과 생동하는 감수성의 근원이 어디서 비롯되고 또 어떻게 동양의 문화에 영향을 끼쳤는지 윤곽이나마 이해할 수 있게 되지 않았나 여겨진다.

아직까지 충분한 선행연구가 부족하기 때문에 구체적인 선시의 이론에 접근하기에는 때 이른 감도 없지 않지만 그 방대한 작품량과 기나긴 연륜을 생각할 때, 앞으로 선시의 작가연구나 작품론, 선시사의 집필이 더욱 가속화되어야겠다고 생각을 해보았다.

앞으로 이 책에서 다루게 될 여러 선사(禪師)의 시는 그런 공부와 가능성에 대한 제 나름대로의 해답을 찾아가는 과정이 될 것이다. 동시에 이 책을 읽는 여러분들에게도 부족하나마 우리 불교 문학이 어떻게 전개되어 왔고, 어떤 의미와 가치를 지니고 있는지를 확인하는 데 도움이 되기를 바란다. 차분하게 한 편 한 편 글을 읽어나가다 보면 자연스럽게 길이 열리지 않을까 여러분들에게 일독을 권한다.

먼저 말씀을 드려야 할 것은 이 책을 시 중심으로 쓰다 보니, 문학적으로도 업적이 적지 않지만 많은 시를 남기지 않은 선승들은 논의하지 못하고 있다는 점이다. 그래서 원효(元曉)나 의상(義湘) 같은 고승들은 접어두고 고려 중기의 스님 혜심(慧諶)부터 이야기를 시작하게 되었다. 불교사의 흐름과는 다른 출발 때문에 오해는 없길 바란다.

◎ 무의자 혜심의 선시 ◎
마음도 두지 말고 얽매임도 두지 말라

　진각국사(眞覺國師) 혜심(慧諶, 1178~1234)은 보조국사(普照國師) 지눌(知訥, 1158~1210)의 뒤를 이어 수선사(修禪社) 제2세로 활동한 스님이다. 스님이 살던 시대는 국내외적으로 상당히 복잡한 기류가 뒤얽히던 시기였다. 이른바 격동의 시대를 살았던 것이다. 중국 땅에서는 여진족의 금(金, 1115~1234)나라와 몽고족의 원(元, 1156~1367)나라가 차례로 흥기하면서 혼란과 전쟁이 계속되었고, 국내에서는 1170년 무신의 난이 터지면서 무신들에 의한 권력 침탈과 대몽 항쟁이 전개되고 있었다. 이런 난세를 살면서 혜심은 불교사에서뿐만 아니라 정치사, 문화사적으로 중요한 역할을 수행했다.
　무신의 난 이후 무신정권에 적극적으로 반대하면서 반란을 일으키던 교종 세력이 거세되고 대안을 모색하던 무신 정권의 지지에 힘입어 선종이 불교의 중심 사상으로 자리하게 된다. 이미 문신 권력층과 결탁했던 교종은 종교로서 그 기능을 상실해 가던 중이었고, 불교내에서도 이에 대처할 새로운 사상운동이 필요했던 것이다. 혜심은 이런 시기에 간화선수행(看話禪修行)을 강력하게 주장하면서 선종 중심의 새로운 불교 운동을 펼쳐 나갔다. 이를 위해 스님은『구자무불성화간병론(狗子無佛性話揀病論)』과 같은 저술을 쓰는가 하면 1125칙의 공안(公案, 話頭)를 모은 대저

술『선문염송집(禪門拈頌集)』을 간행하기도 했다.

또 스님은 타고난 시인으로서 많은 선시(禪詩)를 남겼다. 그의 선시를 모은 『무의자시집(無衣子詩集)』은 스님의 시문학만을 모은 우리나라 최초의 시집으로 기록되었다. 이 시집에는 난세를 살면서 엄격하고 진중하게 삶을 살았던 스님의 체취가 그대로 묻어난다. 이처럼 간화선을 통한 선 수행으로 일탈과 혼란에 빠진 고려 사회를 지키려고 했던 노력은 다양한 형태로 꽃을 피웠던 것이다.

먼저 스님의 생애부터 간략하게 살펴보자.

스님의 속성은 최씨(崔氏)고, 이름은 식(寔)이며, 호는 무의자고 휘가 혜심이다. 전남 화순에서 태어났는데, 그도 처음에는 유학을 공부한 선비였다. 일찍 아버지를 여읜 뒤 어머니의 강권으로 1201년(신종 4) 사마시(司馬試)에 합격하고 태학에 들어간다. 그러다 어머니의 병환으로 고향에 머물면서 불경을 탐독했는데, 이듬해인 1202년, 어머니가 별세하자 25세의 나이로 지눌(知訥)의 제자가 되었다. 처음 그가 지눌의 제자가 될 때 있었던 일화가 유명하다.

  1205년 지눌이 억보산 백운암에 있었는데 혜심이 찾아왔다. 지눌은 스님의 다 헤진 짚신을 보더니 물었다.
  "짚신짝은 여기 있는데 사람은 어디 있는가?(鞋在這裏 人在什麼處)"
  그러자 혜심이 바로 대답한다.
  "왜 그 때 보시지 않았습니까?(何不其時相見)"

이런 선문답을 거쳐 혜심은 지눌의 제자가 되고, 1210년(희종 6) 지눌의 뒤를 이어 조계종 2세가 되었다. 고종이 즉위한 뒤 선사(禪師, 1213)와 대선사(1216)를 제수받았지만 상경하지 않고 수선사에 있으면서 단속사

(斷俗寺) 주지를 겸했다. 그는 승과(僧科)를 거치지 않고 승직(僧職)에 오른 최초의 승려였다. 그의 활동에는 최씨 정권, 특히 최우(崔瑀, ?~1249)의 후원이 큰 도움이 되었다. 최씨 정권이 몽고군의 침입을 당하자 항쟁을 선언하고 강화로 천도한(1232) 2년 뒤 1234년에 월등사(月燈寺)에서 입적했다.

스님은 지눌의 사상을 잇는 충실한 제자였으며, 세속적 권력을 탐하는 승려들이나 왕실의 주술적 타력의존 신앙풍조를 교화하는 데도 적극 나섰다. 오로지 간화선을 통한 깨달음을 주장한 그의 선사상이나, 특히 무자화두(無字話頭)를 강조해서 이후 수많은 선승들의 깨달음의 길을 연 점 등 스님의 업적은 길이 남을 것이다. 저서에『조계진각국사어록(曹溪眞覺國師語錄)』을 비롯해서『선문염송집』,『무의자시집』,『금강경찬(金剛經贊)』,『구자무불성화간병론』,『선문강요(禪門講要)』1권 등이 전한다. 탑호는 원소(圓炤)고, 시호는 진각국사이다.

스님이 편찬한『선문염송집』은 우리 불교사와 사상사에 큰 전환점을 부여한 책이라 할 수 있다. 1226년(고종 13)에 수선사에 있을 때 부처님과 여러 조사(祖師)들의 염송 등을 모은 것을 엮어 낸 책으로, 목판본 30권 10책으로 이루어져 있다. 규장각 도서로 현전하고 있는 이 책은 1636년(인조 14) 대원사(大原寺)에서 간행된 것이다. 선림(禪林)의 고화(古話) 1125칙과 선사들의 요어(要語)를 모은, 법문(法門)의 전등(傳燈)이 되는 책이어서 오종논도(悟宗論道, 종지를 깨닫고 도를 논의함)의 자료로 중시된다.

이 책은 우리나라의 선적(禪籍) 가운데 가장 오래되고 가장 규모가 큰 것으로 알려져 있다. 각 권마다 몇 개의 고칙(古則)을 위로부터 두 자 공간을 띄고 셋째 자부터 써서 염송의 본문과 구별했는데, 그 고칙에 대한 염송을 첫째 자부터 쓰는 형식을 취하고 있다. 놀라운 선적 깨달음의 진수를 느낄 수 있을 뿐만 아니라 무궁무진한 문학적 향기까지 담겨 있는 이 책은 방대한 양이긴 하지만 정독할 만한 가치가 충분한 책이라고 하겠다. 스님의 선시가 보여주는, 흐트러짐 없는 자세와 풍부한 울림의 원천이 어디에서 왔는가를 생각할 때 더욱 이 책의 가치는 빛을 발한다.

스님의 시는 전반적으로 인생과 깨달음에 대한 진지한 성찰로 일관되어 있다. 교종과 선종이 대립하고 선종 중심으로의 이행이 진행되던 시기를 살았던 만큼 한 치의 허술한 모습도 보이기 어려웠을 것이다. 더구나 근기보다는 기질이 강한 무신 정권의 지도자들을 교화해야 했던 입장에 있었던 스님이었으니 음풍영월(吟風詠月)을 즐기는 일은 스스로 허용치 않았을 것이다. 물론 그렇다고 스님의 시에 그런 여유와 낭만이 없다는 말은 아니다. 진지함이 더 두드러진다는 뜻이다.

먼저 읽을 작품은 스님이 어렸을 때 지은 것으로 전해지는 시인데, 제목은 <고분가(孤憤歌)>이다. 세상에 용납되지 못해 홀로 분개하는 노래란 뜻이다. 아직 완숙한 정신세계를 담고 있지는 않지만 스님이 가야 할 길을 예감할 수 있는 작품이라고 하겠다.

> 사람이 이 천지 사이에 태어날 때는
> 뼈마디며 구멍의 수자는 모두 서로 같다네.
> 누군 가난하고 누군 부자며 또 귀천이 다른데다
> 누군 예쁘고 누군 추하니 이 무슨 까닭일까?
> 일찍이 조물주는 공평하다고 들었는데
> 오늘 비로소 헛말임을 알겠구나.
> 호랑이는 발톱이 있어도 날개는 없고
> 소는 뿔이 있지만 이빨은 없는 법이네.
> 모기나 등에는 무슨 공덕이 있기에
> 날개를 가지고도 부리까지 가졌는가?

학의 다리는 길지만 오리 다리는 짧고
새 다리는 둘이지만 짐승 다리는 넷이라네.
고기는 물속에선 날래도 뭍에 나오면 힘을 못 쓰는데
수달은 뭍에서나 물속에서나 다 날래구나.
용과 뱀, 거북과 학은 수명이 천 년인데
하루살이는 아침에 났다가 저녁이면 죽는다네.
모두 한 세상에 같이 태어났는데
어찌하여 천 가지 만 가지로 이렇게 다른가?
그렇긴 해도 그런 까닭을 알 수 없으니
대체 누가 그렇게 되도록 시킨 것일까?
위로 저 하늘에 여쭤도 보고
아래로 이 땅에 힐난도 해 보았지.
하늘과 땅이 모두 말이 없으니
누구에게 이 이치를 따져야 하나.
가슴 속에 쌓이는 답답한 울분이
날마다 달마다 자라 골수까지 녹이네.
마냥 창가에 앉아 울음을 그치지 못한다.
하늘과 땅을 대신하여 내가 대답하리라.
만 가지로 다르고 천 가지로 차이 나는 일들이란
모두 망령된 생각에서 나온 것이로다.
만약 이 분별하는 마음을 떨쳐버린다면
어떤 물건인들 고르고 평등하지 않겠는가!

人生天地間　　百骸九竅都相似
或貧或富或貴賤　或姸或醜緣何事
曾聞造物本無私　乃今知其虛語耳
虎有爪兮不得翅　牛有角兮不得齒
蚊䖟有何功　　　旣翅而又嘴

鶴脛長兮鳧脛短　鳥足二兮獸足四
魚巧於水拙於陸　獺能於陸又能水
龍蛇龜鶴壽千年　蜉蝣朝生暮當死
俱生一世中　　　胡乃千般萬般異
不知然而然　　　夫誰使之使
上以問於天　　　下以難於地
天地默不言　　　與誰論此理
胸中積孤憤　　　日長月長消骨髓
頻向書窓啼不已　代天地答曰
萬別千差事　　　皆從妄想生
若離此分別　　　何物不齊乎

　어렸을 때 지었다는 말은 단순히 나이만이 아니라 세상의 불공평함과 차이에 대해 일찍부터 깊은 고민을 했다는 뜻일 것이다. 이런 큰 의문이 있었기 때문에 스님은 선비로서의 길을 버리고 불문에 귀의했을 것이다.
　이 세상 삼라만상은 모두 조물주의 손으로 빚어진 것인데, 얼핏 보면 불공평하기 짝이 없다. 덩치 큰 맹수가 있어 왜소한 짐승을 잡아먹기도 하고, 힘없는 동물은 도망 다니며 목숨을 지키기에 바쁩니다. 또 수명도 찬차만별이어서 천 년을 사는 놈도 있는가 하면 하루를 살지도 못하고 천수를 마치는 놈도 있다. 이런 불공평함을 보면서 스님은 조물주의 심사를 이해할 수가 없었던 것이다. 사사로운 마음 없이 만물을 창조했다면 모두 다 잘 살게 만들어야 했을 텐데 이렇게 처지가 다르다면 은혜의 후박(厚薄)이 너무 심하지 않느냐는 것이다.
　아마 이런 고민이나 의심은 누구나 한 번쯤 겪는 일일 것이다. 특히 죽음을 접했을 때는 그 번민이 훨씬 커진다. 그 때문에 불가에 귀의한 스님의 예도 종종 볼 수 있다. 스님은 이런 의문에 대해 이렇게 자문자답한다.

그것이 바로 분별심(分別心)이라는 것이다. 천 년이나 하루나 수명으로 따지면 다 한 평생이고, 길고긴 우주의 시간으로 보면 모두 찰나(刹那)일 뿐이다.

뭇 짐승을 벌벌 떨게 만들던 호랑이도 죽으면 개미의 밥이 되어 자연으로 돌아간다. 개개로 보면 우열이 나뉘는 것 같지만, 우주의 순환으로 본다면 결국 같은 자리라는 사실을 스님은 깨달았던 것이다. 나와 남으로 구분하지 말고 우리라는 영역에서 보면 동고동락하며 어우러지는 세상이라는 말이다.

사소한 듯이 보이지만 스님은 어린 나이에도 이런 대승적 관점을 지녔던 것이다. 스님이 평생을 치열한 구도자의 자세로 살았던 동기가 어디 있는지 이 한 편의 시를 통해서도 알 수 있다.

스님의 이런 달관과 진중한 자세는 시에서는 주로 무심과 무애의 세계를 형성한다. 분별심이 없는 마음이 곧 무심(無心)일 것이고, 생사와 차별의 걸림이 없는 공간이 무애(無碍)의 세계일 것이다. 이런 스님의 수행이 담긴 시편들을 한 번 찬찬히 살펴보도록 하자. 5언절구라는 짧은 형식의 시들이지만, 한 마디 말로 진리를 쏟아내는 촌철살인(寸鐵殺人)의 수완을 맛볼 수 있다. 먼저 읽을 시는 <화주의 부탁으로 벽에 쓰다(塗壁化主請)>는 제목의 작품이다.

    마음과 짝을 삼지 말거라
    마음이 없을 때 마음은 절로 편안해 지니라.
    만약 마음과 짝을 삼아 버린다면
    까딱해도 마음에 속을 것이니라.

    莫與心爲伴　無心心自安　若將心作伴　動卽被心謾

스님은 '마음'도 불편부당(不偏不黨)한 존재로 보지 않는다. 유약한 사람이 가진 것이 마음이기 때문에 자칫 마음의 농간에 사람이 흔들릴 수 있다고 보는 것이다. 마음을 제대로 제어하지 못하면 인간은 마음의 노예로 전락할 수도 있다는 것이다. 그러므로 마음조차 비워버릴 때 진짜 '마음'은 편안해진다는 것이다.

우리는 주변에서 마음이 어지러워 방황하고 마음을 졸이며 애를 태우는 경우를 자주 보았다. 아니 우리 자신이 이런 갈등에 부대끼며 살아간다. 스님이 말하는 무심은 '마음을 놓아버리는 것'이라기보다는 '마음에 끌려가지 않는 것'을 말한다. 그것을 마음과 짝한다고 스님은 비유한다. 집착도 없고 망념도 없이 마음에 편안한 것, 이 경지를 스님은 무심으로 정의한 것이 아닐까?

다음 시도 사물의 간단한 용도에 착안해 수연낙명(隨緣樂命, 인연을 좇아 천명을 즐김)하는 삶의 지혜를 노래하고 있다. 제목은 <부채(扇)>이다.

　　지난날엔 스승님의 손 안에 있더니
　　오늘은 제자의 손에 들려 있구나.
　　뜨거운 번뇌로 허덕일 날을 만난다면
　　마음껏 맑은 바람을 불어 일으키리라.

　　昔在師翁手裡　今來弟子掌中　若遇熱忙狂走　不妨打起淸風

스승이 준 부채를 보면서 스님은 회고나 감상에 젖지 않는다. 부채를 보면서 스승에 대한 회상에 빠진다면 그것 역시 물건에 얽매이는 태도일 것이다. 스승에게서 제자로 이어졌던 것은 더울 때 바람을 일으켜 더위를 쫓는 제 기능을 다했기 때문이다. 값지고 귀한 물건이기 때문이 아니라 제 구실을 다한 물건이기 때문에 오늘도 제자의 손에 들려있는 것이다.

그런 구실을 생각하면서 스님은 만약 번뇌의 뜨거운 바람이 내 마음을 달구고 불태운다면 그 때 이 부채를 흔들어 맑은 바람을 일으켜 깨끗이 떠 버리겠다는 다짐을 하는 것이다. 더위를 날리듯 번뇌를 날리겠다는 것이다.

이 시를 읽으면 조선조 임진왜란 때의 의병장 김덕령(金德齡, 1567~1596)의 시조가 떠오른다. 억울하게 무고를 받아 죽으면서 자기 심정을 노래한 작품이다.

춘산(春山)에 불이 나니 못 다 핀 꽃 다 붙는다.
저 뫼 저 불은 끌 물이나 있거니와
이 몸의 까닭 없는 불이 나니 끌 물 없어 하노라.

원한에 사무쳐 울부짖었던 그에게 스님의 이 시와 부채가 손에 쥐어졌다면 어떠했을까? 승속이 다른 삶을 살았으니 비교할 수야 없겠지만 적어도 몸속에 붙은 까닭 없는 불(煩惱)은 끌 수 있지 않았을까? 그런 쓸데없는 생각도 해보게 된다. 눈에 보이는 불은 끄기 쉽지만 보이지 않는 불이야 타고 타서 까맣게 재가 될 때까지 어쩔 수 없는 게 인생이니, 마음을 다스리는 일이란 참으로 큰 과제이다.

다음 시도 스님의 '마음 비우기'를 잘 보여주는 작품이다. <선당에서 대중에게 보이다(禪堂示衆)>는 제목의 시이다.

푸른 눈동자로 푸른 산을 마주하면
그 사이에 티끌 하나도 용납될 수 없다.
절로 맑음이 뼛속까지 스며들리니
어찌 다시 열반을 찾으려는가!

碧眼對靑山　塵不容其間　自然淸到骨　何更覓泥洹

벽안으로 바라보는 청산. 그 푸름 사이에는 먼지며 티끌 같은 잡념이나 망상이 끼어들 틈이 없다. 그 명징한 본성이 뼛속까지 스며드는 순간이 바로 열반의 세계라는 말이다. 물론 이런 명징함이 하루아침에 절로 주어지는 것은 아니다. 그만한 수양과 깨들음의 과정을 마쳐야만 가능한 일이다. 그러나 그런 경지는 청산을 넘어선 공간에 있는 것은 아니다. 바로 우리가 발붙이고 눈으로 보고 귀로 듣는 세상에 있다.

기발한 곳에 기발한 세상이 있을 것이라고 하여 청산 너머 공간을 엿보기라도 하면 그것은 진정한 열반의 세계를 찾는 일이 아니다. 뭔가 남다르게 보이려는 허튼 수작일 뿐이다. 마음을 비워야 볼 수 있는 세상을 마음을 잔뜩 욕망으로 채우고 보니 보일 리가 없고, 본다고한들 제대로 볼 리가 없다. 스님은 바로 그 이치를 이 시를 통해 말하고 있다.

군더더기 말 하나 붙이지 않고 깔끔하게 핵심만 집어나가는 데 사실 시(詩)만한 매개가 없다. 그래서 옛 선승들이 그렇게 많은 선시를 썼는지도 모를 일이다. 산문으로 장황하게 늘어놓아봐야 글의 통발에 빠지면 하지 않느니만 못할 결과를 가져올 수도 있다. 그러니 명징한 언어로 가닥만 집어 듣는 이들이 바로 참 이치의 세계로 들어가도록 스님은 이끌고 있는 것이다.

이렇게 맑음의 세계에 침잠하고 가식 없는 마음만이 그런 세계를 체험할 수 있음을 노래한 시는 스님의 작품 속에 많이 있다. 때로는 엄격한 태도를 요구하지만 스님은 시에서만은 이를 부드럽게 녹여 들려준다. <산에 놀면서(遊山)>란 제목의 작품을 읽어보자.

시냇가에서 내 발을 씻는데
산을 보자 내 눈도 맑아진다.
부질없는 영욕이야 꿈도 꾸지 않으니

이밖에 다시 무엇을 찾겠는가.

臨溪濯我足　看山淸我目　不夢閑榮辱　此外更何求

그대로 티끌 없이 평안한 마음을 노래한 시이다. 흐르는 시내에 발을 깨끗이 씻으니 몸만 아니라 마음도 청결해진다. 발을 씻는 행위는 곧 스님에게는 하나의 화두를 들고 참구하는 시간과 같다. 일상의 모든 행동이 곧 수양이라는 논리이다.

　영욕이란 것이 무엇인가? 그것이 바로 마음이다. 무엇을 해서 성공하겠다는 마음. 속세에서야 발분(發憤)의 자세일 수 있지만 깨달음에는 이것도 방해만 될 뿐이다. 성패를 염두에 둔 정진(精進)은 그 자체로 이미 마음을 더럽히는 일로 스님은 보는 것이다. 그러니 맑아지는 눈, 참 세상이 한눈에 들어오는 것이다. 누구보다 자신에게 엄격했던 스님이지만 그 엄격함이 드러나는 방식은 이렇게 자연스럽다. 그러기에 무욕의 세계, 내가 더 무엇을 찾겠느냐는 소박하면서도 다다르기 어려운 마음을 얻게 되는 것이다. 스님이 그 험난한 시대를 살면서도 난관을 슬기롭게 극복할 수 있었던 힘은 바로 이런 데서 나온 것이 아닐까?

　스님의 열린 마음은 아래와 같은 다소 해학적인 시를 통해서도 맛볼 수 있다. <그림자를 보면서(對影)>란 제목이 붙은 이 시는 물 위로 비친 제 모습을 보고 반가워하는 순진무구한 동심(童心)이 잘 드러나 있다.

연못가에 나 홀로 앉았다가
못 아래서 우연히 웬 중을 만났네.
잠자코 서로 웃으며 바라보는데
그대 알고 말을 걸어도 대답이 없구려.

池邊獨自坐　池底偶逢僧　默默笑相視　知君語不應

수면에 비친 자기 얼굴을 보는 일은 문화사적으로 여러 가지 함의를 담고 있다. 서양에서는 나르시시즘(narcissism)의 대표적인 표상이다. 그리스 신화에 나오는 나르시스의 일에서 유래된 이 말은 자기애(自己愛), 자기도취(自己陶醉)의 한 형태를 말한다. 나르시스라는 아름다운 소년이 연인의 구애에도 귀를 기울이지 않다가 수면에 비친 자기 모습에 반해 그 자리에서 떠나지 못하고 죽어 버렸다는 사건에서 나온 이 말은 서양인들이 가진 자의식을 단적으로 보여주는 예일 것이다.

이솝우화에도 뼈다귀를 물고 지나가던 개가 다리 위에서 물 밑의 자기 모습을 보고 그것마저 빼앗으려고 으르릉 거리다가 제 입의 뼈다귀까지 잃어버렸다는 이야기도 있다. 모두 욕망의 분출로서 자신을 타자화한 경우이다.

그러나 스님의 경우는 다르다. 그것은 곧 동서양 문화의 차이이기도 할 것이다. 수면에 비친 제 모습을 보고 스님은 곧 그것이 자신임을 안다. 그 그림자는 객관적 대상도 남도 아니고 또 하나의 자기 자신일 뿐이다. 곧 수면 속에 비친 그림자도 나이고 물 밖의 나도 나인 것이다. 나를 만난 기쁨에 스님은 빙그레 웃다. 그리고는 인사말을 건넨다. 그러나 대답은 없다. 당연하다. 그 또한 나 자신인데, 어찌 나에게 대꾸를 하겠는가. 한 바탕 웃음으로 나를 만난 즐거움을 다하면서 스님은 자리를 툭툭 털고 일어나 갈 길을 걸어갔을 것이다.

이처럼 스님은 마음도 일으키지 않고 내남 사이 경계도 없는, 무심무애의 삶을 살았고, 그것은 그대로 시 속에 생생하게 살아 있다.

이런 스님의 자세는 누구에게나 차별 없이 적용되었다. 그가 귀족이든 왕족이든, 일개 평민이든 하나의 인격체로서 불성(佛性)을 가진 고귀한 존재로서 스님에게는 인식되었다. 다음 시는 당시 최고의 권력자였던 최우에게 보낸 작품이다. <상서 최우에게 답함(答崔尙書瑀)>이란 제목의 이 시를 보면 서슬 시퍼런 권력자라 하더라도 제도해야 할 중생의 일원으로 대우한 스님의 마음을 읽게 된다.

마음 쓰는 곳이 하나만이어서는 안 되니
모름지기 녹로(轆轤, 회전시켜 둥근 그릇을 만드는 기구)를 굴리듯이 하라.
한 곳이라도 바라서는 안 되니
새끼에 묶여 살아서는 안 될 일이네.
바라는 곳도 소홀히 해서는 안 되지만
다만 집착에 빠지면 안 되네.
소홀히 한 곳도 잊어서는 안 되니
한결같이 버리기만 해서도 안 되네.

用處不可一　須教轉轆轤　一處不可希　莫教存絡索
希處不可忽　但不許執著　忽處不可忘　莫一向抛却

만약 천진함에 맡겨두지 않는다면
학의 다리를 잘라 오리에게 붙이는 꼴이지.
세간이며 출세간 사이에서나
물들고 깨끗하며 선과 악도 마찬가질세.
사랑하거나 미워하고 가지거나 버리지 않는다면
절로 번뇌에 얽매이지 않게 된다네.
드넓은 하늘은 일정한 경계가 없으니
높은 경지에 오른 사람에게는 맞고 그름이 없답니다.
若不任天眞　續鳧而截鶴　世間出世間　染淨及善惡
無取捨愛憎　自然不被縛　太虛沒方隅　至人無適莫

두 편의 5언율시로 된 이 작품은 첫 번째 작품의 경우 재미난 구성으로 되어 있다. 홀수 구의 마지막 글자가 그 다음 홀수 구의 첫 번째 글자로 이어진다는 점이다. 답한 시이니 최우의 글이나 시가 먼저 있었을 것이다. 스님은 자신의 뜻을 펼치는 데 누구보다 많은 도움을 주고 든든한 후원자 역할을 한 최우를 두고도 주장은 당당하다. 어느 한 편에만 매달려 나머지 부분을 보지 못하는 어리석음을 범하지 않도록 찬찬히 충고하고 있다. 소홀히 하지도 말고 집착하지도 말라는 말이 그런 뜻일 것이다.

두 번째 작품에서도 역시 순리(順理)를 강조한다. 세간의 일이든 출세간의 일이든 취사에 얽매이고 애증에 몰리면 문제가 해결되기 보다는 갈등만 조성할 수 있다고 하면서, 성인(聖人)이 보여준 가함도 없고 불가함도 없는 중용(中庸)의 처신을 당부한다. 학의 다리를 잘라 오리에게 붙인다면 학도 아니도 오리도 아닌 기형의 물건이 된다는 전제가 이를 잘 말해준다. 천진(天眞)에 맡겨두란 말도 무심무애의 스님의 좌우명과도 일치하는 권유라고 하겠다. 스님이 단순히 출세간의 승려만이 아니라 국정의 운영과 민심의 동향까지 짚어줄 수 있었던 위치에 있었던 것을 알 수 있다. 또 당시 최씨 정권 아래 선종 교단의 위상이 어떠했는가도 미루어 짐작할 수 있다.

다음 시는 뭔가 특별한 사연이 있어 쓴 작품으로 보인다. 제목만 봐도 그것을 알 수 있다. <어떤 일 때문에 대중에게 보임(因事示衆)>이라고 했는데, 그 일이 무엇인지는 알 수 없다. 상당법어(上堂法語)를 마친 뒤 썼을 것으로 보이지만, 내용이 예사롭지가 않다. 먼저 작품을 읽어보자.

비유컨대 요란한 시장통에서 누군가가
사람 무리 속으로 돌을 마구 집어 던지는 꼴이지.
문득 재수 없는 사람이 돌에 맞으면
기나긴 세월 원한으로 원수가 되는 것과 같네.
불법의 병통을 가리는 요체는 순수하고 정성스러움이니

어찌 감히 한 순간인들 인정에 빠지겠는가?
말하는 사람에겐 편벽됨이 없음을 알아야 할 것이니
듣는 이의 그 귀가 공평치 못한 까닭일세.

比如鬧市颺石頭　千萬人中汎爾投
忽然有災者中此　長年怨恨成仇讐
揀佛法病要純誠　豈敢造次容人情
須知說者心無黨　自是當人耳不平

앞의 네 구는 비유이다. 무심하게 저지른 일이라 할지라도 이를 당하는 사람에게는 치명적인 고통이 되어 돌이킬 수 없는 원한을 살 수도 있다. 때로 자신의 하찮은 권력을 믿고 남에게 횡포를 부리고 억지를 주장하는 사람이 종종 있다. 또 특정인을 두고 저지른 일은 아니라 하더라도 그 일로 해를 입는 사람은 생길 것이니, 자신도 모르는 사람으로부터 원한을 산다면 이는 더욱 위험한 일일 것이다. 잘못을 저지른 줄도 알지 못하니 사죄도 할 길도 없다.

이어지는 네 구는 부처님의 가르침을 실천하고 수행에 전념하는 문제에 대해 언급한 내용으로 보인다. 부처님의 뜻을 이루기 위해 하는 수양이라고 해도 방법이 그르다면, 산으로 가려고 하면서 바다로 향하는 것이나 마찬가지다. 득도의 길은 외롭고 괴로운 고난의 길이다. 거기에는 양보나 타협이 있을 수 없다. 그러니 인정에 호소하면 이는 득도의 길이 아니고 실리의 길일 수밖에 없다.

그릇된 길을 가는 사람을 향해 스님이 좀 모진 말을 하지 않았을까? 그러나 수행 방법이 잘못되면 그 허물은 자신에게만 머무는 것이 아니고 남에게도 피해를 주어 삼세의 원한 업장을 쌓을 수도 있다. 그러니 듣기 괴롭고 인정머리 없는 박절한 말이라 섭섭해 하지 말고 잘 들으라는 스님의 염려와 배려가 이 시의 저변에 깔려 있는 것으로 보인다. 마지막 구절, 말하는 사람에겐 당파가 없는데 이를 서운하게 듣는다면 그것은 듣는 이의 귀가 열려 있지 못한 까닭이라는 다짐에서 더욱 확인할 수 있다.

자세한 사연이 없으니 스님의 의도가 확연하게 드러나진 않지만, 수행에 있어서는 자신에게 엄격했던 만큼 남에게도 엄격했던 스님이 그에 따른 오해를 해명하는 것이 아닌가 여겨진다.

죽음을 맞으면서 사람은 가장 엄숙하고 경건해진다. 나의 죽음만이 아니라 남의 죽음일 경우에도 마찬가지다. 스님에게도 동도의 길을 걷던 스님의 죽음 소식을 듣고 지은 시가 있다. <변선사의 부음을 듣고(聞辨禪師訃)>란 제목의 시를 읽어보도록 하자.

오실 때도 나보다 먼저 오시더니
가실 때도 나보다 먼저 가시는구려.
언행이 언제나 진중했던 변사형이여
어둡고 먼 곳으로 홀로 가셨다.
나 또한 어찌 오래 살겠습니까?
뜬 구름 같은 세상 잠시 머무는 것이지요.
떠나고 머물던 자취를 돌이켜 살펴보아도
털끝 한 점이라도 얻을 게 없어야 하겠다.

來時先我來　去時先我去　珍重辨師兄　冥冥獨遐擧
而我豈久存　浮世如逆旅　返觀去住蹤　不得絲毫許

선배 수도자의 부음을 들은 스님의 마음은 담담하다. 먼저 오시더니 먼저 가셨다면서 손님 한 분 절간에 들렀다가 떠나기라도 한 듯 무심하게 소회를 드러낸다. 생사를 초월한 승려의 위치였기에 지나친 애도는 오히려 어색한 일이다. 그러나 사람의 죽음 앞에 그렇게 덤덤하다면 진정 깨달은 자의 모습은 아닐 것이다. 스님은 떠난 선배의 모습을 회고한다. 진중하게 흔들림 없이 세상을 살았던 그를 생각하면서 어둡고 먼 저승의 길을 홀로 가셨다면서 아쉬워한다. 변선사가 스님에게 삶의 한 사표가 되었음을 금방 우리는 알 수 있다. 그대 떠난 뒤에 난들 오래 살겠는가? 이 것은 삶에 대한 절망이 아니다. 먼저 가셨으니 뒤따라 갈 것이라는 순응의 자세이다. 생사의 갈림을 넘어섰으니 삶에 집착할 게 없다. 그저 뜬 구름처럼 나그네처럼 이 세상에 잠시 머물다 다음 세상으로 옮겨가는 것이다. 그것이 생사의 차이이다. 다만 세상을 살면서 미진한 일을 남긴다면 홀가분하게 이승을 떠날 수 없다. 이미 떠난 변선사는 털끝 하나 이승에 남기지 않고 훌훌 돌아갔다. 나 역시 그렇게 가야 한다. 그런 죽음을 위해 정진하겠다는 마음의 다짐이 이 시의 마지막 구절의 속뜻일 것이다.

눈물을 흘리지 않고 망자를 애도할 수 있기란 쉽지 않다. 눈물은 형식이면서 내용이기 때문이다. 스님은 순서대로 왔다가 떠나는 인생길을 담담하게 관조하면서 죽음을 대비하는 실천적이고 긍정적인 삶을 말한다. 미련이나 허물없이 세상 떠날 준비를 하는 것, 이것이 참된 죽음을 맞는 자세고 삶을 건강하게 살아가는 방법임을 천명한 것이다.

끝으로 스님의 무심무애의 일생을 잘 정리하고 있는 시 한 구를 들어 글을 마감하겠다. <대선사 사검을 위해(爲大禪師思儉)>란 제목이 붙은 이 시는 원래 두 구밖에 없다. 움직임이 있으면서도 자취나 흔적을 남기지 않는 그 은근하고 끈끈한 수행의 깊이가 진중하게 느껴지는 일갈(一喝)이다.

대나무 그림자 섬돌을 쓸어도 먼지는 날리지 않고
달빛이 바다를 뚫어도 물결에는 흔적도 없구나.

竹影掃堦塵不動　月光穿海浪無痕

◎ 원감국사 충지의 선시 ◎
우국위민憂國爲民을 노래한 시를 쓰다

충지 스님의 생애를 살펴보면 여느 스님과는 다른 궤적을 그리고 있는 것을 알 수 있다. 스님은 젊어서는 유가의 선비로 생을 살았다. 과거에도 급제했고, 벼슬아치로서 관직 생활도 여러 차례 했다. 그러다가 뒤늦게 불문에 귀의했다. 이러다 보니, 스님의 수행 자세나 구법 양상은 여느 스님과는 조금 다르게 전개된다. 즉 속인으로서 선비의 자세를 보여주기도 하면서 탈속한 선승의 모습이 겹쳐져 드러나고 있다. 그만큼 다채롭고 다방면에서 진지한 삶을 살았다고 말할 수 있겠다.

먼저 스님의 생애를 간단하게 정리해 보자.

충지(冲止, 1226~1292) 스님의 속성은 위씨(魏氏)고, 속명은 원개(元凱)다. 어렸을 때부터 불가에 귀의해서 득도하기를 꿈꾸었지만 부모가 반대해서 유가의 선비로 글공부를 시작했다. 관직에 나아가 1244년(고종 31) 문과에 장원했고, 관료로 있으면서 시문(詩文)으로 일본에까지 이름을 떨치기도 했다. 29세 때 비로소 속연을 끊고 원오국사(圓悟國師) 문하에서 스님이 되었다. 전국을 순례하며 수도했는데, 수도에만 전념했을 뿐 승직은 한사코 멀리했다.

그러다가 1266년(원종 7) 김해군 감로사(甘露寺) 주지가 되었다. 1274년에는 원(元)나라 세조에게 청전표(請田表)를 올려 군량미 조달 명목으로 원나라에 빼앗겼던 인근 고을의 토지를 되돌려 받았는데, 이 표는 당시 비참했던 고려의 사정을 알 수 있는 중요한 자료이기도 하다. 1276년(충렬왕 2) 충렬왕은 스님을 선종의 가장 높은 법계인 대선사에 임명했다. 1286년에는 원오국사의 유언에 따라 수선사(修禪社) 제6세가 되었고, 이 때부터 수선교화(修禪敎化)에 몰두하며 수선사 전통을 계승했다.

삼장(三藏)에 대한 이해가 깊었고 문장과 시에도 능해서 『동문선(東文選)』 등에 그의 작품이 실려 전하고 있다. 선풍은 무념무사(無念無事)를 으뜸으로 삼았고, 선교일치를 주장하여 지눌(知訥) 스님의 종풍을 계승했다. 저서에 그의 시문을 담은 『원감국사집』 등이 전한다.

보시다시피 스님의 출가는 좀 늦은 편이다. 늦었던 만큼 더욱 치열하게 수도에 정진했다. 한편 선비로서 유교 소양을 갖추었고 과거에 급제해서 관료 생활을 했던 만큼 현실 감각에도 뛰어난 분이셨다. 이런 점들이 스님을 승속(僧俗)을 구분하지 않고 불교의 난관을 타개하고 민중의 고통을 구제하는 일에도 힘쓰게 만들었던 것이다.

스님은 수행으로 바쁜 가운데에서도 많은 시를 썼다. 문장이라면 실용적인 목적으로 주로 지어진 것이 많지만, 시는 스님의 내면의 세계를 그대로 보여주고 있다.

스님의 선풍을 한 마디로 요약하면 무념무사(無念無事)라고 한다. 생각도 일으키지 않고 하는 일도 없다는 말인데, 만사에 집착을 두지 않고 물 흐르듯이 세상을 바라보고 있다는 말이다. 그런 정신은 스님의 시에서도 그대로 확인할 수 있다. 특히 스님의 시에서 많이 읽을 수 있는 정서는 '한가로움'이다. 먼저 작품 한 수를 보겠다.

날마다 산을 보지만 봐도 봐도 부족하고
때마다 물소리 들어도 듣는 것에 물리지 않네

저절로 귀와 눈이 모두 맑고 시원하니
소리며 빛깔 속에서도 한가로움(편안함)을 잘 기르노라.

日日看山看不足　時時聽水聽無厭
自然耳目皆淸快　聲色中間好養恬

제목이 <한가로운 가운데 스스로 기뻐한다(閑中自慶)>란 시이다.
　이 한가로움이라는 것이 막연히 아무 일도 하지 않고 있어서는 생기지 않는다. 한(閑)은 망(忙)이 있어서 한가로운 것이다. 우리 즐겨 쓰는 망중한(忙中閑)이라는 것이다.
　일 년 내내 놀고 지내면 그건 한가로운 게 아니다. 아마 죽을 맛일 것이다. 한 주일 내내 열심히 일하고 하루 이틀 쉴 때 그게 꿀맛 같은 휴식이고 즐거움이며, 한가로운 경지이다. 스님의 한가로움은 바로 그런 곳에 있었다. 매일 산을 보지만 산은 항상 새롭다. 또 매양 듣는 물소리면 질릴 만도 한데 들을 때마다 시내가 들려주는 노래 가락이 다르다. 그것은 산의 모양이나 물소리에 집착하지 않기 때문이다. 분별심이 사라진 상태에서 자연을 대하면 자연은 대상이나 목적이 아니고 나 자신이 된다. 그러니까 귀와 눈도 내 마음을 여는 창이 되어 항상 맑고 시원한 산과 물소리를 전해주는 것이다. 그래서 삼라만상은 번뇌의 씨앗이 아니라 내 마음의 한가로운 편안함, 휴식을 길러주는 자양분이 된다는 것이다. 그러니 기쁜 일이 아니겠는가?
　그런 고요하고 내밀한 생활을 보여주는 시를 한 편 읽어보도록 하겠다. 제목은 <한가롭게 지내면서(幽居)>이다.

떠들썩한 세상 밖에서 살아가고
아름다운 자연을 안고 노니노라.

소나무 행랑은 봄이 되자 한결 고요하고
대나무 사립문은 한낮에도 닫혀있네.

棲息紛華外　優遊紫翠間　松廊春更靜　竹戶晝猶閉

　　스님의 일상생활이 어떠했는지 눈이 잡힐 듯 그려져 있다. 세상을 등졌다고 번뇌도 사라지는 것은 아니다. 오히려 스님은 떠들썩한 세상일조차도 다 포용하고 살았다. 그것도 자연의 일부라고 여긴 것이다. 그러니까 한가로움의 깊이가 예사롭지 않다. 만물이 약동하는 봄이 되어도 고요할 수 있고, 한낮에도 일이 없어 문을 닫고 사는 듯한 정적의 아름다움을 맛보는 것이다.
　　그런데 스님은 수행에 힘쓰는 선승이기도 했지만, 중생을 구제해야 할 이타행(利他行)에도 많은 관심을 기울였다. 스님에 살았던 시대는 나라 안팎으로 어려움이 많았던 때였다. 오랜 항몽기(抗蒙期)가 끝나고 고려는 원나라의 지배 아래 놓여 있었다. 원나라는 이렇게 저렇게 고려의 정치에 끊임없이 간섭을 했고, 온갖 이유를 붙여 가혹하게 수탈을 자행했다. 그런 가운데 고려 민중들이 겪었던 고통이란 말로 표현하기 어려울 정도였다.
　　가뭄과 홍수로 수확도 시원치 않은데, 원나라는 일본 정벌이라는 미명 아래 엄청난 군수 물자를 징발하도록 고려에 강요했다. 그 요구에 응하느라 전국토가 신음과 고통으로 얼룩진 시기가 스님이 살았던 현실이었다. 이미 젊은 시절 관료로 지내면서 누구보다 그런 부당한 현실을 생생하게 목격했던 분이 스님이었다. 그래서 스님의 시에 보면 각박한 현실을 묘사하고, 그들의 힘이 되려는 의지가 잘 드러나 있다.
　　대표적인 작품이 <영남간고상(嶺南艱苦狀)>으로 불리는 장편의 5언고시이다. 몽고가 일본 정벌에 나서면서 군량이며 함선의 건조를 고려에 강요하는 바람에 이 모든 부담이 영남의 백성들에게 지워졌다. 그 때 스님은 김해군에 있건 감로사 주지로 있었는데, 누구보다 가까이서 그 참상을 목격할 수 있었다. 개인의 난관이고 고통이라면 어떻게 수습할 수도 있었겠지만, 나라 전체에 강요된 요구니 뿌리칠 수도 없었다.

  스님은 이 작품에서 그 때 겪었던 민중들의 혹독한 고통을 생생하게 묘사하고 있다. 비록 긴 작품이긴 하지만, 스님의 나라와 백성을 염려하는 마음이 잘 드러나 있어 전편을 읽어보도록 하겠다.

    영남 지방의 고통스런 모습이여
    말로 하려니 눈물부터 앞서네.
    두 도에서는 군수 물자를 공급했고
    세 산에서는 나무를 베 전선을 만들었네.
    세금이며 징발은 백 배나 더했고,
    부역은 삼 년 동안 계속되었네.
    물자 징수는 성화처럼 급하고
    호령은 우레처럼 전해지네.
    사신은 언제나 끊이지 않고
    서울의 장수들도 잇달아 오는구나.
    팔 있는 사람들은 모두 묶여 있고
    등짝으론 채찍이 떨어지지 않는 곳 없네.
    맞이하고 보내는 일은 심상한 일이 되었고
    낮이나 밤이나 물건 나르는 일은 계속되네.
    소나 말조차 몸 온전한 놈 없으니
    백성들 어깨인들 쉴 틈이 있겠는가.
    새벽이 되자마자 칡 캐러 나갔다가
    달빛을 밟으며 띠풀 베어 돌아오네.
    뱃사공도 농사짓는 밭으로 달려가고

목수들은 바닷가를 휘젓고 다녔지.
남정네 뽑아서는 갑옷을 입혔고
장정을 골라서는 창대를 지라 하네.
그저 빨리 나가라 재촉하니
촌각인들 어찌 지체할 수 있겠는가.
아내와 자식은 땅을 치며 울부짖고
아버님 어머님은 하늘 보며 통곡하네.
이승과 저승이 이리하여 갈려졌으니
어찌 생명 온전하기를 기약할 수 있으리오.
늙은이며 어린 것들만 외롭게 남았으니
억지로 살자 하니 얼마나 괴롭겠는가.
고을마다 거의 반이 달아나 버렸고
마을마다 버려진 밭은 황폐해 가네.
어느 집인들 쓸쓸하지 않겠으며
어느 곳인들 술렁거리지 않겠는가.
관청 세금도 끝내 면하기 어려운데
군대의 부역을 어찌 피할 수 있으리오.
찢어진 상처는 점점 더 심해져 가니
지친 몸이야 무슨 재주로 편안하겠는가.
겪는 일마다 모두 고통이거니
산다는 게 참으로 가련한 일이로구나.
형세가 보전키 어려운 줄 비록 알지만
호소할 곳조차 없으니 더욱 기가 막힌다네.
하느님의 덕은 푸른 하늘을 덮고 있고
황제의 명령도 햇볕 아래 빛나거니.
답답한 백성들이여 잠시 기다려보세
성스러운 임금님 은혜가 당연히 펼쳐지리니.
우리나라 어느 곳을 가더라도

집집마다 모두 두 다리 뻗고 잠들 것일세.

嶺南艱苦狀	欲說涕將先	兩道供軍料	三山造戰船
征徭增百倍	力役亘三年	星火徵求急	雷霆號令傳
使臣恒絡繹	京將又聯翩	有臂皆遭縛	無胯不受鞭
尋常迎送慣	日夜轉輸連	牛馬無完脊	人民鮮息肩
凌晨採葛去	踏月刈茅還	水手驅農畝	梢工卷海堧
抽丁擐甲冑	選壯荷戈鋋	但促尋時去	寧容寸刻延
妻孥啼蹩地	父母哭號天	自分幽明隔	那期性命全
子遺唯老幼	强活尙焦煎	邑邑半逃戶	村村皆廢田
誰家非索爾	何處不騷然	官稅竟難免	軍租安可蠲
瘡痍唯日深	疲瘵曷由痊	觸事悉堪痛	爲生誠可憐
雖知勢難保	爭奈訴無緣	帝德靑天覆	皇命白日懸
愚民姑且待	聖德必當宣	行見三韓內	家家奠枕眠

　원나라는 1274년과 1281년 두 차례에 걸쳐 일본 정벌을 꾀했다. 그 때 우리나라를 전략기지로 삼아 온갖 물자를 징발했는데, 그 참상이란 이루 말할 길 없을 정도였다. 당시 징발이 얼마나 혹독했는지 생생하게 보여 주는 작품이다. 영남 지방에서 생산되는 모든 물자는 다 정벌에 충당되었고, 산은 함선을 만드느라 벌거숭이가 되었다. 세금이며 노역은 쉴 새 없이 이어졌고, 농사를 지을 때를 놓친 농민들의 참상은 더욱 커져만 갔다. 그야말로 허울 좋은 정벌 때문에 악순환만 거듭되는 비참한 지경이었다. 더구나 정벌이 원나라의 강압이긴 했지만 국가적 정책이었기 때문에 대놓고 비난을 할 수 없었다. 그래서 스님의 상심은 더욱 컸을 것이다. 이어지는 시구들은 그런 농민과 민중들의 참상을 더욱 생생하게 고발하고 있다.
　민중들의 고통과 어디에도 하소연할 수 없는 기막힌 현실을 스님이 대신해서 전해주고 있는 것이다. 채찍과 욕설을 받아가면서도 그 치욕과 고통을 묵묵히 견뎌내야 했던 당시 고려인들의 원성이 스님의 시속에서 그대로 울려나오고 있다. 국가와 민족의 아픔을 시화하여 경종을 울린 스님의 이런 일련의 시들은 자연에만 묻혀 이웃의 고통을 외면하지 않았던 스님의 일면을 잘 보여주고 있다.

스님에게는 역시 오랜 가뭄 때문에 고통을 당하는 농민들을 안타까워하는 장편 한시도 남기고 있다. 이런 작품을 통해 우리는 충지 스님의 나라를 염려하고 백성을 걱정하는 마음을 잘 알게 된다.

스님은 사실 선과 교를 아울러 수행했다. 스님은 뛰어난 교학승이면서도 화두에 침잠하면서 득도의 깊은 깨달음의 세계를 체험한 선승이었다. 스님은 불편부당한 세계 인식은 이런 점에서도 잘 드러난다.

끝으로 스님의 <열반송>을 소개한다.

지나온 세월 돌아보니 육십칠 년인데
오늘 아침에 이르러서야 모든 일 마쳤구나.
고향으로 가는 길 훤하게 열렸으니
앞길이 분명해서 헤맬 일이 없겠구나.
손에는 겨우 지팡이 하나 들었을 뿐이지만
발걸음 가볍게 하리니 또한 즐거운 일이지.

閱過行年六十七　及到今朝萬事畢
故鄕歸路坦然平　路頭分明未曾失
手中纔有一枝節　且喜途中脚不倦

이승에서 맡은 바 소임을 다하고 고향을 향해가는 스님의 경쾌한 발걸음 소리가 들리는 듯하다. 생사의 두려움이 완전히 끊긴 경지에 이르지 않고서는 나올 수 없는 기쁨의 노래이다. 길게 뚫린 열반의 길을 가면서 스님이 즐겁게 휘파람 부는 소리가 들릴 듯하지 않은가?

　이렇게 스님의 생애나 시를 읽어보면 스님은 누구보다 다정다감한 분이었다는 것을 알 수 있다. 속세의 아우를 만나 애틋한 회포를 풀기도 하고, 때 맞춰 농사를 짓지 못하고 부역에 내몰리는 농민들의 처지를 애써 위로하고 있다. 승속의 경계를 아예 허물어 버리고, 모든 곳을 지상 극락으로 만들어보려던 스님의 소중한 마음가짐이 시속에 알알이 영글어 있는 것이다. 스님은 모범과 귀감이 되는 선승이면서 시대와 역사에 대한 책임감도 당당하게 짊어졌던 지식인이기도 했다.

◎ 태고 보우의 선시 ◎
승속僧俗을 아우른 실천적 선시

고려시대 말기는 우리 불교사로 볼 때 중요한 의미를 띠는 시기이다. 불교를 국교로 삼은 고려가 왕조로서의 생명을 다하고 유교를 국시로 한 조선이 들어서면서 불교는 큰 위기와 전환의 갈림길에 서게 된다. 고려 중기부터 교종의 뒤를 이어, 수선사를 중심으로 결집된 선종은 이 무렵부터 다양한 종파를 통합하여 단일 교단으로 자리하게 된다. 그 선맥(禪脈)이 지금까지 이어져오고 있는 것은 잘 아는 사실이다.

고려 말기의 불교는 지눌과 혜심, 충지 등과 같은 선구자들의 개혁 정신은 많이 약화되었다. 안정기로 접어들면서 선종은 변화보다는 현실에 안주하고 안정을 추구하는 방향으로 성격 전환이 일어났던 것이다. 마냥 개혁과 변화만 추구할 순 없으니 이는 당연한 추세라고 할 수 있다. 다만 안정 추구가 지나치게 보수적인 흐름으로 치우쳐 이전의 생동감 넘치는 활기를 잃어버린 것이 문제였다.

특히 왕실과 권력층들의 비호를 받으면서 경제적으로 비대해진 몸집을 적절하게 조절하지 못한 폐단은 불교의 순수성을 많이 해치기도 했다. 한때 변화와 개혁의 동반자로서, 또 승려와 신도의 입장에서 밀월 관계를 지속하던 유가 사대부들과도 점점 괴리가 생겨났다. 결국 사대부들은 정치 사회적 여러 가지 이유로 해서 반불(反佛) 태도를 드러냈고, 이는 불교의 위상에도 적지 않은 타격을 주었다. 조선이 개국하면서 숭유척불(崇儒斥佛) 정책을 지향한 것은, 그것이 정책적인 의도가 다분한 것이긴 했지만, 불교로서는 결정적인 타격이 되고 말았다.

그러나 천여 년의 역사를 가진 불교의 불꽃이 그렇게 쉽게 꺼질 순 없는 일이다. 고려 말기 불교는 그 시대를 대표하는 뛰어난 선승들을 배출하면서 새로운 충격과 도전에 대안이 될 길을 열기 시작했다. 그런 움직임을 대표하는 스님으로 우리는 백운경한(白雲景閑, 1299~1374)과 태고보우(太古普愚, 1301~1382), 나옹혜근(懶翁惠勤, 1320~1376) 세 분을 들 수 있다. 이분들은 모두 당시 문화 선진국이었던 원(元)나라로 구법 여행을 떠나 중국 불교의 현황을 살피고 법통(法統)을 다지는 한편, 이를 고려의 현실에서 적용할 방법을 모색하는 일에 앞장섰다.

세 분 스님들은 고려 말기라는 어려운 시기를 맞아 각기 다른 방식으로 이에 대응했다. 경운화상 경한 스님은 상대적으로 이름이 덜 알려졌지만, 산사에 묻혀 수행에 전념함으로써 불교의 내적 변화를 추구했다. 그는 산승의 본분이 무엇인가에 깊이 고민하면서 불립문자(不立文字)를 내세우던 불교의 문학관에 대해서도 진지한 고민을 했다. 그는 진지한 자세로 불교의 이치와 철리(哲理)를 가다듬는 일에 주력했다. 세계에서 가장 오래 된 주자본(鑄字本)으로 알려진 『불조직지심체요절(佛祖直指心體要節)』은 바로 스님의 저술이다.

나옹화상 혜근 스님은 보우 스님과 함께 고려말기 선종이 기반을 다지는데 많은 기여를 했다. 왕사를 지내면서 불교의 위기를 극복하는 일에 몰두하여 실제적으로 어려움을 해결할 방안을 찾는 데 많은 노력을 기울였다. 스님은 노래를 교화의 방편으로 이용해서 많은 작품을 남겼다. 즉흥적인 구호(口號)가 많아 노숙하게 가다듬지는 못했지만, 이런 구어적인 문학 행위는 오늘날 국문학에서 가사(歌辭)로 불리는 양식의 기초를 다진

성과로 나타났다. 나중에 따로 살펴보겠지만 스님이 쓴, 나옹삼가(懶翁三歌)로 불리는 <백납가(百衲歌)>와 <고체가(枯體歌)>, <영주가(靈珠歌)>, 근래에 발견된 <승원가(僧元歌)> 등은 가사의 초기 형태를 보여주는 작품으로 문학사적인 중요성을 가진다. 직접 신도들과 대면하면서 불교의 위기를 타개하려 했던 스님의 노력은 안타깝게도 결실을 거두지는 못했다. 날로 팽배해 갔던 사대부들의 불교 비판에 뜻을 이루지 못하고 불행한 생애를 마치고 말았던 것이다.

마지막 한 분이 보우 스님이다. 태고화상 보우 스님은 가장 적극적으로 현실에 대응하신 분이라고 하겠다. 그런 행동가적인 특징 때문에 스님에 대한 평가도 극단적인 양상을 띠고 있지만, 고려 말기 불교계에 끼친 영향은 주목할 부분이 많다. 선종의 계통을 분명히 하고 많은 뛰어난 제자를 배출하여 조선조 불교사의 흐름을 선도한 일은 반드시 기억해야 할 일일 것이다.

먼저 스님의 생애부터 살펴보자.

스님은 고려 말기의 고승으로, 성은 홍씨고, 법명은 보허(普虛)며, 호는 태고(太古)로, 홍주(洪州) 출신이다. 아버지는 홍연(洪延)이고, 어머니는 정씨인데, 해가 품에 들어오는 태몽이 있었다고 한다. 13세에 출가하여 회암사(檜巖寺) 광지(廣智) 스님의 제자가 되었고, 얼마 뒤 가지산(迦智山)으로 가서 수행했다. 19세 때부터 만법귀일(萬法歸一)의 화두를 혼자서 참구했는데, 선승이면서도 교학에도 관심을 가져 26세 때에는 화엄선(華嚴選)에 합격하기도 했다.

그 뒤 불경을 열람하면서 더욱 깊이 연구했지만, 불경 연구는 수단일 뿐 참된 수행의 길이 아니라는 사실을 깨닫고 선수행(禪修行)에 몰두한다. 1333년(충숙왕 복위 2) 가을에는 성서의 감로암(甘露庵)에서 죽기를 결심하고 이레 동안 정진한다. 그때 푸른 옷을 입은 두 아이가 나타나 더운

물을 권했는데 받아 마셨더니 감로수였고, 이 일로 홀연히 깨친 바가 있었다.

1337년 가을에는 불각사(佛脚寺)에서 『원각경(圓覺經)』을 읽다가 "모두가 다 사라져 버리면 그것을 부동(不動)이라고 한다."는 구절에 이르러 모든 지해(知解)를 타파했다. 그 뒤 송도의 전단원(檀園園)에서 조주(趙州)의 무자화두(無字話頭)를 참구했으며, 1338년 1월 7일에 대오(大悟)했다. 이처럼 스님의 일생은 화두를 통한 깨달음의 정진으로 일관되어 있었던 것이다.

1341년(충혜왕 복위 2)에는 중흥사(重興寺)에서 후학들을 지도하였고, 중흥사 동쪽에 태고암(太古庵)을 창건하여 5년 동안 머물렀다. 이때 중국 영가대사(永嘉大師)의 <증도가(證道歌)>를 본떠 유명한 <태고암가>를 짓기도 했다. 스님은 자신의 부족한 공부를 위해 중국으로의 구법 여행을 떠나기도 했다. 1347년 7월에 호주 천호암(天湖庵)으로 가서 석옥청공(石屋靑珙)을 만나 도를 인정받았고, 40여 일 동안 석옥의 곁에서 임제선(臨濟禪)을 탐구했다. 스님이 떠나려 하자 석옥화상은 <태고암가>의 발문을 써주는 한편 깨달음의 신표로 가사(袈裟)를 주면서 이렇게 말했다.

"이 가사는 오늘의 것이지만 법은 영축산에서 흘러나와 지금에 이른 것이다. 지금 그것을 그대에게 전하노니 잘 보호하여 끊어지지 않게 하라."

스님은 스승의 가르침을 잊지 않고 귀국해서 불교의 중흥을 위해 진력했다. 1348년 귀국한 뒤 중흥사에 머물렀고, 도를 더욱 깊이 하고자 하는 염원으로 미원의 소설산(小雪山)으로 들어가 4년 동안 농사를 지으면서 보임(保任)했다. 이때 지은 작품이 <산중자락가(山中自樂歌)>이다. 1363년에 신돈(辛旽)이 공민왕의 신임을 받아 사부(師傅)로서 국정 개혁을 단행하자, 스님은 이를 우려하면서 이런 말을 남겼다.

"나라가 잘 다스려지려면 진승(眞僧)이 그 뜻을 얻고, 나라가 위태로워지면 사승(邪僧)이 때를 만난다. 왕께서 이 사실을 잘 살피시고 그를 멀리 하시면 국가의 큰 다행이겠다."

그러나 신돈의 권한이 더욱 강화되자 스님은 왕사의 인장을 반납하고 전주 보광사(普光寺)에 가 머물고 만다. 1368년 여름에는 신돈의 참언으로 속리산에 금고(禁錮)되기도 했는데, 이듬해 3월 왕이 뉘우치고 다시 소설산으로 돌아오게 했다. 1371년(공민왕 20) 겨울에 양산사(陽山寺)로 옮겼는데, 부임하던 날 우왕은 그를 국사로 봉했다. 1382년 여름에 "돌아가자, 돌아가자." 하고는 곧 소설산으로 돌아왔다. 이 해 12월 17일 언어와 동작이 둔해지더니, 23일 문인들을 불러 "내일 유시(酉時)에 내가 떠날 것이니, 지군(知郡, 군수)을 청하여 인장을 봉하도록 하라."고 지시한다.

이튿날 새벽에 목욕한 뒤 옷을 갈아입고 유시가 되자 단정히 앉아 임종게를 남기고 입적하니, 나이 82세, 법랍 69세였다. 시호는 원증(圓證)이며, 스님은 현재 대한불교조계종의 종조(宗祖)로 받들어지고 있다. 저서로는 『태고화상어록(太古和尙語錄)』 2권과 『태고유음(太古遺音)』 6책 등이 전하고 있다.

『태고집(太古集)』에는 그의 사상과 업적을 알려주는 법어(法語)와 선시 등이 수록되어 있어 그의 깨달음의 깊이와 경지가 분명하게 보여준다. 공민왕이 불러 나라를 다스리는 이치를 물었을 때에는 "거룩하고 인자한 마음이 모든 교화의 근본이자 다스림의 근원이니, 빛을 돌이켜 마음을 비추어 보라."고 충고했고, 당대의 폐단과 운수의 변화를 살피지 않으면 안 된다고 지적하기도 했다.

스님은 비록 왕실과 권력층의 지지를 받고는 있었지만 왕도(王都)의 누적된 폐단과 정치계의 부패, 불교계의 타락 등에 대하여 개혁의 필요성에 대해서도 절감하고 있었다. 이런 모순을 극복하기위해 스님은 도읍을 한양으로 옮겨 민심을 다독거리고 정교(政敎)를 혁신을 도모하라고 주장했지만 끝내 받아들여지지는 않았다. 아울러 선문구산(禪門九山)을 일문(一門)으로 통합하여 종파의 이름을 도존(道存)으로 하자는 건의를 올리기도 했다.

이런 여러 가지 사실로 볼 때 스님의 행적에는 복잡한 시대 상황만큼 한 마디로 정리할 수 없는 복잡한 양상을 띠고 있었다. 그가 고려 불교의 마지막을 장식하는 선승이었고, 선맥의 올바른 결집과 계승을 위해 노력한 업적은 분명 긍정적인 평가를 받아야 할 것이다.

스님은 불교사적인 업적만큼이나 문학에 있어서도 빛나는 결실을 거두었다. 고려의 스님으로 시를 못 짓는 분이 없긴 하지만, 스님의 문학에는 스님만의 개성과 고민이 잘 드러나 있다.

앞에서 생애를 살피면서도 언급했지만, 스님의 장기는 장편시에 있었다. 이미 충지 스님 같은 분도 장편시를 남기고 있지만, 충지 스님의 경우는 한시의 전통 아래 지어진 것인 반면 스님의 장편시는 다소 파격을 지향했다. 마음에서 우러나온 격정과 깨침을 소리로 옮기자니 형식보다는 내용에 충실할 수밖에 없었던 것이다. 물론 그렇다고 흥분을 이기지 못해 넋두리의 외침을 담은 것은 아니다. 파격 속에서도 스님의 시는 잘 정제된 균형미를 보여준다. 만행 속에서도 지계(持戒)를 잊지 않는 선승의 본분이 스님의 문학 속에도 그대로 녹아 있는 것이다.

스님의 장편시는 대표적인 것으로 <태고암가>와 <산중자락가>, <백운암가(白雲庵歌)>, <운산음(雲山吟)>, <참선명(參禪銘)> 등을 들 수 있다. 작품 하나하나가 그대로 스님의 수행 과정과 생애를 반영하고 있어 아주 흥미롭다.

그 가운데 여기서는 <태고암가>를 읽어보도록 하겠다.

내가 사는 이 암자 나도 몰라라
깊고 은밀하지만 옹색하진 않구나.
천지를 모두 가두어 앞뒤가 없는데
동서남북 어디에도 머물지 않노라.
구슬 누각, 옥 전각도 비길 바가 아니고
소실(少室, 少林寺)의 풍모를 본받지도 않았는데
8만 4천의 문을 부수니
저 쪽 구름 밖에 청산이 푸르네.
산 위의 흰 구름 희고 또 희며
산 속의 흐르는 샘은 흐르고 또 흐르네.
흰 구름의 용모를 누가 볼 줄 아는가.
오던 비 개였는데도 때로 번개치듯 하는구나.
이 샘물 소리는 누가 들을 줄 아는가.
천 구비 만 구비를 돌고 돌아 쉬지 않고 흐르네.
생각이 일기 전이라 해도 이미 그르쳤거니
게다가 입까지 연다면 더욱 어지러우리.
봄비 가을 서리에 몇 해를 지났던가.
부질없는 일이었음을 오늘에야 알겠구나.
맛이 있거나 없거나 음식은 음식이라
누구나 마음대로 먹도록 놔두네.
운문(雲門)의 호떡과 조주(趙州)의 차라 해도
이 암자의 아무 맛없는 음식만 하겠는가.
본래부터 이러한 옛 가풍을
누가 감히 그대에게 대단하다 말할 것인가.
한 털끝 위 자리한 태고암은
넓다 해도 넓지 않고 좁다 해도 좁지 않네.
겹겹 세계들이 그 안에 들어 있고
뛰어난 기틀의 길이 하늘까지 뚫렸는데

삼세의 부처님도 전혀 알지 못하고
역대의 조사들도 뛰쳐나오지 못하네.
어리석고 말 더듬는 이 암자의 주인공은
행동거지가 분망해서 일정한 법도 없다네.
청주(靑州)의 다 헤진 베 장삼을 입고
등 넝쿨 그늘 속에서 절벽에 기대 있네.
눈앞에는 법도 없고 사람도 없으니
아침저녁 부질없이 푸른 산빛을 마주하노라.
우뚝 앉아 할 일 없이 이 노래를 부르나니
서쪽에서 온 그 가락이야 더욱 분명하리라.
온 세계에 그 누가 이 노래에 화답하리오.
영산(靈山)과 소실(少室)에서는 부질없이 손뼉만 치네.
누가 태고 적의 줄 없는 거문고를 가져와서
지금의 구멍 없는 피리에 장단을 맞추겠는가.
태고암 속 태고 적 일을 그대는 보지 못했는가.
지금 이렇게 밝고도 분명하다.
백천의 삼매가 그 가운데 있으니
만물을 이롭게 하고 인연에 응하지만 항상 고요하네.
이 암자는 이 노승만 사는 곳이 아니라
티끌 모래처럼 많은 불조(佛祖)들도 풍격을 같이하네.
분명하게 말하노니 그대는 의심치 말라
지혜로도 알기 어렵고 지식으로도 헤아릴 수 없다네.
빛을 돌이켜 비추어 보아도 오히려 아득한데
당장 그대로 알았다 해도 자취에 얽매이는 꼴이지.
나와 그 까닭을 묻는다면 더욱 크게 어긋나리니
여여하게 움직이지 않는 것은 굳은 돌과 같구나.
모든 것 놓아버리고 망상을 일으키지 말라.
그것이 바로 여래의 크고 원만한 깨달음일세.

오랜 영겁 중 그 어느 때 이 문을 나왔던가.
잠시 지금의 이 길에 떨어져 머물고 있네.
이 암자는 본래 태고의 이름이 아닌데
오늘이 있음으로 해서 태고라 부르네.
하나 속의 일체(一切)고 많음(多) 속의 하나이지만
하나라 해도 맞지 않되 항상 분명하여라.
모나기도 하고 둥글기도 하여
흐름 따라 옮겨가는 곳이 모두가 그윽하네.
그대 만일 나에게 산중 경계 묻는다면
솔바람은 시원하고 달빛이 시냇물에 가득 찼다 말하리라.
도도 닦지 않고 참선도 하지 않노라.
침수향(沈水香)은 다 타서 향로에 연기도 없네.
그저 자유롭게 이렇게 살아가나니
무엇하러 구차하게 그렇기를 구하겠는가.
뼛속에 사무치고 사무친 청빈함이여
살아갈 계책은 원래 위음왕불(威音王佛, 맨 처음 성불한 부처님) 전에 있었네.
한가하면 <태고가>를 소리 높여 부르며
무쇠소를 타고서 인간과 천상을 노니노라.
아이들 눈에는 모두가 광대놀이일 터인데
끌고 가지 못하고 부질없이 눈여겨보네.
이 암자의 누추함은 그저 이러하니
거듭 말할 필요가 없는 줄로 알겠구나.
춤을 그치고 삼대(삼각산)로 돌아간 뒤에는
푸른 산은 여전히 샘과 수풀 마주하네.

吾住此庵吾莫識　　深深密密無壅塞
函蓋乾坤沒向背　　不住東西與南北
朱樓玉殿未爲對　　少室風規亦不式

爍破八萬四千門　　那邊雲外青山碧
山上白雲白又白　　山中流泉滴又滴
人解看白雲容　　　晴雨有時如電擊
誰人解聽此泉聲　　千回萬轉流不息
念未生時早是訛　　更擬開口成狼藉
經霜經雨幾春秋　　有甚閑事知今日
麤也湌細也湌　　　任爾人人取次喫
雲門糊餠趙州茶　　何似庵中無味食
本來如此舊家風　　誰敢與君論奇特
一毫端上太古庵　　寬非寬兮窄非窄
重重刹土箇中藏　　過量機略衝天直
三世如來都不會　　歷代祖師出不得
愚愚訥訥主人公　　倒行逆施無軌則
着却青州破布衫　　藤蘿影裡倚絶壁
眼前無法亦無人　　旦暮空對青山色
兀然無事歌此曲　　西來音韻愈端的
徧界有誰同唱和　　靈山少室謾相拍
誰將太古沒弦琴　　應此今時無孔笛
君不見太古庵中太古事　只這如今明歷歷
百千三昧在其中　　利物應緣常寂寂
此庵非但老僧居　　塵沙佛祖同風格
決定說君莫疑　　　智亦難知識莫測
廻光返照尙茫茫　　直下承當猶滯跡
進問如何還大錯　　如如不動如頑石
放下着莫妄想　　　卽時如來大圓覺
歷劫何曾出門戶　　暫時落泊今時路
此庵本非太古名　　乃因今日云太古
一中一切多中一　　一不得中常了了

能其方亦其圓　　隨流轉處悉幽玄
君若問我山中境　松風蕭瑟月滿川
道不修禪不參　　水沈燒盡爐無烟
但伊騰騰恁麼過　何用區區求其然
徹骨淸兮徹骨貧　活計自有威王前
閑來浩唱太古歌　倒騎鐵牛遊人天
兒童觸目盡伎倆　曳轉不得徒勞眼皮穿
庵中醜拙只如許　可知何必更重宣
舞罷三坮歸去後　靑山依舊對林泉

　스님의 나이 41세 되던 1341년에 지은 작품이다. 산중에 사는 즐거움과 일상사를 흥취를 담아 노래하고 있지만, 스님의 비범한 깨달음의 세계도 엿볼 수 있다. 도도하게 쏟아지는 문장의 흐름이 전편을 압도하고 있지만, 그 목청은 윽박지름이 아니고 친절하고 흉허물 없는 다정한 속삭임일 뿐이다. 물화일체가 되어 그 기쁨을 노래하는 장광설(長廣舌)이 우리를 절로 태고암의 절경으로 이끌어 가는 것이다. 8만 4천 법문을 모두 깨치고 세월의 흐름도 잊어버린 채 본연의 청정한 바탕을 맑은 시냇물에 씻어낸 스님의 마음 세계가 그대로 손에 잡힐 듯하다. 그 속에는 경계도 없고 차이도 없으며 그저 조물주가 내주신 여여한 자연이 자리하고 있을 뿐이다.
　스님은 태고와 현재는 별개의 시간이 아니라 서로 이어져 있는 연속체의 일부분으로 보았다. 그것은 하나[一] 속에 모두[一切]가 있고, 많음[多] 속에 하나[一]가 있다는 말에서 그대로 드러난다. 절대 평등의 세계가 암자 속에 온전히 갖추어져 있다는 말이다. 이렇게 옛날과 현재를 구분하지 않는 스님은 깨달음과 무명(無明)의 차이에도 집착하지 않는다. 단단한 돌이 억겁의 세월이 지나도 그 모습이 변하지 않는 것처럼 청정본성(淸淨

本性)의 눈으로 보면 모든 것은 평등하다는 것이다. 얄팍한 지혜니 지식 따위가 오히려 삼매(三昧)의 진정한 깨달음을 방해할 뿐이라고 지적한다. 나 홀로 있어도 수많은 부처님과 조사(祖師)들이 풍격을 같이 한다고 스님은 자신 있게 말한다. 솔바람이 시원하게 불고 시냇가에는 달빛이 가득하며, 푸른 산과 맑은 물을 예나 지금이나 마주 할 수 있는 절대 공간은 굳이 나만의 것일 필요는 없다. 불성(佛性)을 가진 중생 모두가 주인공이고 주인인 것이다.

깨달음의 법열(法悅)을 막 맛본 스님의 진지하면서도 순진무구한 심성이 잘 드러난 시라고 할 것이다.

이어서 읽을 시는 스님의 자화상이라고나 할 만한 작품이다. 스님은 여러 차례 화두를 들고 참구하여 깨달음의 순간마다 그 기쁨을 노래한 작품을 남겼다. 그러니 오도송(悟道頌)이 여러 편이라고 할 수 있다. 아래 소개할 작품은 어쩌면 그 과정을 모두 담은 총결편이라고 할 수 있을 듯하다. 제목은 <소 먹이는 늙은이(息牧叟)>이다.

지난 해 소 먹이며 언덕 위에 앉았을 때
냇가에 풀은 향기롭고 부슬부슬 비 내렸지.
올해엔 소 풀어 놓고 언덕 위에 누웠더니
푸른 버들 그늘 아래 더운 기운도 스러졌네.
소가 늙어 어디에 풀어 먹일지 모르겠으니
고삐를 놓아버리고 한가로이 무생가 한 가락을 노래하노라.
고개 돌리니 먼 산에는 붉은 노을이 걸렸고
봄 다한 산속에는 곳곳에 낙화 바람이 불어온다.

去年牧牛坡上坐　溪邊芳草雨霏霏
今年放牛坡上臥　綠楊陰下暑氣微

牛老不知東西牧　放下繩頭閑唱無生歌一曲
回首遠山夕陽紅　春盡山中處處落花風

　소[牛]는 불교에서 깨달음의 상징으로 쓰인다. 유명한 심우도(尋牛圖)만 봐도 알 수 있는 일이다. 불교의 선종에서 본성을 찾는 과정을 소를 찾는 것에 비유하여 그린 선화(禪畵)가 심우도이다. 선의 수행단계를 소와 동자(童子)에 비유하여 설명한 그림인데, 수행 단계를 열 단계로 나누고 있어 십우도(十牛圖)라고도 부른다.

　간단히 내용을 살펴보면, 처음 선을 닦게 된 동자가 본성이라는 소를 찾기 위해 산중을 헤매다가 마침내 도를 깨닫게 되고, 최후에는 선종의 최고 이상향에 이르게 되는 과정이 알기 쉽게 묘사되고 있다. 그림은 순서에 따라 심우(尋牛, 소를 찾음)와 견적(見跡, 자취를 발견함), 견우(見牛, 소를 봄), 득우(得牛, 소를 얻음), 목우(牧牛, 소를 기름), 기우귀가(騎牛歸家, 소를 타고 집으로 돌아옴), 망우존인(忘牛存人, 소는 잊고 사람만 남음), 인우구망(人牛俱忘, 사람과 소 모두를 잊음), 반본환원(返本還源, 근본과 근원으로 돌아감), 입전수수(入廛垂手, 골목에 들어가 손을 내려놓음)로 되어 있다.

　이 심우도는 중국 송(宋)나라 때의 스님 곽암(廓庵)이 처음 그렸다고 한다. 같은 시대 보명(普明) 스님이 그린 목우도(牧牛圖)와 함께 우리나라에 전래되어 함께 십우도로 불렸다. 수행단계를 열 가지로 나누고 있는 점에서는 두 그림이 일치하지만, 목우도는 열 번째 그림에만 원상(圓相)을 묘사하고 있는 데 비해, 심우도는 처음부터 마지막까지의 모든 단계를 원상 안에 묘사한 점이 다르다. 조선시대까지는 이 두 가지가 함께 그려졌다가 최근에는 대체로 심우도를 많이 그리고 있다.

　여러분들도 사찰에 가시면 법당 벽을 빙 둘러 이 그림이 그려져 있는 것을 볼 수 있을 것이다. 최근에 그린 심우도는 화공의 솜씨가 너무 거칠어 생경한 아쉬움이 있긴 하지만, 농경 사회였던 동아시아에서 가장 귀한 가축인 소를 비유해 그린 심우도는 생생하게 살아있는 종교화라고 할 것이다.

보우 스님이 이 시를 지은 동기에도 그런 심우도의 자취가 완연히 엿보인다. 지난 해 소를 먹인다는 것은 심우도로 보면 다섯 번째 단계인 목우(牧牛)가 되겠다. 올해는 아예 풀어놓고 언덕에 누웠으니 망우존인(忘牛存人)의 단계라 할 것이다. 소가 늙었다는 것은 깨달음의 수련 과정이 완전히 무르익어 인우구망(人牛俱忘)이 경지가 열린 것을 암시한다. 그러니 생사의 번뇌니 차별을 잊은 <무생가> 한 가락을 한가롭게 노래할 만하지 않은가?

이 시의 대단원은 마지막 두 구절이다. 붉은 노을이 아름답게 번진 먼 산을 바라보면서 낙화를 흩날리는 바람을 맞고 있는 스님의 모습은 바로 입전수수의 경지를 대변한다. 자리행(自利行)의 수행 과정을 모두 마치고 자연과 하나가 되면서 이타교화(利他敎化)의 길을 나서는 행보를 알리는 장엄한 서곡과 같은 장면이다.

다시 읽어볼 또 한 편의 시 역시 심우도의 한 과정을 연상케 한다. 제목이 <근원으로 돌아와서(返源)>인 이 작품은 아홉 번째 단계 반본환원(返本還源)의 심정을 담은 것이다. 한 번 읽어보자.

  몇 년을 강가 속세에서 떠돌아다니다가
  오늘에야 배를 돌려 본래 근원으로 돌아왔네.
  미소 지으며 서로 만난 길손과 주인의 뜻은
  그저 기쁨에 들떠 말로 드러낼 길이 없구나.
  말로 담을 수도 없고 거리낄 것도 없으니
  맑디 맑고 담담해서 아무 맛도 없도다.

幾年流落江淮泗　今日廻舟返本源
微笑相逢賓主意　只伊怡悅斷形言
斷形言絶忌諱　澄澄湛湛無一味

　이 시는 스님이 원나라에 가서 여러 고승들을 참례하다가 스승으로 모시게 된 석옥청공 스님과의 만남이 계기가 되어 지어진 것으로 보인다. 스님이 지은 〈태고암가〉에 발문을 써주고 전법(傳法)의 뜻으로 가사까지 주면서 장도를 격려한 인물이 석옥스님이었다. 참된 스승을 만나기 위해 방랑을 길을 거듭하다가 드디어 근원에 닿는다. 두 손을 마주잡고 길손과 주인은 빙그레 미소 짓지만 더 할 말은 없다. 그것은 말로는 설명할 수 없는 큰 기쁨이었던 것이다. 그런 경지에 이르면 사실 길손이고 주인의 구별도 없어진다.
　그러나 말로 표현하지 못하는 것은 이언절려(離言絶慮, 말을 떠나고 생각까지 끊음)의 경지인 것이지 무엇인가를 꺼려 회피하는 것은 아니다. 아무리 마셔도 질리지 않은 물맛처럼, 그 어떤 산해진미보다 우리 몸을 살찌게 하는 것이 밥처럼 우리의 마음을 기름지게 하는 진리는 담담하다. 바로 깨달음의 경지도 그런 무미(無味)의 세계임을 스님은 말한다. 꾸밀 것도 없고 자랑할 것도 없는 근원으로 돌아가면 그곳은 기쁨만 충만할 뿐이지 의식의 지배를 받는 곳이 아니다. 그런 경험을 스님은 이 시를 통해 보여주고 있는 것이다.
　스님에게는 문도(門徒)들도 많이 몰려들었다. 그만큼 고려 말기 불교에서 스님은 대들보와 같은 위치에 있었던 것이다. 그 많은 제자들을 일일이 보살필 만큼 정신적 시간적인 여유가 없었던 스님이지만 그렇다고 소홀히 대한 제자는 한 사람도 없었다. 스님이 얼마나 다정다감한 사람이었는가는 앞서 읽은 〈태고암가〉를 통해서도 충분히 알 수 있지만, 스승의 입장에 섰을 때는 또 다른 모습을 보여준다. 그것은 아래 작품 <문선인에게(示文禪人)>를 통해서도 잘 알 수 있다.

그대는 일찍이 그릇된 줄 알아 명예며 이익을 떨쳤으니
이 생에서는 모름지기 부처님 조사님 은혜를 갚아야지.
만약 오늘 세 푼이고 내일 네 푼 하며 할 일을 미룬다면
언제나 무명의 뿌리를 깨끗이 잘라버리겠나.
그대가 오늘 대장부의 뜻을 활짝 펼쳤으니
때마다 항상 예리한 취모검(吹毛劍)을 뽑아 들게나.
항상 이런 뜻을 지녀 공부해 나간다면
그 무슨 외도(外道)가 있어 이 이치를 어지럽히겠는가.

君旣知非去名利　　此生須報佛祖恩
若也今日三明日四　幾時了斷無明根
君今已發丈夫志　　時夏提起吹毛利
常持如是做將去　　有甚麼外亂其理

　　도를 깨치려는 원대한 뜻을 품은 수행자에게 가장 큰 적은 게으름이라고 스님은 엄하게 충고한다. 아는 데서 마치지 말고 이를 아프게 실천에 옮겨야만 해탈의 과업을 성취할 수 있다고 분명하게 단언한다. 오늘 못다 한 일이라면 내일이 되어도 미진하기는 마찬가지다. 더구나 개오(開悟)를 위한 수행 과정에서 내일이란 있을 수 없다. 송나라의 대학자였던 주희(朱熹)가 자신의 <권학문(勸學文)>에서도 지적했듯이 내일로 미루고 내년으로 미룬다면 결국 늙고 나서 후회하는 일밖에 남지 않는다. 그것이 누구의 허물일까? 자신을 탓할 수밖에 없는 일이다.
　　장부가 큰 서원(誓願)을 세우고 이를 활짝 펼치려면 취모검을 높이 들고 게으름을 싹을 과감하게 잘라버리는 임전무퇴(臨戰無退)의 각오가 필

요한 것이다. 안이하게 하는 공부라면 차라리 그만두는 것이 낫다. 털끝 하나조차 남기지 않고 베어버리는 칼날처럼 자신의 마음을 스스로 다잡고 모질게 밀어붙일 때 깨달음의 세계는 열리는 것이다. 백척간두(百尺竿頭)에서 진일보(進一步)하는 투신의 의지가 없다면 그 어떤 수행도 공염불에 그치고 만다.

  스님은 그 이치를 입으로만 말한 것은 아니다. 스스로 청년 시절부터 여러 화두를 가지고 거듭거듭 깨달음의 깊이를 다져나간 것은 잘 알려진 사실이다. 그렇게 진력을 해도 완전히 뿌리 뽑히지 않을 만큼 무명(無明)과 망상(妄想)은 끈질기게 수행자를 괴롭힌다. 이 시는 스님의 생생한 경험이 바탕이 되어 우러나온 것이다. 그러기에 그만큼 간절하고 엄혹하다. 결론적으로 스님은 "대충하는 수행은 없다."고 잘라 말한다. 잠깐 한 눈을 팔면 무성하게 자라는 잡초처럼 날마다 낫을 들고 베어나가지 않는다면 이 고귀한 마음도 황폐한 황무지가 되고 만다. 마군(魔軍)의 유혹을 받기 쉬운 마음이 어지러워지지 않게 하기 위해 한시도 방심하지 않는 불퇴전의 자세를 스님은 진심으로 가르치고 있다.

  스님이 세상을 떠난 것은 1382년, 고려 왕조가 망하기 꼭 10년 전이다. 실제로 정권은 왕실을 떠나 이른바 개국파의 손아귀에 들어간 상황이었다. 82세의 세수(世壽)를 누리면서 스님의 생애는 깨달음을 향한 정진과 국가와 불교의 미래에 밝은 등불을 비추려는 노력의 연속이었다. 그것이 스님의 염원처럼 순조롭게 달성되지 못했듯이, 입적의 순간까지 스님의 마음은 아쉬움을 버리지 못했다. 수행자로서 올바른 자세는 아니라고 해도 스님이 살았던 질곡의 세월을 생각한다면 한편으로 이해하고도 남음이 있다. 스님의 <임종게(臨終偈)>를 읽어보자.

사람 태어난 목숨이야 물거품처럼 헛된 것이니
내 평생 80여 년이 한 바탕 봄꿈이었네.
이승 떠나는 오늘 가죽 포대를 버리노니
바퀴 같은 붉은 해가 서녘 봉우리로 지는구나.

人生命若水泡空　八十餘年春夢中
臨終如今放皮俗　一輪紅日下西峰

이 시를 읽으면 고려 왕조와 운명을 같이하면서 망국의 한을 노래한 여러 문인들의 회고가(懷古歌)들이 떠오른다. '석양에 호올로 서서 갈 곳 몰라 했던' 목은(牧隱) 이색(李穡, 1328~1396)이며 백골이 진토(塵土)가 되어도 님 향한 일편단심(一片丹心)은 바뀌지 않을 것이라면서 목숨을 초개와 같이 버린 포은(圃隱) 정몽주(鄭夢周, 1337~1392), '어즈버 태평연월이 꿈이라고' 슬퍼했던 야은(冶隱) 길재(吉再, 1353~1419)의 노래가 이 <임종게>와 겹쳐지는 것은 무슨 까닭일까?

마지막 열반의 길을 가면서 스님은 80 평생이 일장춘몽(一場春夢)이었다고 말한다. 수면 위를 떠돌다가 자취도 없이 사라지는 물거품 같은 것이 인생이라지만, 스님의 눈에 보이는 세상은 염려와 아쉬움으로 가득했다. 그것은 생명에 대한 미련이 아니라 살아서 이뤄야 할 과업을 마치지 못한 사람의 간절한 마음이다. 가죽 포대를 버리는 일이야 무엇이 어려웠겠는가? 그러나 그런다고 파국으로 치달아가는 현실이 바로잡혀지지는 않는다. 붉디 붉은 둥근 해가 서산머리로 넘어가는 장면은 곧 왕조의 운명을 예언한 스님의 마지막 일갈(一喝)로 들린다. 또 이색처럼 '반가운 매화'를 기다리는 절박한 심정을 담은 육성일 수도 있을 것이다.

◉ 나옹 혜근의 선시 ◉
비움과 채움의 시학詩學

청산은 나를 보고 말없이 살라하고,
창공은 나를 보고 티없이 살라하네.
탐욕도 벗어 놓고 성냄도 벗어놓고,
물같이 바람같이 살다가 가라하네.

나옹 스님하면 먼저 떠오르는 유명한 구절이다. 고려 말의 스님 나옹이 누군지는 몰라도 이 노래 구절을 모르는 분은 그리 많지 않을 것이다. 사람 세상을 살아가지만 사람이 가진 욕심은 버리고 물처럼 바람처럼 흐르는 대로 부는 대로 살아가라고 스님은 권한다. 말은 하기 쉬워도 실천하기에는 얼마나 어려운 일인가? 그러기 때문에 평범함 속에 진리가 있다는 것이다. 조금만 마음을 비우고 자연의 이치에 나를 맡겨 버리는 용기만 있다면 그렇게 어려운 일도 아니다. 그저 마음의 문제일 뿐이다. 그것은 욕계(欲界)를 비껴가는 태도가 아니라 자연과 당당히 대면하는 일이기도 하다.

나옹 스님은 아직 우리말은 있었지만 우리글은 없던 시대를 살았다. 그러나 스님은 누구보다 우리말을 잘 구사했고, 이를 아름다운 우리글로 옮기기도 했다. 스님은 우리 국문학사상 가장 정제된 장편 가요 형식인

가사(歌辭) 작품을 처음 쓴 분이다. 구어(口語)에 익숙해야만 가능한 가사 양식에 어울리는 내용과 문체를 스님은 능란하게 구사했다.

스님이 살았던 시대는 여러 가지로 각박했고, 한 치 앞도 내다보기 어려운 형국이었지만 스님은 항상 마음을 자연을 향해 열어놓고 있었다. 친원파(親元派)와 신진사대부들이 충돌하고 귀족 권력층들이 제공하는 향락에 젖은 무능한 승려층과 이를 적극 타개하려는 진보적이지만 소수였던 스님들, 그리고 성리학의 이념으로 무장하여 척불의 논리를 내세웠던 유가 지식인들이 득세하던 시기를 스님은 살았다. 그 와중을 중용과 균형의 자세로 살았던 스님은 결국 57세라는 비교적 이른 나이에 이승과의 인연을 마치고 말았던 것이다.

스님은 불교를 조금 더 민중과 가까운 곳으로 이끌고자 무척 노력했다. 권력의 맛을 보고 세속의 이익에 눈이 먼 불교가 중생을 구제하기는 불가능한 일이다. 원나라에 들어가 오랜 기간 선기(禪機)를 가다듬은 스님이었지만, 조국에 돌아왔을 때 그는 먼저 불교가 대중의 품을 떠나서는 안 된다는 점을 자각했다. 그가 우리 구어로 된 가사를 짓고, 누구나 쉽게 공감하면서도 감동을 주는 시구를 많이 남긴 것도 이런 깨달음과 맥이 닿아 있는 일이다. 먼저 스님의 일생부터 살펴보자.

스님은 1320년에 태어나서 1376년에 입적했다. 고려 말기의 고승으로, 혜근(彗勤)이라고도 쓴다. 성은 아(牙)씨고, 속명은 원혜(元惠)며, 호는 나옹 또는 강월헌(江月軒)이다. 선관서영(善官署令)을 지낸 아서구(牙瑞具)의 아들로 태어났다. 금빛 매가 머리를 쪼다가 떨어뜨린 알을 품에 넣는 태몽을 꾸고 태어났다는 스님은 어려서부터 골상이 특이한 데다 머리가 남달리 뛰어났으며 성품이 영민하고 비범했다고 한다. 일찍부터 출가할 뜻을 품었지만 부모님이 허락하지 않아 뜻을 이루지 못했다.

그러다가 21세 때 친구의 죽음으로 인해 무상(無常)을 느끼고, 공덕산

묘적암(妙寂庵)에 있는 요연선사(了然禪師)를 찾아가 출가했다. 그 뒤 전국의 사찰을 편력하면서 정진하다가 1344년(충혜왕 5) 양주 천보산 회암사(檜巖寺)에서 대오(大悟)하게 된다. 이것으로는 부족함을 느낀 스님은 1347년(충목왕 3) 원나라로 건너가서 연경(燕京) 법원사(法源寺)에 머물면서 인도승 지공(指空)의 지도를 받으며 4년을 지냈다. 원나라에서도 여러 선걸(禪傑)들을 역방하면서 선기를 가다듬으며 불교의 현실과 미래에 대한 깊은 사색과 고민을 하게 된다.

11년이 지난 1358년(공민왕 7) 귀국했는데, 오대산 상두암(象頭庵)에 은신하고자 했지만 공민왕과 태후의 간곡한 청을 못 이겨 잠시 신광사(神光寺)에 머물면서 설법과 참선으로 대중과 후학들을 지도했다. 그 뒤 공부선(功夫選)의 시관(試官)이 되었고, 1361년부터 용문산과 원적산, 금강산 등지를 순력한 뒤 회암사의 주지가 되었다. 1371년 왕으로부터 금란가사와 내외법복(內外法服), 바리를 하사받고 '왕사대조계종사 선교도총섭 근수본지중흥조풍복국우세 보제존자(王師大曹溪宗師 禪敎都摠攝 勤修本智 重興祖風福國祐世 普濟尊者)에 봉해진다.

스님은 적극적인 사회참여와 하화중생(下化衆生)의 보살도를 강조하기 위하여 육대서원(六大誓願)을 세우기도 하는 등 불교의 변신을 위해 많은 노력을 기울였다. 스님은 태고보우(太古普愚, 1301~1382) 스님과 함께 고려 말기 불교의 혁신을 도모하고 조선시대 불교의 초석을 세운 위대한 고승으로 평가받고 있다. 1376년 왕명으로 밀성(密城, 密陽) 영원사(瑩源寺)로 옮기던 중 5월 15일 세수 56세, 법랍 37세로 여주 신륵사에서 입적하였다. 갑자기 찾아온 그의 죽음은 고려 불교의 중요한 희망 하나가 꺾이는 사건이었다. 저서에 『나옹화상어록(懶翁和尙語錄)』1권과 『가송(歌頌)』1권이 전하고, 시호는 선각(禪覺)이다.

스님에게는 나옹삼가(懶翁三歌)로 불리는 작품들이 있다. 우리말로 된 가사는 아니고 한시구로 된 작품이지만, 그 속에는 민중들 품으로 좀 더 가까이 다가가 불교를 이해시키고자 했던 스님의 정신이 잘 드러나 있다. <완주가(翫珠歌)>와 <백납가(百衲歌)>, <고루가(枯髏歌)>가 그것인데, 심각하게 구절을 꾸미거나 진지한 내용을 담은 작품 대신 누구나 쉽게 이해할 수 있고 실천할 수 있는 일을 빌어 어려운 내용을 평이하지만 세심한 표현 속에 담아 놓았다. 더욱이 초근에 소개된 <승원가(僧元歌)>는 신라가요[鄕歌]와는 달리 표현이 아주 쉬운 향찰체를 써서 한시 형식을 벗어났다. 또한 민요 형식을 그대로 받아들여 일반 민중들이 부담 없이 불교의 교리를 알 수 있도록 눈높이를 낮추고 있다.

<승원가>는 네 토막씩 202줄로 이어지는 장편 가사인데, 거의 가사의 형식을 완벽하게 보여준다. 이렇게 한시와 더불어 우리말의 묘미와 깊이를 맛볼 수 있는 다양한 노래를 창작함으로써 스님은 승려로서뿐만 아니라 문인으로서도 승속의 경계를 넘어서는 열린 정신을 보여주었던 것이다. 이에도 스님은 <서왕가(西往歌)>와 <증도가(證道歌)>, <낙도가(樂道歌)>, <수도가(修道歌)>와 같은 가사들을 남기고 있다.

먼저 스님이 지은 장편 가송(歌頌) 중 한 편을 맛보면서 스님의 선시 세계로 들어가 보도록 하자. 읽어보실 작품은 <백납가(百衲歌)>이다. 스님이 입는 누더기 가사(袈裟)를 들어 세속의 일에 관심을 두지 않고 살아가는 자신의 마음을 비유한 작품이다. 지금 우리들이 읽기 쉽게 조금 풀어보았다.

이 누더기 옷이 내게 가장 어울리니
겨울 여름 때 없이 입어도 언제나 편리하다.
누덕누덕 꿰매어 천만 번을 맺었고

겹겹이 기워놓아 끝과 시작을 알 수 없네.
앉을 때는 자리도 되고 입으면 옷도 되니
절기와 시간에 맞춰 써도 어김이 없구나.
이로부터 모든 일에 만족할 줄 알았거니
가섭 존자(飮光)가 끼친 자취가 지금까지 남았다.
한 잔의 차와 일곱 근의 장삼으로
조주선사께서는 부질없이 화두를 드느라 힘만 쓰셨네.
비록 천만 가지의 현묘(玄妙)한 말씀이 있다 해도
어찌 우리 집의 백랍 장삼만 하겠는가.
이 누더기 옷은 편리한 점이 아주 많으니
입고 가고 입고 올 때 일마다 어울린다.
취한 눈으로 꽃을 보면서 누가 감히 집착하랴
산중 깊이 사는 도인은 능히 스스로 지키노라.
이 누더기가 몇 년 세월을 지난 줄 아는가,
반은 바람에 날아가고 반만 겨우 남았네.
서리치는 달밤 초암(草庵)에 홀로 앉았는데
안팎을 가릴 수 없어 모두가 어지럽네.
몸은 비록 가난해도 도는 다함이 없으니
천만 가지 묘한 작용도 또한 끝이 없어라.
누더기 옷에 멍청이 같은 나를 비웃지 말게나,
일찍이 선지식 찾아 참된 선풍(禪風)을 이었다네.
해어진 옷 한 벌에 가느다란 지팡이 하나로
천하를 돌아다녔지만 가지 못할 곳이 없었네.
강호(江湖)를 돌아다니며 무엇을 얻었는가,
원래 배우고 싶었던 것은 빈궁함뿐이었지.
이익도 구하지 않고 명예도 구하지 않으며
백랍의 가슴은 비었으니 무슨 정(情)이 있겠는가.
한 바리로 사는 생애가 어딜 가나 만족하거니

그저 이 한 맛으로 남은 세월을 보내리라.
생애가 만족스럽거니 다시 무엇을 구하겠는가,
어리석은 이들이 분수 밖의 것을 구하니 우습구나.
전생에서 복락을 모아두지 못하고서
하늘과 땅을 원망하며 망령되이 허덕거리네.
달도 기억하지 않고 해도 기억하지 않으며
경전 외기도 그만두었고 좌선도 하지 않노라.
누런 얼굴에 잿빛 머리인 이 천치 바보야
오직 한 벌 백납 입은 채 여생을 마치리라.

這百衲最當然	冬夏長被任自便
祖祖縫來千萬結	重重補處不後先
或爲席或爲衣	隨節隨時用不違
從此上行知己足	飮光遺跡在今時
一椀茶七斤衫	趙老徒勞擧再三
縱有千般玄妙說	爭似吾家百衲衫
此衲衣甚多宜	披去披來事事宜
醉眼看花誰敢着	深居道者自能持
知此衲幾春秋	一半風飛一半留
獨坐茅菴霜月夜	莫分內外混蒙頭
卽身貧道不窮	妙用千般也不窮
莫笑縕縗癡呆漢	曾參知識續眞風
一鶉衣一瘦筇	天下橫行無不通
歷徧江湖何所得	元來只是學貧窮
不求利不求名	百衲懷空豈有情
一鉢生涯隨處足	只將一味過殘生
生涯足更何求	可笑癡人分外求
不會福從前世作	怨天怨地妄區區

不記月不記年　不誦經文不坐禪
土面灰頭癡呆呆　唯將一衲度殘年

　산중에서 무념무욕의 삶의 살아가는 선승의 일상생활과 그 정신세계를 이처럼 극명하게 드러낸 작품은 그리 많지 않을 것이다. 청빈한 삶에 익숙해서 때로 아주 어리석은 사람처럼 보이지만, 이는 겉만 보고 속은 보지 못하는 범부의 눈일 뿐이라고 질책한다. 진짜 가난은 마음의 가난이라는 것이다. 스님은 그 상징적인 물건으로 백랍 가사를 든다. 얼마나 많이 기워 입었는지 누더기가 되어 버린 단벌 옷. 여름 겨울 가리지 않고 언제나 내 몸을 지켜주며 친구처럼 형제처럼 평생을 함께 한 가사 한 벌에 스님은 무한한 애정을 보낸다.

　그러면서 부와 명예를 찾기에 눈이 먼 당시 불교계의 세태를 은근히 꼬집는다. 승려가 배워야 할 것은 오직 빈궁을 소중하게 여기는 마음이라는 것이다. 부귀로 치장한 몸에는 도가 깃들 수 없다는 것이다. 이익이니 명예니 하는 것은 승려의 본분으로 볼 때 분수에 넘치는 어리석은 행동이라고 스님은 분명히 단정 짓는다. 그저 욕심 없이 살아가는 천치 바보 같은 사람이니 따로 경전을 읽고 좌선을 흉내나 내는 짓은 그만두겠다는 것이다. 물론 경전을 읽고 좌선을 하는 것이 무익한 일은 아니다. 다만 그것이 형식이 되고 자신을 얽매는 차꼬가 된다면 오히려 수도를 방해하는 장식일 뿐이라는 것이다.

　자신의 일생을 회고하면서 참다운 수행자의 길이 무엇인가를 제시한 이 작품은 여러 가지 면에서 우리에게 감동을 준다. 당시 많은 신도들이 스님에게 의지하고 존경했던 까닭이 무엇인지 이 작품을 읽으면 금방 알 수 있다. 꼭 스님이 살던 당시만 아니라 어느 시대라도 경종이 될 만한 작품이라고 하겠다.

기왕에 앞에서 스님이 쓴 가사(歌辭)에 대해 말했으니 가사 한 편도 읽고 넘어가겠다. 여러 편이 있지만 여기서는 <증도가(證道歌)>를 읽기로 하자. 원 작품은 한글로 된 것이지만 이해를 돕기 위해 한자구로 바꾸었고, 따로 우리말 풀이를 해놓았다.

靑山林(청산림) 지픈 고디 一間茅屋(일간모옥) 지여두고
松門(송문)을 半開(반개)ᄒ고 石庭(석정)에 徘徊(배회)ᄒ니
綠楊春(녹양춘) 三月下(삼월하)에 春風(춘풍)이 문득 부니
庭林(정림)에 자빅화(紫白花)ᄂᆞᆫ 處處(처처)에 퓌엿시니
風景(풍경)도 조컨이와 物象(물상)이 더욱 조타
긔중의 무슴 일이 世上(세상)에 最貴(최귀)한고
一片無爲(일편무위) 珍寶香(진보향)을 玉爐(옥로)에 쏘즈두고
적적한 明窓下(명창하)의 외로이 혼ᄌ 안ᄌ
十年(십년)을 期限(기한)ᄒ고 一大事(일대사)을 窮究(궁구)ᄒ니
曾前(증전)에 모르던 일 今日(금일)에야 알이로다.
一段孤明(일단고명) 心地月(심지월)이 萬古(만고)의 밝아시니
無明長夜(무명장야) 業波浪(업파랑)의 잘못츠져 단엿도다.
靈鷲山(영취산) 諸佛會相(제불회상) 處處(처처)에 모닷거든
小林窟(소림굴) 祖師家風(조사가풍) 엇지 멀이 차짓느냐
淸風(청풍)은 瑟瑟(슬슬)불고 明月(명월)은 團團(단단)ᄒ니
엇더ᄒ 소식인고 靑山(청산)은 默默(묵묵)ᄒ고
綠水(녹수)은 潺潺(잔잔)ᄒ니 엇더ᄒ 境界(경계)러뇨
一理齊平(일리제평) 낫탄중의 活計(활계)조타 具足(구족)ᄒ다.
千峰萬壑(천봉만학) 푸른 松葉(송엽) 一鉢中(일발중)에 다마두고
百孔千瘡(백공천창) 지은 누비 두억계예 거러시니
世欲情(세욕정)이 바이업다 衣食(의식)의 무심커든
世欲情(세욕정)이 잇슬소냐 欲情(욕정)이 淡泊(담박)ᄒ니

人我四相(인아사상) 쓸디업다 性法山(성법산)이 놉고 놉파
一物(일물)도 업논 중의 法界一相(법계일상) 낫토왓다
皎皎(교교)한 夜月下(야월하)에 圓覺山(원각산) 션듯 올나
無孔笛(무공적)을 빗겨 불고 沒絃琴(몰현금) 노피 타니
無爲自性(무위자성) 眞空樂(진공락)이 이 중의 가잣더라
石虎(석호)는 舞翔(무상)ᄒ고 松風(송풍)은 和答(화답)할 졔
無着嶺(무착령)을 나셔셔 不知村(부지촌) 구버보니
圓覺樹(원각수) 優曇花(우담화)는 處處(처처)의 퓌엿더라.

이 작품을 지금 말로 옮겨 보면 아래와 같다.

푸른 산 깊은 숲속에 초가집 한 칸 지어두고
소나무 문을 반쯤 열고 돌로 두른 뜰을 오가노라.
따스한 봄 3월에 봄바람이 문득 불어
숲에서는 온갖 빛깔의 꽃들이 가는 곳마다 피었네.
풍경도 좋거니와 자연의 형상이 더욱 좋으니
그 가운데 무슨 일이 세상에서 가장 귀한가.
한 조각 무위(無爲)와 진귀한 향을 옥 향로에 꽂아두고
쓸쓸한 달 밝은 창가에 외롭게 홀로 앉았네.
10년을 기한하고 한 가지 큰 진리를 깊이 공부했으니
전에는 몰랐던 진리를 오늘에야 알았도다.
외롭고 밝게 빛나는 마음의 달이 천고에 밝았으니
어둠의 긴긴 밤 업의 물결 속에서 그릇된 길을 찾아 다녔구나.
영취산의 여러 부처님들이 가는 곳마다 모였으니
소림사 토굴 속 달마선사의 선풍을 어찌 멀리서 찾겠는가.
맑은 바람은 솔솔 불고 밝은 달은 둥근데
어떤 소식인가, 청산은 말이 없구나.

푸른 물은 잔잔하니 어떤 경계인가
한 이치가 고르게 나타났고 활계(活計)마저 갖추었네.
봉우리 골짜기마다 난 솔잎을 바리 안에 담아두고
백천 번 기워 입는 누더기를 두 어깨에 걸쳤노라.
세간의 욕정은 전혀 없어 의복 음식에 무심하니
세간의 욕정이 있겠는가, 정욕조차 담백하다.
인간 세상 차별 쓸 데 없네, 깨우침의 세계는 넓고 넓어
한 물건도 없는 가운데 법계(法界)의 온전한 모습이 나타났구나.
밝고 흰 달빛 비치는 밤에 원만한 깨달음의 산에 올라
구멍 없는 피리를 불고 줄 없는 거문고를 높이 뜯노라.
변함없는 본성의 진리가 이 가운데 있으니
돌 호랑이는 춤추며 날고 솔바람이 화답하네.
집착 없는 고개를 넘어서 미혹에 빠진 마을을 굽어보니
원만한 깨달음의 나무와 우담발화가 곳곳에 피었구나.

<백랍가>와 함께 욕심 없는 깨달음의 세계와 깨달음에 이른 과정을 친절하게 안내하고 있다. 이제 본격적으로 스님의 선시들을 살펴보자.

스님은 무엇보다 무욕(無欲)을 강조했다. 무엇이든 가지려고 하는 욕망은 자신을 망치고 남까지 망치는 큰 죄악으로 보았던 것이다. 무슨 물건이든 조물주는 함께 쓰라고 만들어 놓은 것이지 누구 한 사람이 독차지하라고 만든 문건은 하나도 없다고 스님은 강조한다. 소유욕은 천리(天理)에 어긋난다는 것이다.

그래서 스님은 청빈한 삶과 함께 자연의 흐름에 나를 맡기는 자세를 으뜸으로 친다. 나를 맡기는 것은 나를 버리는 일과 다르지 않다. 욕심을 버리고 그 공간을 도(道)로 채운다면 이것이야말로 후회 없는 삶이라고 보았다. 이제 그런 스님의 마음이 담긴 시 몇 편을 읽어보겠다. 첫 번째

작품은 <산에 살면서(山居)> 가운데 한 편이고, 두 번째는 <환암 스님의 산거에 붙임(寄幻菴長老山居)> 가운데 한 편이며, 마지막 시는 <달밤에 적석진에서 노닐며(月夜遊積善池)>라는 7언절구이다.

바루 하나와 물병 하나, 가느다란 지팡이 하나
깊은 산에 홀로 살면서 흐르는 대로 맡겨 두노라.
바구니 들고 고사리 캐서 뿌리째 굽나니
누더기 옷을 머리까지 뒤집어써도 나는 아직 서투르네.

一鉢一瓶一瘦藤　深山獨隱任騰騰
携籃採蕨和根炙　衲被蒙頭我不能

자취도 숨기고 이름도 감춘 한 시골사람이
흐르는 대로 맡겨 두어 세상의 번뇌를 끊었다.
새벽 아침은 묵은 죽이고 재계할 땐 나물밥이니
편안히 좌선하고 노닐면서 본성에 맡겼노라.

匿跡藏名一野人　騰騰任運絶情塵
晨朝湛粥齋蔬飯　宴坐經行任性眞

발걸음 가는 대로 노닐 때는 한 밤중이었으니
이 속에 깃든 참 맛을 아는 이 누구리오.
사방은 텅 비고 마음은 고요해 정신은 상쾌하니
바람은 연못에 가득하고 달빛은 시내를 덮었네.

信步來遊半夜時　介中眞味孰能知
境空心寂通神爽　風滿池塘月滿溪

선시 속에서도 스님의 지향은 한결같다. 스님은 자신이 참 서툰 사람이라고 말한다. 세상살이는 물론이고 심지어 수행과 수도에도 능란하지 못한다고 고백한다. 어떤 일이든 의식적으로 목적성을 두고서 하는 일이라면 왠지 계면쩍고 겉 다르고 속 다른 위선처럼 느껴졌던 것일 것이다. 스님의 순수한 마음을 읽을 수 있는 구절이다.

영악하게 세태와 영합하고 처신에 빈틈이 없는 사람이라면, 그 험하고 기약도 없는 깨우침의 길, 구도의 길에 나서지도 않을 것이다. 적당히 흉내나 내면서 면피하고 실속을 차리지 바보처럼 원칙과 본분을 지키지는 못할 것이다.

스님이 생각하기에 당신의 시대에는 이런 바보 멍청이가 너무 없다고 여기셨던 게 아닐까? 누구나 난세를 살려면 혼탁한 말세를 살려면 약삭빠르지 않으면 도태되고 말 것이다. 그러나 한 때의 명성을 좇는다면 모를까 영원히 썩지 않을 명예를 얻기 위해서는 어떻게 해야 할 것인가.

마음도 비우고 사방의 자취도 지우고 오로지 상쾌하고 담백한 정신세계를 소요하는 데 있다고 스님은 말한다. 고사리를 캐서 먹고 묵은 죽과 나물밥으로 시장기를 씻어내고, 바람 가득한 연못가에서 달빛을 맞으며 살아가는 속에 인생의 참맛이 있다고 스님은 권한다. 그렇게 욕망의 버림 속에 진정한 부귀가 채워진다는 깊은 진리를 스님은 거듭거듭 일깨워주고 있다. 이런 생각의 편린을 엿보면 스님의 일생이 어떠했을까를 쉽게 짐작할 수 있다. 그것은 바로 욕심을 버리고 진리를 채우는 수행을 삶을 살면서, 한편으로 그런 삶을 알지 못하는 중생들의 눈을 열어주는 노력으로 일관한 것이다.

스님은 진리가 자연 속에 있다고 생각했다. 그래서 자연을 본받고 자연에 의지하자고 말한다. 인간과 자연을 구분하는 생각에서 모든 차별심은 비롯된다는 것이다. 조물주가 준 이치에서 한 치도 어그러지지 않고 순행하는 자연의 삼라만상. 인간도 그 삼라만상의 일부일진데 어찌 그 이치에서 벗어나려고만 하느냐고 따끔하게 충고한다. <늦가을 날 우연히 짓다(季秋偶作)>는 제목이 붙은 아래 시는 그런 스님의 따뜻하고 은근한 권유가 물씬 풍겨난다.

한 바탕 가을바람이 뜨락을 쓸고 가니
구름 한 점 없는 하늘은 시리도록 푸르구나.
상큼한 기운이 우러나니 사람은 절로 유쾌하고
눈동자 빛도 담담해져 기러기는 잇달아 지나간다.
밝고 밝은 보배로운 달은 나누어도 없어지지 않고
차곡차곡 고운 산들은 세어 봐도 끝없이 이어지네.
자연의 이치야 본래 제 자리서 편안하거니
난간에 가득한 가을빛이 울긋불긋 요란하구나.

金風一陣掃庭中　萬里無雲露碧空
爽氣微濃人自快　眸光漸淡雁連通
明明寶月分難盡　歷歷珍山數莫窮
法法本來安本位　滿軒秋色半青紅

어디를 둘러봐도 자연은 버릴 곳이 없다. 자극적이지도 않고 그렇다고 미진한 곳도 없다. 자연이 무진장으로 베풀어주는 은혜는 물리지 않는 음식과 같다고 할까. 맑은 공기를 아무리 마신들 배부를 리 없고, 밝은 달빛을 평생 즐긴다고 해서 닳아 없어지지도 않는다. 가을바람이 구름을 쓸고 가자 청명한 하늘이 제 모습을 드러낸다. 그 기운은 사람의 흉금을 활짝 열리게 하여 모든 이승의 근심과 번뇌를 깨끗이 쓸어간다. 점점이 멀어져 가는 기러기들의 행렬을 보며 계절이 흐르고 있음을 깨닫는다. 하나밖에 없는 달이지만 천하의 모든 사람들이 나눠가질 수 있고, 가도 가도 고운 산은 연이어 나타난다. 이렇게 자연의 물상들은 제 자리를 벗어나지 않는다. 늘 제 자리에 있는 것이 바로 진리인 것이다. 그래서 편안하다. 제 자리를 벗어나면 이미 어색한 기분에 마음이 편하지 않다. 또 남의 자리를 엿보니 분란이 없을 수 없다. 나눠가지려고 하지 않고 혼자 가지려는 욕심이 자연에는 없다.

이미 사방에는 가을을 장식하는 단풍이 들어 눈마다 차오르는 것은 울긋불긋한 빛깔의 잔치가 풍성하게 열렸다. 가느다란 주장자를 짚고 서서 이 모습을 보는 스님의 눈에는 벌써 남에게 전할 수 없는 크나큰 열락(悅樂)으로 가득하다. 그 느꺼운 감격을 스님은 나누고 싶어 한다. 어서 빨리 오라고 손짓하는 스님의 정다운 모습이 여러분들은 보이지 않는가. 조금만 여유를 가지고 둘러보면 스님이 보던 자연은 우리들 곁에도 여전히 자리하고 있다.

이어지는 시도 그런 자연의 고마움과 자연과 어우러져 사는 진솔한 삶에 대한 찬가라고 하겠다. <가뭄 끝에 내리는 비(旱雨)>로 된 이 작품은 가뭄 때문에 마음 졸인 안타까움 보다는 사람의 고통을 알고 비를 내려주는 자연에 대해 감사하는 마음이 충만해 있다.

가문 날 단비 내리니 누군들 기쁘지 않겠나
온 누리 중생들이 묵은 때를 씻는구나.
이운 풀도 눈썹을 열면서 빗방울에 춤을 추고
꽃들은 입을 벌리고 새 구슬을 맞이한다.
밭일 하는 농부님들 삿갓 쓰랴 손놀림이 바빠지고
나물 캐는 아낙은 도롱이 입으랴 몸 움직임이 부산하네.
언제나 있어야 할 당연한 일들을 보노라니

일마다 물건마다 모두가 다 참이로세.

旱逢甘雨孰無欣　天下蒼生洗垢塵
百草開眉和滴舞　千花仰口共珠新
農夫戴笠忙忙手　採女披簑急急身
見此萬般常式事　頭頭物物盡爲眞

　오랜 가뭄으로 지친 것은 사람들만이 아니다. 직접 혜택을 받아야 할 풀이며 꽃들, 농작물들은 더했을 것이다. 때문에 단비는 모두에게 기쁨인 것이다. 스님은 우선 그 점부터 지적한다. 먼지를 잔뜩 뒤집어쓰고 말라 죽을 날만 기다리던 이 땅의 중생들이 묵은 때를 말끔히 씻어내는 비가 내리자 너나없이 환호한다. 생기를 찾은 풀들은 줄기를 꼿꼿이 세우고 빗방울의 리듬에 맞춰 춤을 춘다. 꽃들도 망울을 활짝 터뜨린 채 영롱한 빗방울을 얼굴 가득 받는다. 덩달아 농촌 풍경도 새로운 모습으로 바뀌게 된다.

　농부들은 삿갓을 쓰고 논으로 나가 물꼬를 트느라 부산해지고 아낙들도 도롱이를 입으며 밭일을 하기 위해 바쁘게 움직인다. 충만한 기쁨의 합창 소리가 구절구절 속에 이슬처럼 맺혀있다. 바로 그런 모습이 자연의 당연사(當然事)라고 스님은 주저 않고 말한다. 당연한 모습이 당연히 있는 것, 그것이 '참[眞]'이라는 것이다. 하루하루 날마다 벌어지는 일에서 스님은 하늘의 거룩한 손놀림을 보았다. 그런 평상심을 유지하고 길러나가는 것이 부처님께로 한 걸음씩 가까이 가는 길임을 사바세계의 중생들 모두가 알기를 간절히 바라는 것이다.

　다음에 볼 작품은 영물시(詠物詩)라 분류될 시이다. 영물시란 어떤 물건을 소재로 하여 쓴 시를 말한다. 사실 세상의 모든 사물이 시의 소재가 되니 모든 시가 다 영물시라고 볼 수도 있다. 그러나 영물시는 주로 구체적인 대상이 정해져 있다. 다만 그 범주가 정해져 있지 않을 뿐이다. 생활용구에서 문방구와 같은 무생명체도 있지만, 짐승이나 새, 심지어 곤충들도 그 대상이 된다.

이런 영물시는 대상이 가지고 있는 천성이나 습관, 인간과의 관계 등을 매개로 삼아 재미난 묘사와 가벼운 충고를 담는다. 그 충고는 겉으로는 소재를 향하고 있지만 사실은 어리석은 인간을 향한 풍자인 것이다. 그래서 영물시는 한편으로 교훈적인 요소도 강하다. 스님이 쓴 <모기에게(蚊子)>란 시가 바로 그런 경우라고 할 수 있을 것이다.

원래 힘이 부치는 제 깜냥도 모르고
얼마나 피를 빨았는지 날지도 못하는구나.
애야, 남의 물건에 너무 욕심을 부리지 말거라
뒷날 반드시 돌려줄 날이 있느니라.

不知氣力元來少　喫血多多不自飛
勸汝莫貪他重物　他年必有却還時

스님이 여름날 겪은 일화가 시를 쓴 계기였을 것이다. 모기란 놈이 팔뚝에 붙어서는 신나게 피를 빤다. 쟤가 빨면 얼마나 빨겠나 싶어 그냥 지켜보고 있는데, 분수도 모르는 모기란 놈이 너무 많이 피를 빨아 먹고는 제 몸무게를 못 이겨 비틀대는 것이다. 좁쌀 한 톨도 안 되는 작은 미물조차 욕심을 이기지 못하는 꼴을 보면서 스님은 탄식이 절로 나왔을 것이다. 그래서 모기도 경계하고 또 욕심에 물리지 않는 중생들도 경계하는 이런 시 한 편을 읊었을 것이다.

욕심이란 그 무엇보다 더 빨리 더 많은 생명을 죽이는 독약이란 말이 있다. 사람은 독약은 무서워하면서도 욕심은 무서워하지 않는다. 아니 오히려 그것을 채우지 못해 안달이다. 설마 욕심이 있을 것 같지 않은 모기조차도 그런 미망에서 벗어나지 못하고 있다. 오랜만에 선선히 피 공양을 하는 스님을 만났기 때문일까. 눈치 없이 피를 빨다가 단단히 죗값을 치르는 모기의 모습이 웃음을 자아내면서 한편 씁쓸한 뒷맛도 남긴다.

이렇게 세상을 경계하고 염려하는 마음은 스님의 문집에 여러 편 남아 있다. 그 중에서 한 편을 감상해보기로 한다. 제목은 <세상을 경계하며(警世)>인데, 전부 네 편으로 된 작품 가운데 첫째 수이다. 스님에게는 이밖에도 <세태를 한탄함(歎世)>이란 제목의, 역시 네 편으로 된 작품도 있다.

추위와 더위가 사람을 괴롭혀도 세월은 흘러가니
얼마나 많은 기쁨이 있고 또 근심이 있는가.
끝내는 백골이 되어 푸른 풀숲에 묻힐 것을
황금이 바구니로 있어도 검은 머리와 바꾸진 못하네.
죽은 뒤에 공연히 천고의 한을 품으면서
살아 잠시라도 쉬려고 하지는 않는구나.
성인과 현인들도 본래는 범부였거니
어찌 그들을 본받아 수양하지 않으시오.

寒暑催人日月流　幾多歡喜幾多愁
終成白骨堆青草　難把黃金換黑頭
死後空懷千古恨　生前誰肯一時休
聖賢都是凡夫做　何不依他樣子修

인간 세상을 고해(苦海)라고 한다. 괴로움의 바다니, 그만큼 세상 살아가는 일이 만만치 않다는 지적이다. 누군가의 통계에 따르면 사람이 살면서 즐거워 웃는 시간은 다 합해 1년도 되지 않는다고 한다. 그러니 나머지 시간은 괴로워 우는 때일 것이다. 그렇게 일생을 흐르는 시간 동안 인간은 희노애락애오욕(喜怒哀樂愛惡欲) 칠정(七情)에 사로잡혀 사는 것이다. 그렇게 아등바등 살다보면 때로 내가 왜 사는지 까닭을 잊을 때가 많다. 행복한 삶, 후회 없는 삶을 살고자 하는 게 목적이었는데, 그냥 사는 게 목적인 인생이 되어버리는 것이다. 그 때 그 때 욕심을 채우려고 골몰하는 삶이 참다운 삶을 덮어버려 반성이니 돌이켜보는 일은 꿈도 꾸지 못하고 만다.

　스님은 이 사실을 역설적으로 표현한다. 죽어 백골로 묻히면 천금의 재산이나 부귀영화가 있어도 생명과는 바꾸지 못한다고 했다. 죽으면 만사가 허사(虛事)니 살아 즐거움을 만끽하라는 '권주가'식 타령으로도 보일 법하다. 그러나 스님의 의도는 거기에 있지 않다. 죽어서 후회하는 일이 없도록 하라는 말이다. 바쁜 삶에서 잠시 짬을 내어 진실로 자신을 위한 휴식의 시간을 가지라는 것이다. 나는 왜 살고 있는가, 내 삶은 남에게 무슨 이로움을 주는가, 나는 삶을 후회 없이 살고 있는 것인가? 등등 물어보아야 할 일이 어디 한두 가지겠는가. 짧지 않은 인생을 살면서 죽고 난 뒤 후회하는 인생이라면 너무나 허망하지 않은가.

　스님이 정말 하고 싶었던 말은 끝 구절에 나온다. 성현(聖賢)과 범부(凡夫)의 차이는 무엇인가? 성현은 하늘이 내신 분이니, 우리 같은 범부는 흉내도 감히 내지 못할 위대한 분이신가? 스님은 단호하게 아니라고 대답한다. 성현도 본래는 범부였다고 말한다. 그런데 어떻게 성현이 되었는가? 바로 끝없는 자기반성, 수양의 결과라는 것이다.

　인생의 고비마다 굽이마다 잠시 쉬면서 스스로를 돌이켜 보고, 미진한 부분이 있으면 더욱 수양에 매진함으로써 범부가 성현이 되었다는 것이다. 이 평범한 이치를 범부는 모른다. 너무나 실천하기 쉬운 묘법이기에,

"그럼 나중에 하지" 하며 자꾸 미룬다. 그러다 보면 인생은 황혼에 이루고 마는 것을 범부는 모른다.

　나옹혜근 스님은 국운이 기울어가는 고려 말기를 살면서 항상 민중 속의 불교가 꽃피기를 기원하고 이를 실천한 선사였다. 그것은 스님의 생애가 잘 말해주고 있지만, 또한 스님의 문학을 통해서도 여실하게 알 수 있다. 민중의 말로 다듬은 가사 작품들과, 비범한 진리를 담은 평범한 노래들, 그리고 동시대인들의 삶과 호흡을 함께하면서 빚어낸 많은 선시들이 스님의 거룩한 족적을 더욱 빛내주고 있는 것이다.

◎ 함허 득통의 선시 ◎
조선朝鮮 불교의 꺼지지 않는 등불

고려 왕조가 망하고 조선 왕조가 들어선 뒤, 조선의 위정자들은 척불숭유를 내세우면서 불교를 척결하는 정책을 전개한다. 단순한 종교적인 갈등 차원이 아니라 여러 가지 이해관계가 복잡하게 얽힌 문제였기 때문에 이 정책은 오래 갔고, 또 아주 집요했다. 결국 조선의 사대부들은 불교를 철저하게 무력화시키는 데 성공했다고 해야 할 것이다. 이제 불교의 운명은 잘 그대로 바람 앞의 등불, 풍전등화(風前燈火)의 신세를 면치 못하게 되었다. 이 암울한 시대에 태어난 불교의 종교성과 그 가르침의 위대함을 널리 알리면서 조선 불교가 고사하지 않도록 최선의 노력을 한 스님이 있었다. 그 분이 바로 함허득통(涵虛得通, 1376~1433) 스님이다.

조선 초에 불교를 이론적으로 무익한 종교로 전락시키는 데 결정적인 기여를 한 책이 나왔다. 우리들도 잘 아는, 정도전(鄭道傳, 1342~1398)이 쓴『불씨잡변(佛氏雜辯)』이란 책이다. 그는 불교의 중요한 교리와 역사적 사실들을 조목조목 열거하면서 불교의 유해함을 강조했다. 정도전 자신도 친불교적 취향을 가진 사람이었지만, 새로운 왕조 조선의 건국이념을 강고하게 다지기 위해 이 책을 썼던 것이다. 어쨌거나 불교는 고려 말기에 노출했던 극도의 부패한 모습으로 인해 현실과 이론 양면에서 격렬한 공격에 시달리게 되었다.

함허 스님은 바로 이 시기에 우리 곁을 찾아왔다. 스님은 원래 유가의 선비로 공부하다가 21세 되던 해 친구의 죽음을 목도하고 큰 의심이 생겨 불가에 귀의했다고 한다. 『현정론(顯正論)』에 보면 인(仁)을 주장하는 유교가 살생(殺生)은 금지하지 않는 것을 보고 의심하던 중 불교의 자비(慈悲) 사상에 이끌려 불문에 들어왔다고도 한다. 이처럼 스님은 실천적인 측면에서나 이념적인 측면에서나 불교의 큰 재목이 될 소양을 타고 났던 것이다. 간단히 스님의 생애부터 살펴보자.

스님은 성은 유씨(劉氏)고, 법호는 득통(得通)이며, 법명은 수이(守夷)고, 당호는 함허(涵虛)로, 충주 출생이다. 옛호는 무준(無準)이고 휘가 기화였다. 21세 되던 1396년(태조 5)에 관악산 의상암(義湘庵)에 들어가서 삭발하고, 1397년에 회암사(檜巖寺)로 자초무학(自超無學, 1327~1405) 스님을 찾아가 법요를 들은 뒤 여러 산을 두루 편력했다. 그 귀 다시 회암사에 기서 방안에 혼자 있다가 크게 깨달았다.

이후 공덕산의 대승사와 천마산 관음굴, 불희사에 있으면서 학인(學人)을 가르치며 이끌었고, 자모산(황해도 평산군) 연봉사에 작은 방을 얻어 함허당이라 이름하고 3년 동안 수행 정진했다. 1420년(세종 2) 오대산에 가서 여러 성인에게 공양했는데, 영감암에서 이상한 꿈을 꾸고 월정사에 있을 때 세종이 청하여 대자어찰(大慈御刹, 경기도 고양군 대자산에 있는 어찰)에 4년 동안 머물기도 했다. 1431년(세종 13) 희양산의 봉암사를 증축했고, 1433년(세종 15)에 봉암사에서 입적했다. 세수 58세였고, 법랍 38세였다.

스님의 선사상(禪思想)에는 현실생활을 수용하는 특징이 있는데, 이러한 사상적 경향은 유학자들이 불교를 허무적멸지도(虛無寂滅之道)라고 비판한 것을 반박하기 위한 것이었다고 할 수 있다. 또한 불교와 유교의 회통(會通)뿐 아니라 도교까지 포함한 삼교일치를 제창하기도 했다. 저서로

『원각경소(圓覺經疏)』 3권과 『금강경오가해설의』 2권 1책, 『윤관(綸貫)』 1권, 『반야참문(般若懺文)』 2질, 『함허화상어록(涵虛和尙語錄)』 1권, 『현정론』이 전해진다. 비는 봉암사에 있고, 부도는 가평군 현등사에 있다.

  스님의 저서 가운데 『현정론』에 대해서는 조금 더 설명을 덧붙여야겠다. 이 책은 불교를 곡해하는 척불론자(斥佛論者)들을 일깨우기 위해 쓴 것으로, 유교의 교훈과 불교의 가르침을 비교하면서 그릇된 인식을 바로잡고 있다. 내용은 척불론자들이 제기한 비판에 대해 조목조목 대답하는 형식을 취하고 있다. 스님은 먼저 불교의 오계(五戒)와 유교의 오상(五常, 五倫)을 비교한다. 불살생(不殺生)은 인(仁)이고, 불도(不盜)는 의(義)며, 불음(不淫)은 예(禮)고, 불음주(不飮酒)는 지(智)며, 불망어(不妄語)는 신(信)이란 것이다. 그러면서 불교가 불효(不孝)의 가르침이란 비판에 대해서도 경권(經權)의 논리로써 그 부당성을 설파하기도 했다. 스님은 특히 공자의 발언을 빌어 그 이치가 불교의 교의와 계율, 수행의 모든 것과 일치함을 강조했고, 나아가 유교의 삼강오륜(三綱五倫)의 사상이나 덕목에 어긋나는 것이 하나도 없음을 구체적으로 해명했다. 그리하여 유불도(儒佛道) 3교가 본지로 따지면 동일하다는 결론을 내린다.

  스님의 이 책은 논술은 간략하지만 그릇된 편견을 바로잡겠다는 스님의 진심이 간절하게 녹아 있다. 또한 유학자들의 허점에 대해 정곡을 찌르고 있어 조선 초기 배불론자의 주장 속에 담긴 허상을 정확하게 지적했다. 유교나 불교, 도교는 모두 큰 성현의 가르침으로 일맥상통하는 부분이 많다는 지적을 통해 불필요한 대립이 얼마나 무의미한 것인가를 잘 파헤쳐냈다.

  더욱이 스님의 글에는 간결하면서도 적절한 비유담을 적절하게 인용해 무조건 논리적으로만 설파하지 않고 인정에 호소하여 불교의 바른 가르침을 전하려는 노력이 깃들여 있다. 이런 여러 가지 점들이 이 책의 가치를 더욱 높이고 있는 것이다. 그리 길지 않은 책이니 한 번 읽어보기를 권한다. 기왕이면 정도전의 『불씨잡변』도 함께 읽으면서 이념이나 사고의 차이를 비교한다면 한층 읽는 재미가 있을 것이다. 척불론자의 불교 읽기는 어떠했는지 궁금하지 않은가?

스님은 지공과 나옹, 무학(無學) 삼대 화상의 법맥을 이어받았다. 지난 시간에 나옹 스님의 활동과 선시에 대해 살폈지만, 그런 스님의 제자답게 함허 스님 역시 치열하고 현실을 내다보면서 불교의 활성화에 노력했다. 나옹 스님이 민중에 다가가는 불교를 위해 가사를 비롯한 여러 형태의 장편 가송을 남겼는데, 함허 스님 역시 장편 가송을 여러 편 남기고 있다. 『어록』에 보면 <법왕가(法王歌)>를 비롯해 <반야가(般若歌)>, <종풍가(宗風歌)>, <책수음(策修吟)>, <자경음(自慶吟)> 등 다섯 편의 가송이 실려 있다. 제목에서 알 수 있는 것처럼 스님은 불교의 역사와 가르침, 스스로 노력해야 할 일 등 여러 점에서 불교의 본질들을 노래하고 있다.

여기서는 그 가운데 <종풍가> 한 작품을 읽어보도록 하겠다.

한 번 꽃을 들고 한 번 미소 지은 이래로
동쪽과 서쪽이 한 마음으로 서로 붙었네.
비밀히 전해져 서른 세 조사까지 이르렀나니
한 떨기 꽃 속에 다섯 잎이 열렸구나.
마음이 곧 부처요 마음이 곧 부처가 아니니
사가에까지 두루 전해졌어도 별 물건이 없었네.
때로 온전히 들고 때로 온전히 쓰면서
조심스레 전해져 왔어도 별 쓰임이 없었네.
때로 바탕과 쓰임으로 능히 풀었다 빼앗았다 하지만

방망이와 고함이 서로 오가니 우레처럼 놀래키는구나.
때로 두드리고 노래하며 근기에 따라 응하지만
쌍으로 밝히고 홑으로 설명하며 현철을 가렸네.
때로 치우치고 바르게 교묘히 방편을 베푸니
손을 펴자 그윽한 이치를 통해 홀로 뛰어나셨네.
때로 한 마디 말씀으로 중생을 끌어 헤아리시니
삼구와 일구의 뜻을 능히 쳐 드러내셨네.
때로 유심으로써 장님과 귀머거리를 여서서
빛깔과 소리 가운데 오묘한 이치를 얻게 하셨지.
여러 스님의 방편들이 같지 않다 말하지 말라
세상의 모든 강물들은 모두 동으로 흘러가노라.

一拈花一笑來　　東西相付一靈臺
密傳傳至三三後　　一朶花中五葉開
卽心佛非心佛　　歷傳四家無別物
或全提或全用　　傳至佪佪無別用
或以機用能縱奪　　棒喝交馳如雷悝
或以敲唱應隨機　　雙明單說辨賢哲
或以偏正巧施設　　展手通玄獨超絕
或以提掇一字關　　三句一句能擊發
或以唯心啓盲聾　　致令得妙色聲中
莫謂諸家不同轍　　百千無水不朝東

당시 불교를 백안시하고 폄훼하던 세태와 의식을 바로잡기 위해 쓰인 노래이다. 선종의 핵심을 역사적인 흐름에 따라 살피면서, 여러 스님들의 교화 방편을 찬찬하게 열거하고 있다. 아울러 불교가 무논리의 종교가 아니고 백성을 현혹하는 미신이 아님을 부각시키기 위해 불교가 가진 독특한 설법들을 부지런히 설명한다.

그러면서 무조건 수세적으로만 나가지도 않아 그 모든 노력으로 귀먹고 눈먼 어리석은 사람들의 귀를 열게 하고 눈을 뜨게 했다고 불교의 효용과 가치를 자랑한다. 세상의 강물들이 모두 동으로 흘러 바다로 들어가듯이 불교의 강물도 결국은 진리의 바다를 향해가는 거대한 움직임을 일깨운다.

스님에게는 우리국문학사상 경기체가(景幾體歌)로 불리는 작품도 세 편 전해지고 있다. <미타찬(彌陀讚)>와 <안양찬(安養讚)>, <미타경찬(彌陀經讚)>이 그것이다. 역시 불교의 가르침과 효용을 선양하는 내용으로 이루어진 작품이다. 경기체가는 고려 말부터 조선 말기까지 사대부 문인들을 중심으로 꾸준히 불려온 노래 문학이다. 굳이 스님이 이런 양식을 채택한 데에는 여러 가지 이유가 있겠지만, 사대부들의 불교에 대한 오해와 편견을 불식시키려는 소망도 있었을 것 같다. 불교의 기본 교리를 착실하게 일러주어 신앙적 효소를 부각시킨 작품이라고 하겠다.

스님은 고려 말과 조선 초기를 함께 살다 가셨다. 한 왕조의 몰락과 새로운 왕조의 개창을 모두 지켜본 남다른 경험을 가졌다. 물론 주로 활동한 기간은 조선 초기고 세종의 특별한 존경을 받았으니, 꼭 망국에 대한 추념이 있을 필요는 없겠지만 500년 불교 왕조의 몰락에 대한 감회가 없을 수는 없으리라 여겨진다. 더구나 조선의 정책이 척불로 치닫고 있는 상황에서 일말의 향수가 없다면 그것이 이상할 것이다. 먼저 읽어볼 작품은 무너진 왕조에 대한 스님의 생각이 담긴 두 편의 작품이다. <부소산에 올라 송도를 바라보며(登扶蘇望松都)>와 <굴원을 노래함(賦屈原)>을 읽겠다.

눈 가득히 펼쳐진 천 개의 문과 만 개의 집들

집집마다 다들 주인어른이 계시겠지.
주인이 떠난 뒤라 집도 응당 부숴졌는데
푸른 산만 옛 모습 그대로 푸른 하늘로 솟았구나.

滿目千門與萬戶　家家共有主人公
主人去後家應壞　依舊靑山聳碧空

천 년 전 멱라수처럼 가을바람이 부는 저녁
많고 많은 시인들도 뭔가 감정이 우러났겠구나.
딱히 당시의 일들이 슬퍼서만은 아니니
크나큰 뜻을 끝내 이루지 못해 슬픈 것이지.

汨羅千載秋風晚　多少騷人有感情
不是憐渠當日事　祇憐遐趣竟無成

  회고가(懷古歌)나 망국의 슬픔을 사대부들만 노래했다고 말하는 것은 어불성설이다. 사회적 분위기가 내놓고 토로하기에는 곤란했겠지만, 스님의 위 시를 읽으면 불교계 역시 시대의 변화에 무심했던 것이 아님을 알 수 있다.
  고려가 망할 때 스님은 아직 출가하지 않은 학생의 신분이었고, 10대 후반의 피 끓는 청년이었다. 왕조 교체는 그에게도 묘한 심경을 불러일으켰을 것이다. 그 뒤 승려가 되어 다시 밟아본 옛 왕조의 도읍지 송도는 산천은 그대로였지만 많은 것이 변했다. 여전히 도읍지의 위용을 보이고는 있었지만 활기는 차츰 시들어가는 형세였다. 가정을 지키고 이끌어가는 데도 가장의 존재가 중요한데 하물며 왕조의 주인이 사라졌으니 쓸쓸한 풍경이 예전과 같을 수는 없겠다. 그것을 스님은 주인이 떠나자 집도 덩달아 파괴되었다고 묘사한다. 애꿎게도 산천은 의구하니 이 또한 비감을 자아낸다. 길재(吉再)의 회고가의 한 대목 "산천은 의구한데 인걸(人傑)은 간 데 없다."는 구절이 절로 읊조려지는 스님의 황망한 심경을 읽을 수 있다.

두 번째 시는 꼭 왕조의 몰락과 대비할 필요는 없을지도 모르겠다. 그러나 굴원 자신이 조국의 패망을 안타까워하다 먹라수에 몸을 던져 순절(殉節)한 인물이니, 자연스럽게 생각이 그 쪽으로 미치는 것도 무리는 아니다. 제행무상(諸行無常)의 이치야 당연한 것이니 망국의 일 자체가 슬프지는 않다고 스님은 말한다. 다만 위태롭게 쓰러져 가는 나라를 지키고자 애썼던 여러 선현들의 노력이 수포로 돌아간 것이 안타깝다고 말한다. 쓸쓸하게 가을바람이 부는 어느 강가에 서서 불렀을 이 시는 스님의 마음을 다정다감한 시인의 마음으로 옮겨 놓았다. 더욱이 불교를 배척하고 사찰을 파괴하는 무도한 일이 자행되는 현실에서 그 안타까움은 더욱 커져 갔을 것이다.

당시 이런 삭막한 세태를 노래한 작품이 있어 이를 확인할 수 있다. <느낌이 있어(有感)>란 제목의 7언절구는 말법(末法)의 시대를 산 스님의 아픔이 녹아 있다.

들으니 이 땅에 있는 절간들을 부순다는데
나도 모르게 흐르는 눈물이 두 눈을 적신다.
우리들이 덕이 없는 것을 부끄러워 할 따름이니
손 모으고 정성을 다해 하늘에 호소하노라.

聞說諸方壞佛廟　無端兩眼淚潛然
但慚我輩都無德　合掌傾誠敢告天

스님은 <책수음>에서 "손을 마구 놓아 절제가 없다면 정법 세상도 말세가 되고, 삼가고 정성스럽게 좋은 업을 닦으면 말법의 세상도 정법 세상이 된다.(放手無制 正亦末季 拳拳進業 末亦正法)"고 말했다. 모든 것이 마음과 수양의 문제라는 지적이다. 그러나 유가의 조직적인 탄압 앞에 그런 노력도 한계가 있을 수밖에 없었다. 혹세무민(惑世誣民)한다고 해서 사찰을 헐어버리는 참담한 현실이 눈을 감는다고 사라지는 것은 아니다. 이 상황에서도 스님은 스스로 반성하는 자세를 잃지는 않는다. 지난날 불교의 폐해가 자심했던 시절이 있었고, 그 업보(業報)를 지금 받는다고 여겼다. 덕을 쌓지 못한 허물이 오늘날의 이런 비극을 낳았다면 자책한다.

그러나 사대부들의 이런 만행이 과연 올바른지의 문제는 별개의 일이다. 이럴 수가 있냐며 가서 따질 수도 없는 형편이니 그저 하늘을 우러러 하소연할 수밖에 없다. 어쩌다 우리 불교가 이 지경에 처했을까 하는 자탄과 이런 험난한 시국에 할 수 있는 일이 무엇일까 고민하는 스님의 모습이 짧은 시구 속에 여실하게 드러나 있다. 몇몇 군주들이 호불(護佛)의 몸짓을 보이지 않은 것은 아니지만 날로 어두워져만 가는 불교의 미래에 스님은 속수무책이었다. 탄압의 시대를 살면서 아픔을 함께 한 스님의 경험을 오늘날의 우리도 잊어서는 안 될 것이다. 불교가 스스로 자정(自淨)의 노력을 하지 않고 현재에 안이하게 머물러 있을 때 위기는 언제든지 닥쳐올 수 있다. 역사의 교훈을 잊어서는 안 될 일이다.

얘기가 너무 다른 곳으로 흐른 것 같다.

스님은 여말선초의 역사적 상황을 살았기 때문에 역사가 주는 상황을 겪어야만 했다. 그래서 현실에 대해 진지하게 고민하고 대안을 찾아 많은 생각과 글을 남겼다. 한편으로 스님은 수행자로서 승려로서 지켜야 할 책임과 의무도 소홀히 하지 않았다. 불교가 핍박을 받는 시대를 살더라도 불교가 받은 소명을 소홀히 해서는 안 될 일이다. 『현정론』을 써서 이론적인 반박과 대안을 제시하는 일도 중요했지만, 불교가 동시대의 민중과 신도들을 계도하고 이끌어 갈 방향을 제시하는 것 역시 중요한 과업이었던 것이다. 아래에 읽은 세 편의 시는 그런 스님의 발자취를 확인할 수 있는 작품일 것이다.

　첫 번째 작품은 <맑은 밤에 노래한다(淸夜吟)>고, 두 번째 작품은 <세상을 넘어선 드높은 행적(物外高蹤)>이며, 세 번째는 <마음이 편안하면 온몸이 명령을 따른다(天君泰然百體從令)>는 제목이 붙어 있다.

　　깊은 산에 나무도 우거져 바람 소리 들리는데
　　달은 밝고 바람은 잔잔해 밤기운도 차갑구나.
　　한스럽기는 요즘 사람 다들 꿈에 젖어서
　　맑은 밤의 정취가 얼마나 긴지 모르는 것이지.

　　山深木密生虛籟　　月皎風微夜氣凉
　　却恨時人皆入夢　　不知淸夜興何長

　　거친 음식 초라한 골목은 선비의 운치이고
　　낡은 가사에 깜장 주장자는 승려의 모습이지.
　　다시 무슨 인연이 있어 머리에 채우려 하는가
　　봄바람에 가을 달 있으니 눈썹을 펼 뿐이네.

　　簞瓢陋巷書生趣　　糞掃烏藤衲子儀
　　更有何緣堪記取　　春風秋月但揚眉

　　천축국 스님의 눈이 쪽빛을 따라 푸르겠으며
　　신선의 얼굴빛도 술에 취해 붉은 것 아니라네.
　　구슬이 본래 흠이 없으면 빛도 또한 좋으리니
　　마음 밭이 진정 맑으면 외모도 서로 따른다네.

胡僧眼豈從藍碧　仙客顏非假酒紅
玉本無瑕光亦好　心田苟淨貌相同

　첫 번째 작품에서 스님은 미망(迷妄)에 빠져 참다운 정취를 알지 못하는 세태에 일침을 가한다. 글은 부드럽지만 담긴 내용은 따끔하다. 눈을 뜨고 사방을 둘러보면 세상은 온통의 자연의 소리로 가득하다. 그 울림 속에 인생이 가는 방향과 우주의 진실이 스며들어 있다. 너무나 흔하고 쉽게 찾을 수 있어 오히려 그 값어치를 모르는 게 인간의 어리석음이다. 조물주가 만물을 창조하면서 아무나 누릴 수 있도록 한 것은 그만큼 누구에게나 소중하고 절실한 것이기 때문인 것을 사람들은 자칫 망각한다. 그래서 희한한 것, 특이한 것만 찾기에 골몰한다. 그것을 스님은 "꿈에 젖어" 산다고 말한다. 맑은 밤이 주는 잔잔하고 서늘한 기운을 느끼며 자신의 현재를 추슬러 보라고 스님은 권하는 것이다.
　두 번째 작품은 첫 번째 작품은 『현정론』에서 밝힌 유불일치(儒佛一致)의 정신을 시로 재현한 것이다. 단표누항에 머물면서 안빈낙도(安貧樂道)하는 것이 선비의 자세라면 허름한 장삼 가사에 주장자 하나 짚으며 망아(忘我)의 경지에 선 것은 승려의 모습이라는 말이다. 육체의 가난보다 정신의 기근을 두려워 할 줄 아는 마음이야말로 참다운 수행자의 갈 길이고 구도자의 본분이라는 말이다. 바로 이 점을 명심하고 현상의 굴레에서 벗어날 때 드높은 행적이 빛을 발한다고 스님은 강조한다. 그곳에 해탈이 있으니 따로 인연을 살펴보고 번뇌를 털어내려는 노력을 더할 까닭도 없어진다. 봄에는 따뜻한 바람을 맞고 가을에는 교교한 달빛과 어울리면서 거스를 것 없는 자족(自足)의 삶을 사니 절로 두 눈썹도 활짝 펴져 이 세계가 다시 보이리라는 것이다. 참으로 아름다운 권오송(勸悟頌)이다.
　이익을 저울질하고 이목에 신경을 쏟는다면 이미 물외한정(物外閑情)은 저

산 밖의 뜬 구름에 집착하는 어리석은 짓인 것이다. 그 무욕에로의 보행에는 불가의 승려나 유가의 선비나 다를 바 없다는 뜻이기도 하다.

　세 번째 작품에서 스님은 외연에 집착하는 무명(無明)의 삶을 떨쳐버리라고 은근히 지적한다. 달마 스님의 푸른 눈은 쪽빛이 비춰져 그런 것도 아니고, 신선의 불콰한 얼굴도 술에 취했기 때문이 아니라고 말한다. 그렇게 된 이유는 내면에서 나온 것인데, 어리석은 사람들은 묘책이 밖에 있을 것이라고 지레 짐작한다. 그러니 수행은 보지 않고 비법만 찾으려고 든다. 앞 시가 유불일치라면 이 시는 불도일행(佛道一行)의 궁극적인 모습을 보여주고 있다고 하겠다. 스님은 꾸밈만 살피지 말고 본질을 주목하라고 거듭 말한다. 구슬에 원래 흠이 없으면 빛도 좋은 것인데, 흠을 만들지 않으려는 노력은 않고 적당히 눈속임으로 빛만 좋게 하려 든다고 염려한다. 가식(假飾)이 본질(本質)을 대신할 수는 없다는 것이다. 마음 밭이 맑고 깨끗하면 외모는 절로 환하게 빛난다는 마지막 구절이 스님이 하고 싶어 한 말을 모두 대변하고 있다.

　끝으로 읽을 시는 스님의 자연귀일(自然歸一) 정신이 잘 드러나 있다. <산에 사는 멋(山中味)>이란 제목이 붙은 이 시에서 우리는 스님이 세상의 삶을 얼마나 긍정적으로 바라보았는지 깨닫게 된다.

　　산은 깊고 골도 아스라해 오는 이 없으니
　　하루 종일 고요해서 세상 인연도 끊겼구나.
　　낮이면 한가롭게 구름 피는 봉우리나 보고
　　밤 들면 공연히 달 뜬 하늘을 우러러보노라.
　　화로 속에서는 그윽한 차 향기가 우러나고
　　집 안 향로에서는 꼬불꼬불 향연이 오른다.
　　인간 세상 떠들썩한 소리는 꿈도 꾸지 않으니

다만 좌선에 깊이 들어, 앉아 세월을 보내노라.

山深谷密無人到　盡日寥寥絶不緣
晝則閑看雲出岫　夜來空見月當天
爐間馥郁茶煙氣　堂上氤氳玉篆烟
不夢人間喧擾事　但將禪悅坐經年

　아늑한 산사생활의 묘미를 노래한 이 작품에서 우리는 왠지 모를 긴장감을 느낀다. 투쟁까지는 아니더라도 불교에 위해를 가하려는 세력에 대해 스님은 경계를 늦출 수 없었다. 스님이야 융섭(融攝)의 자세로 이들을 맞이하지만, 이런저런 궁색한 논리로 불교 배척을 정당화하려는 사람들의 간사한 말 놀림에 지칠 법도 하다. 그러면서 스님은 흐르는 물을 거슬러 막을 수는 없는 이치를 알았다. 현 세태가 순리라면 조금은 부당해도 좇아가자고 마음먹는다. 어차피 손바닥으로 달을 가릴 수는 없으니, 시간이 흐르면 자연 해결될 문제일 수도 있는 것이다. 이렇게 생각하니 마음이 절로 편안해진다.
　산중에 사는 멋. 잠시 산행을 하는 하기 위해 산을 오르는 사람은 알 수 없는 정취가 있다. 산새와 대화를 나누고 봉우리에 이는 구름 따라 하늘을 날아본 사람만이 느낄 수 있는 깊은 맛, 그 멋은 하루아침에 얻어지는 정신의 풍요는 아닌 것이다. 뒷산에서 이슬을 마시고 자란 찻잎을 우려내 상큼한 향기에 취하고 향로에서 은은히 피어오르는 향불 속에서 달관의 운치를 느낄 수 있는 것은 열린 마음이 주는 멋일 것이다. 그런 승방에는 속세의 궂은 이야기나 시끄러운 사단들이 끼어들 틈이 없다. 스님은 왈가왈부 말이 많은 인간 세상의 군상들에게 한 번 산사에 들어와 차 한 잔 마시라고 권하고 싶었던 것이다. 산문이 활짝 열려 있는 것처럼 내 마음도 거칠 것이 없다고 말한다. 조용히 좌선에 들어 내남의 구별과 시비의 차별심을 싹 쓸어버리라고 주문한다.

결국 모든 번뇌는 자신이 만드는 것이다. 인연의 끈이니 번다한 잡념이니 모두 내가 얽고 내가 빚은 환성(幻城)일 뿐이다. 먼지로 자욱한 산 아래 속세를 바라보면서 은근히 미소 짓고 흐르는 세월을 지켜보는 스님의 당당하면서도 오만하지 않은 모습이 이 시에는 깊이 각인되어 있다.

함허 스님은 조선조의 불교가 낳은 첫 번째 거목이라고 해도 과언은 아니다. 어려운 여건 속에서나마 조선조 불교가 법맥을 이어오고 이후 허응보우(虛應普雨) 스님이나 청허휴정(淸虛休靜), 사명유정(四溟惟政) 같은 고승들이 속속 배출될 수 있었던 울력도 함허 스님의 불퇴전의 용맹정진이 있었기 때문일 것이다. 스님의 문학 속에는 불교의 등불이 꺼지지 않고 이어질 수 있었던 전등(傳燈)의 염원이 가득 어려 있다.

◉ 허웅 보우의 선시 ◉
무심한적無心閑寂한 시세계, 순교자의 문학

우리 불교사에 보면 이른바 요승(妖僧) 또는 괴승(怪僧)으로 불리는 스님이 세 분 있다. 고려 중기의 묘청(妙淸) 스님과 고려 말기의 신돈(辛旽) 스님, 그리고, 조선 전기의 보우(普雨, 1515~1565) 스님이 그분들이다. 묘청은 칭제건원(稱帝建元)을 내세우며 평양에서 반란을 일으켰고, 신돈은 공민왕의 심기를 어지럽혀 나라의 뿌리를 흔들었을 분만 아니라 공민왕의 뒤를 이은 우왕(禑王)과 창왕(昌王)의 친부친조(親父親祖)라 해서 두 임금을 폐위하는 데 결정적인 원인을 제공했다.

그리고 보우스님은 사대부들의 불교 말살 정책에 과감하게 맞서 분열되어 있던 조선 불교계를 통일하고 다양한 개혁을 시도하다가 문정왕후의 죽음과 함께 비명에 세상을 떠난 인물이다. 이들은 모두 세상을 어지럽혔다는 미명 아래 요승의 대명사처럼 불린다.

그러나 우리가 한 번 쯤 생각해봐야 할 일은 과연 이들이 세상의 지탄을 받을 요승이었는가 하는 점이다. 가만히 생각해보면 이런 악명을 붙여준 이들은 모두 유가 사대부들이다. 불교계에서 스스로 붙인 이름이 아니라는 말이다. 한 승려가 고승인지 요승인지는 사대부들이 판단할 몫은 아니다. 그런데도 그들이 이 세 분을 요승이라 불렀고, 우리는 무심결에 이 말을 그대로 받아들인다.

그러나 다시 생각해보면 이들이 이런 비난을 듣는 까닭은 다른 데 있지 않다. 바로 유가(儒家)들의 이익에 정면으로 도전했기 때문이다. 묘청의 난을 진압한 사람은 김부식이고, 그는 당시 유가 정치인의 이익을 대변하는 위치에 서 있었다. 신돈의 행적은 남은 것이 거의 없지만, 고려 말 나라를 뒤엎고 새로운 왕조를 세우려는 이성계 일파의 입장에서 고려 왕실의 정통성을 부정하기 위해 애꿎게 신돈이 몰매를 맞은 가능성도 적지 않다. 당연히 보우 스님은 말할 것도 없다. 유교 왕국 조선에서 선교 양종을 부활하고 승과(僧科)를 실시하고 도첩제를 추진했으니, 서슬 퍼런 유림들이 매도하지 않을 리가 없었다. 이런 점에서 우리는 요승이라 불리던 스님들의 실상에 대해 좀 더 자세히 살펴보고 억울한 누명을 벗어주는 노력도 해야 할 것이다.

먼저 보우 스님에 대해 간단히 소개하겠다.

조선 중기의 고승인 스님은 호가 허응(虛應) 또는 나암(懶庵)이고, 보우(普雨)는 법명이다. 15세에 금강산 마하연암(摩訶衍庵)으로 출가하여 금강산 일대의 장안사(長安寺)와 표훈사(表訓寺) 등지에서 수련을 쌓고 학문을 닦았다. 1548년(명종 3) 문정대비로부터 봉은사(奉恩寺)의 주지로 가라는 부름을 받고 봉은사 주지가 되었다. 1550년 선교양종(禪敎兩宗)을 부활하였고, 1551년에는 도승시(度僧試)를 실시하여 도첩제도(度牒制度)를 부활시켰다. 1552년에는 승과(僧科)를 다시 설치하게 했고, 1555년 춘천의 청평사(淸平寺) 주지로 있다가 1559년 다시 봉은사 주지가 되었다. 그러다가 1565년 문정대비가 죽자 유생들은 곧바로 보우의 배척과 불교탄압을 주장하는 상소문을 올리기 시작한다.

잇따른 상소에 명종은 보우의 승직을 박탈했고, 1565년에 귀양 보냈으며, 이어 제주목사 변협(邊協)에 의해 죽음을 당하고 말았다. 스님은 억불정책 속에서 불교를 중흥시킨 순교승(殉敎僧)으로 평가받고 있다. 또한 스님은 선교일체론(禪敎一體論)을 주장하여 선과 교를 다른 것으로 보고 있던 당시의 불교관을 바로 잡았고, 일정설(一正說)을 정리하여 불교와 유교의 융합을 강조했다. 저서에 『허응당집(虛應堂集)』과 『나암잡저(懶庵雜著)』 등이 전한다.

스님의 50 평생은 참으로 파란만장했다. 불교 부흥을 위해 분투하다가 결국 뜻을 이루지 못하고 비명에 일생을 마치고 만 것은, 유교를 국시로 한 조선을 위해서나 억불의 기세에 위축된 불교를 위해서나 불행한 일이었다. 스님은 누구보다 적극적으로 자신의 사명을 이루기 위해 투신했다. 이런 스님이 사대부 지식인들에게 요승이란 괴변을 듣는 것도 어쩌면 당연한 일일 것이다.

그렇지만 아이러니한 것은 스님의 손에 의해 배출된 사명대사나 유정대사 같은 분들이 얼마 뒤 임진왜란(1592년)이 터졌을 때 승병(僧兵)을 조직해 나라의 위기를 구한 사실이다. 고루한 유림들의 억측에 귀 기울지 않고 과감하게 불교를 부흥시킨 문정왕후나 스님의 탁월한 안목은 이런 점에서 더욱 빛을 발한다.

스님의 행적을 염두에 두면 스님의 문학 세계 역시 치열하고 시비가 분명한 엄정성을 띨 것으로 추측할 수 있다. 그러나 스님의 시는 전혀 그런 세계가 아니었다. 부처님의 세계에서 천진난만하게 노니는 맑고 깨끗한 마음이 그의 시에는 녹아 있었다. 나로서는 참으로 뜻밖의 경험이었는데, 너무나 유쾌하고 즐거운 일이었다.

너무나 좋은 시가 많아 뭘 골라 소개할지 몰라 좀 많은 작품들을 살펴보았다.

첫 번째 작품은 <개심대에 올라서(上開心坮)>란 제목이다.

개심대가 좋다는 말 들었더니
홀로 오르는 지금은 가을일세.
팔만 봉우리는 비단결 같고
삼천 골짜기는 유리알 같구나.
더디 오른 것이 벌써 아쉬운데
돌아갈 일 늦는다고 어찌 탓하랴.
잠시 후 푸른 한 쌍의 해오라기
하늘을 떠다니니 흥겨움이 더욱 넘치네.

開心聞說好　獨上正秋時　八萬峰錦繡　三千洞琉璃
旣嫌登陟晚　那恨返歸遲　少選靑雙鶴　浮空興亦彌

스님의 시는 참으로 쉽다. 시를 쉽게 쓴다는 게 말처럼 쉬운 일이 아니다. 중국을 예로 들면 두보(杜甫)보다는 이백(李白)의 시가 쉽다. 그렇다고 이백의 시가 두보만 못하냐 하면 전혀 그렇지 않다. 천재 시인들의 우열을 따질 수는 없지만, 신선의 경지에 오른 이백이 성인의 경지에 오른 두보보다 한 수 위임은 분명하다.

개심대는 시의 내용으로 볼 때 금강산 정양사(正陽寺) 서쪽에 있던 개심사를 말하는 것 같다. 천하의 절경이라 일컬어지는 금강산을 가장 빼어난 경치를 자랑하는 가을에 올랐으니, 스님의 벅찬 감격이 어떨지는 짐작할 수 있다. 찾은 것이 늦어 아쉬운데 돌아갈 길을 서두를 필요가 없다. 비단결처럼 펼쳐진 단풍의 바다와 유리알처럼 맑은 계곡의 물 빛깔에 스님은 온통 정신을 놓고 있다. 멀리 하늘을 떠도는 해오라기 한 쌍에 자신을 견주면서, 저들의 흥겨움을 나도 누렸으면 하는 즐거운 상상을 펼친다. 이름 그대로 마음을 열게[開心] 만드는 곳이다. 시의 첫 시작은 두보의 의장(意匠)을 빌려 왔는데, 두보의 <악양루에 올라(登岳陽樓)>는 이렇게 시작한다. "전부터 동정호 얘기를 들었더니, 오늘에야 비로소 악양루에 오른다.(昔聞洞庭水 今上岳陽樓)" 자연과 하나가 된 스님의 모습이 눈에 선하게 잡힌다. 이런 청징(淸澄)한 마음자리는 사실 스님의 시 전편에 녹아 있다.

이어 <대존암에서(大尊庵)>란 작품을 읽어보자.

오롯한 암자가 높고도 외져서
세간의 먼지 소란 넘본 적 없었네.
북쪽은 험난해 오는 이 없었고
남쪽은 비어 새 다니기 그만이지.
난간으론 삼면의 경치를 다 담았고
처마는 만 겹의 산을 눌렀네.
다시 대 앞으로 맑은 물 흐르니
시원한 소리 들으며 꿈결로 들어선다.

一庵高且僻　塵鬧未曾干　北險人來少　南虛鳥道寬
軒收三面景　簷壓萬重山　更有垈前水　寒聲入夢殘

대존암 일대의 자연 풍광을 그대로 노래하고 있다. 이른바 율시가 지켜야 할 선경후사(先景後事), 즉 앞 구절에서는 경치를 담고 뒷 구절에서는 시인의 생각을 담아야 한다는 원리에 스님은 아랑곳하지 않는다. 풍광 자체가 이미 스님의 마음이기 때문이다. 그러면서도 율시가 가져야 할 격조를 흐트러뜨리지도 않는다. 세간의 잡소식이 들리지 않으니, 사찰의 품격을 대변하는 말이다.

사람은 오기 어려워도 새는 날아 들어온다는 것은, 깨달음의 경지를 빗댄 말일 것이다. 어려워서 험해서 깨달음의 세계에 접근할 수 없다는 것은 게으른 중생의 핑계일 뿐이다. 새들이 보여주는 평상심을 가진다면 누구나 들어갈 수 있는 경지임을 스님은 말한다. 마치 대존암이 사방 경치를 다 담고 층층의 산을 안은 것처럼 말이다. 암자 앞을 흐르는 물소리가 바로 부처님의 말씀이니, 절로 깨달음의 세계로 발길이 가볍게 움직여지는 것은 당연한 수순일 것이다. 환경을 탓하지 말고 물소리에 마음을 열고 비울 수 있는 여유만 있다면 그곳이 바로 깨달음의 관문임을 스님은 말하고 있다.

사실 이런 거추장스런 설명을 떠나 시 자체는 참으로 아름답게 수놓인 한 폭의 풍경화를 연상시킨다.

<봄날 산에서(春山卽事)>란 작품은 행주좌와(行住坐臥), 사람살이의 모든 것이 수행의 단계임을 노래하는 시라고 할 수 있다.

봄이 오니 할 일도 많아져
사람들도 응당 한가할 수 없네.
재를 찾는 스님은 마을로 내려가고
벗을 찾는 나그네는 산으로 올라오네.
찻잎은 부드러운 바람 맞아 싹을 틔우고
새들은 따뜻한 햇살에 마냥 지저귀네.
오직 나만은 게을러 터져
선정의 관문을 움직일 꾀가 없네.

春到還多事　人應不自閑　求齋僧下市　尋友客來山
茗得風柔嫩　禽因日暖口官　惟吾緣病懶　無計動禪關

봄이 되니 모든 일이 바빠진다. 바쁘니 다들 한가롭게 지낼 수만은 없다. 스님들은 저자로 나가 탁발을 하느라 분주해지는데, 마음을 벗을 찾는 사람들은 오히려 산으로 올라온다. 승(僧)의 세계는 속(俗)으로 나가고, 속의 세계는 승으로 올라오는 융섭(融攝)의 조화를 함련(頷聯)은 노래하고 있다. 그런 조화를 가장 생생하게 보여주는 것이 바로 자연이다. 부드러운 바람이 부니 차나무는 새로 움을 틔운다. 새들은 따뜻한 신록 속에서 즐겁게 지저귄다. 봄날의 일상적인 풍경이지만 그 속에 여여(如如)한 세계의 모습이 투영되어 있다. 움이 틔고 새가 노래하니 약동하는 움직임 속에 삼라만상이 바쁜 것처럼 보이지만 사실은 바쁜 게 아니다. 모두 본성을 따르는 것이니 평상의 일일 뿐이다. 여기서도 우리는 망중한(忙中閑)의 참된 세계를 읽게 되는 것이다.

이런 편안하고 평상의 흐름을 바라보면서 스님은 짐짓 자신은 게을러 터졌다고 엄살을 부린다. 그래서 선정의 관문을 열 재주도 없다고 말한다. 그러나 선정에 들어 깨달음을 얻겠다는 마음 자체가 이미 가식이다. 과정에 얽매이면 목적에 이를 수 없는 법이다. 스님은 이미 목적도 잊었고 과정도 잊어버렸다. 꽃 피고 새우는 소리를 들으면서 무엇이 수양에 필요한 자세인지 퍼뜩 정신이 들었기 때문이다. 난간에 기대어 코를 골면서 단잠에 든 스님의 모습이 시의 한 구석에 놓여 있다.

스님의 이런 마음까지 없애버린 무심의 경지는 다음 시에서 더욱 잘 드러난다. 구별하고 시비하고 다투고 반목하는 일은 모두 세상을 차별적으로 보는 눈에서 나온다고 스님은 말하고 있다. <보상인을 보내면서(別寶上人)>를 읽어보겠다.

파도가 뒤집히듯 사람 일은 다 알기 어려우니
부질없이 다시 온다 미리 기약하지 마시게.
만물이 어찌 하늘과 미리 약속을 했겠는가
봄바람 불면 어느 나무에나 가지가 돋는 것을.

波翻人事儘難知　莫謾重來預作期
物豈與天先有約　春風無樹不生枝

스님이 절에 머물다가 떠나면서 작별 인사 겸 다시 찾겠다는 약속을 남겼다. 이 말을 듣고 스님이 대답한 것이 이 시이다. '다시 찾겠다'는 것은 이미 떠나는 일과 돌아오는 일을 차별한 생각이 만들어낸 망상(妄想)이다. 떠나는 일도 없고 돌아오는 일도 없는데, 무슨 다시 찾겠다는 약속이 필요하겠는가? 파도가 뒤집히듯 흥망성쇠(興亡盛衰)가 요란한 세간의 논리일 뿐이다. 그런 논리의 덫에 걸려서는 수행하는 사람이 깨달음의 세계에 이를 수 없는 법이다. 약속 없이 갔다가 발길이 닿아 오면 그것이 돌아온 것이다. 인연(因緣)이 닿으면 오는 것이다. 그렇기 때문에 인연은 우연의 논리가 아니라 필연의 논리가 된다.

스님은 그 예를 이어지는 구절로 적시한다. 삼라만상이 하늘과 아무런 약속도 하지 않았지만, 봄이 되어 남녘의 따뜻한 바람이 불면 가지에서는 싹이 돋아나는 것이다. 약속했기 때문에 봄이 오고 꽃이 피는 것은 아니다. 원래 그런 것이다. 형식에만 얽매이면 진리가 잘 눈에 들어오지 않는다. 무람없이 떠나는 것처럼 인연이 되어 돌아오기를, 어쩌면 떠나보내는 아쉬움이 더욱 간절하게 배여 있는 시라고 하겠다.

그런 무차별하고 물아일체의 깊은 경지를 다음 시는 그대로 재연하고 있다. <배를 타고 무동암을 지나면서(舟過舞童岩)>를 읽어보겠다.

강물은 스님의 눈동자 닮아 파랗고
소나무는 부처님 이마처럼 푸르네.
쪽배 타고 사람 홀로 가려니
기러기 떼 무리지어 모래톱에 내려앉네.

江學僧眸碧　松偸佛頂靑　孤舟人獨去　群雁下長汀

너무나 깨끗하고 티 없는 작품이다. 5언절구의 맛을 유감없이 보여주고 있다. 기구와 승구는 대구도 눈부시지만 재치 또한 탄복을 자아낸다. 자연이 곧 부처의 세계임을 군더더기 없이 보여주고 있다. 파란 강물은 달마의 눈동자를 닮았고, 푸른 소나무는 부처님의 이마를 빼다 박았다고 스님은 말한다. 동심(童心)의 세계가 거짓 없이 드러난다. 일부러 시를 꾸며 이렇게 표현하려고 했다면 결코 나올 수 없는 구절이다. 대교약졸(大巧若拙), 정말 큰 기교는 졸렬해 보인다는 말의 참 뜻을 이런 구절에서 배울 수 있다. 쪽배 한 척이 세상이라면 나는 그 배를 타고 흘러가는 존재이다. 부처가 말한 '천상천하 유아독존'의 그 '독존(獨尊)'의 경지를 은유적으로 표현했다. 그러니까 '홀로'란 시어는 세상과 유리된 존재가 아니라 고귀한 존재로서 나를 드러낸 것이라 하겠다. 기러기 떼가 내려앉은 모래톱은 차안의 세계를 지나 피안의 세계가 보여주는 평화와 자유, 평상의 세계를 담고 있다. 솜씨가 이 정도라면 절로 나오는 감탄에 입을 다물 수 없을 정도이다.

다시 한 편 <수미암에 올라(上須彌庵)>란 작품을 읽어보자.

작은 암자 우뚝 광한전과 이웃했는데
백발의 선승은 홀로 누워 잠들었네.
안개와 구름에 취하고 젖어 시비도 사라졌고
꽃 피고 잎 떨어지니 이로써 세월을 따지네.
한 쌍 늙은 해오라기는 차 연기 너머로 늙고
첩첩한 봉우리는 약 방아 가에서 감도네.
들으니 이 가운데 선경이 있다 하니
우리 스님 영락없이 영랑선이로구나.

小庵高幷廣寒隣　白髮禪僧獨坐眠
醉霧酣雲迷甲乙　開花脫葉紀時年

一雙鶴老茶烟外　萬疊峰回藥杵邊
聞說此中仙境在　吾師無乃永郎仙

수미암은 강원도 회양군 내금강면 장연리 금강산에 있는 사찰이다. 표훈사에 딸린 암자로, 신라 때 원효 스님이 창건했다고 한다. 1888년 호옹(浩翁)이 중수했다.
　이 시에 등장하는 스님은 물론 보우 자신은 아니다. 땀을 뻘뻘 흘리며 암자에 올라보니 백발이 성성한 스님 한 분이 오수(午睡)를 즐기고 있다. 그 천연덕스러움을 보면서 울려난 감동을 이 시는 노래하고 있다. 구름과 안개를 벗 삼아 사니 세상의 시비가 낄 틈이 없고, 꽃 피고 잎 떨어지는 것으로 한 해가 간 줄 안다. 자연이 곧 책력(冊曆)이고, 역사(歷史)이다. 우려낸 차도 혼자 즐기기 적적해 숲 속을 노니는 해오라기와 주고받았으니, 옛날 중국 송나라 때의 은사 서호주인(西湖主人) 임포(林逋, 967~1028)의 고사가 떠오른다. 그는 얼마나 자연을 사랑했는지 아예 해오라기를 자식으로 삼고 매화를 아내로 삼아 함께 살았다고 전해진다. 이것이 유명한 처매자학(妻梅子鶴) 이야기다.
　사주 세계의 중앙에 있다는 높다란 수미산(須彌山)으로 이름을 지은 암자에 세상을 잊고 낮잠에 든 스님과 다향(茶香)은 은은하게 퍼지고, 해오라기가 날고 있다면, 스님의 말대로 선경(仙境)일 것이고, 스님 또한 영랑선일 것은 자명한 이치겠다.
　다음에 읽을 시는 스님의 깨달음의 경지를 엿볼 수 있는 선리시(禪理詩)라고 할 수 있다. 제목이 좀 긴데 <꿈을 깬 뒤 행복을 이기지 못해 그대로 한 수를 읊어 마음을 보이노라(夢破餘 不勝自幸 快詠一律 以示心知)>이다.

이 도를 깨치려고 선방 문도 닫아걸었는데
온갖 변화를 하나로 꿰니 묘법이 홀연 밝구나.
최씨며 정씨, 박씨라 이름할 상도 없고
말이며 소, 고래를 한 몸에 담을 신은 있네.
겨울 춥고 여름 더우니 하늘의 호흡이고
잎 지고 꽃 피니 땅의 죽고 삶이로다.
세간의 삼라만상이 모두 내 안에 있으니
무엇 하러 문 밖을 나가 부질없이 뛰어 다닐꼬.

欲窮斯道掩禪扃　一貫千殊妙忽明
無相可名崔鄭朴　有神能體馬牛鯨
冬寒夏熱天呼吸　葉落花開地死生
萬像森羅都自己　何須出戶謾馳行

　선방 문을 닫다 건다고 깨침이 이루어지는 것은 아니다. 그것은 닫힌 공간이고 폐쇄된 밀실이다. 내면을 돌아보기 위한 자세이긴 하지만, 만 가지 변화를 한 이치 속에 꿰고 보니 그제야 오묘한 조화가 환하게 밝아진다. 닫힌 공간에서 열린 공간으로, 폐쇄된 밀실에서 광명의 세계로 옮겨온 것이다. 무명(無明)과 해오(解悟)의 차이를 수련(首聯)은 잘 보여주고 있다. 그러니 최씨니 박씨니 하는 차별상도 사라졌고, 소나 말이 가진 만상의 이치가 한 몸으로 체득되었다. 그리고 자연은 우주와 일체가 되어 만물 생성 변화를 원리를 자각하게 된다. 겨울의 추위와 여름의 더위는 자연이 숨을 들이쉬고 내쉬는 과정의 산물이며, 잎이 지고 꽃 피는 것은 대지가 죽었다가 다시 사는 생명 행위라는 것이다. 참으로 웅장한 깨달음이다. 마음에 얽매임이 없는 청정한적(清淨閑寂)한 깨달음의 세계를 이처럼 멋지게 표현한 시구를 우리는 쉽게 만나지 못할 것이다. 그러니 세상의 모든 이치가 내 안에 있는데, 다시 무엇 하러 문 밖을 나가 헤매느냐며 당당하게 외친다. 번뇌의 세계를 떨치고 해탈의 경지에 들어선 스님의 파안대소(破顔大笑)가 우렁차게 들려오는 시이다.

　스님의 마지막 모습은 속세의 중생들 눈으로 볼 때 참으로 안타까운 사실이 아닐 수 없다. 편협한 유가 지식인들의 모략과 음모로 스님은 죽음의 길로 내몰렸다. 그러나 스님은 그 죽음 앞에 당당했다. 생사의 차별을 잊은 무심의 경지에 든 스님이었으니 미련이며 여한이 있을 까닭이 없지만, 시원하게 옷깃을 떨치며 차안으로 들어서는 스님의 모습을 보여주는 시가 있어 마음을 여미게 한다.

　먼저 읽을 시는 스님이 자신의 죽음을 예감하면서 지은 작품으로 보인다. <목욕을 하다가 머리털이 다 세었다는 말을 듣고(因浴聞頭髮盡華)>란 제목의 시이다.

　　나이 이제 오십인데 머리털이 세었다니
　　지나온 길 손꼽아 보니 아직 빚도 못 갚았구나.
　　어느 곳 푸른 산에서 백골을 불태워서
　　금강산 봉우리마다 가벼운 노을에 흩뿌릴까?

　　年將五十鬢毛華　屈指前程尚未賖
　　何處靑山燒白骨　金剛千朶抹輕霞

　삭발을 한 스님이 머리털이 셌다는 것은 상징적인 의미일 것이다. 오자서(伍子胥)나 안연(顔淵)의 고사가 들려주는 것처럼 사람이 갑자기 머리가 센다는 것은 깊은 고뇌 끝에 나타나는 현상이라고 한다. 그만큼 말년의 심사가 복잡했음을 암시하는 표현일 것이다. 그런데도 아직 부처님과 세상에 진 빚을 갚지 못했다며 아쉬움을 토로한다. 이룬 것도 없이 몸만 늙어가는 자신에 대해 측은한 심정이 짙게 작품에 배여 있다. 이것은 깨달음이나 득도의 문제와는 또 다른 차원의 고민이라고 하겠다. 중생을 구제하고 부처님의 가르침을 설파해야 하는 이타행(利他行)을 완수하지 못할 것이라는 불길한 예감에서 스님은 헤어나지 못한다. 그 세상에 진 빚을 언제나 다 갚고 백골을 태워 자연의 품으로 돌아갈지, 마지막 염원을 이루고자 하는 대자비의 마음이 마지막 두 구에서 찬란하게 빛을 발한다.

끝으로 스님의 <임종게(臨終偈)>를 읽으면서 글을 정리하겠다.

요술쟁이가 요술쟁이 마을에 와 들었으니
오십년 평생이 모두 미친 노름판이었네.
세상의 영욕의 일들을 장난처럼 다 마치고
중놈은 꼭두각시 탈 벗고 푸른 하늘로 오르노라.

幻人來入幻人鄉　五十餘年作戲狂
弄盡人間榮辱事　脫僧傀儡上蒼蒼

열반의 길을 앞두고 스님은 모든 번민을 훌훌 털어버린다. 물을 거슬러 올라갈 수 없듯이 스님은 자신에게 주어진 삶에 기꺼이 만족한다. 환상을 좇아 사바세계를 휘젓다가 떠나가는 자신의 모습을 한 평생 미친 노름판으로 번거로웠다며 미망의 장막을 걷어낸다.

남의 손길에 이끌려 춤추는 꼭두각시 같은 이생의 일을 마치고 업장을 벗어버린 열반해탈의 삶을 준비하는 것이다. 스님의 어린애와 같은 순진무구하고 무심한적했던 마음은 속세에서 이룬 업적보다 오히려 그의 시 속에 오롯하게 녹아 있다.

스님의 시를 평가하자면 이백과 두보의 기운이 잘 어우러져 담겨 있다.

아마도 스님은 부처님의 진리를 경전보다는 자연 속에서 배운 것이 분명하다. 자연을 어쩌면 이렇게 정답고 천진난만하게 바라보고 해석하고 있는지 놀라운 뿐이다. 조선 중기와 후기를 이어 선시(禪詩)의 맥이 끊어지지 않고 이어졌던 까닭도 이런 탁월한 스님의 시세계의 울력이 깊고도 멀리 퍼진 탓일 것이다.

◎ 서산대사 휴정의 선시 ◎
선맥禪脈과 국맥國脈을 이은 승병장의 선시

　이 땅에 부처님의 말씀을 밝힌 많은 선승 가운데 서산대사(西山大師) 청허휴정(淸虛休靜, 1520~1604) 스님만큼 파란만장한 삶을 사신 분이 많지는 않을 것 같다. 85세의 장수를 누리기도 했지만, 스님은 9세과 10세 때 어머니와 아버지를 여의는 불행을 겪었다. 그 뒤 성균관에 들어가 유학을 공부하다가 결국 불가와의 인연이 이끄는 대로 선승을 길을 갔다. 명종 때 잠깐 생명을 꽃피운 선과(禪科)에 급제하여 중요한 승직을 맡아 꺼져가는 조선조 불교를 되살리고자 애쓰기도 했다. 더구나 임진왜란이 터지자 선종의 간절한 명령을 받아 승군(僧軍)을 조직해 백척간두에 놓인 나라의 운명을 책임지기도 했다. 연로한 나이로 기력이 부대끼자 제자인 유정(惟政)과 처영(處英) 두 스님에게 후일을 맡기고 산사로 돌아와 기도와 정진으로 나라의 안위와 선문의 미래를 염원하기도 했다. 제자복도 많아 천여 명에 이르렀고, 이름이 알려진 제자만도 70여 명에 달했다고 한다. 그야말로 불문(佛門)의 공자(孔子)라고 해도 좋을 분이다.
　스님의 생애는 항상 나보다는 남을 먼저 생각하는 마음으로 일관했다. 그런 지극한 희생정신이 있었기에 국난 극복의 큰 디딤돌도 되었던 것이다. 스님은 그런 자신의 마음을 무심(無心)이란 말로 표현했다. <일선암 벽에 쓰노라(題一仙庵壁)>는 제목의 시를 읽어보자.

산은 절로 무심히 푸르고
구름도 절로 무심히 희구나.
그 사이 한 중이 있나니
또한 무심한 나그네일세.

山自無心碧　雲自無心白　其中一上人　亦是無心客

 스님은 자연과 하나가 된 삶을 사셨다. 높은 승직에 있으면서도 마음은 산사의 자연으로 가길 원했다. 나라의 명령이 지엄해서 뜻을 이루지는 못했지만, 할 일을 다 끝낸 뒤에는 지체없이 발길은 자연으로 향했다. 이 시는 그런 스님의 마음을 잘 보여준다.
 산이 푸른 것은 누가 시켜 그렇게 된 것이 아니다. 구름이 흰 것도 마찬가지다. 원래 저절로 그러한 모습을 항상 지키고 있는 것이다. 만약 산이며 구름이 마음이 있어서 이런저런 생각으로 모습과 빛깔을 바꾸었다면 그것은 진정한 산의 모습도 구름의 모습도 가지지 못했을 것이다. '마음이 없기' 때문에 영원히 자기의 모습을 지킬 수 있었던 것이다.
 스님 또한 그런 무심한 자연 속에서 무심의 경지를 배웠다. 목적지를 두지 않고 어디든 발길이 닿는 대로 걸어가는 나그네이다. 그러기에 스님은 속객(俗客)이 아니라 선객(禪客)인 것이다. 아주 짧은 5언절구지만, 어느 시보다 자신의 자화상을 진지하고 정확하게 그려낸 작품이 아닐 수 없다. 거울이 만물을 가리지 않고 다 비추듯이 스님은 무심의 경지에서 평생 겪은 모든 일을 비추며 실천했던 것이다. 목숨을 누구보다 소중히 여겨야 할 승려의 신분으로서 승군을 이끌고 전란의 와중에 투신할 수 있었던 것도 그런 무심의 마음이 있어 가능했을 것으로 보인다.
 서두에서도 말했지만 스님의 생애는 굴곡이 많았다. 잠시 스님의 삶의 발자취를 정리해보자.

　스님은 조선 중기를 대표하는 승려이자 승병장이었다. 속성은 최씨(崔氏)고, 이름은 여신(汝信)이며, 자는 현응(玄應)이고, 호는 청허(淸虛)며, 별호는 백화도인(白華道人) 또는 서산대사(西山大師), 풍악산인(楓岳山人) 등으로 불렸다. 어려서 부모를 여의고 양부(養父) 이사증(李思贈)에게서 자랐는데, 과거에 낙방하자 지리산에 입산하여, 숭인(崇仁)을 스승으로 모시고 출가했다. 그 뒤 영관(靈觀)의 법을 이어받았고, 1549년(명종 4) 승과에 급제하여 선교양종판사(禪敎兩宗判事)가 되고 봉은사(奉恩寺) 주지를 지냈지만, 1556년 승직을 그만두고 금강산과 묘향산 등지를 편력했다.

　1589년(선조 22) 정여립(鄭汝立)의 모반에 연루되었다는 무고를 받아 투옥되기도 했다. 임진왜란이 일어나자 왕명에 따라 팔도십육종도총섭(八道十六宗都摠攝)이 되어 전국에 격문을 돌려서 승병을 모집했다. 이때 제자 유정(惟政, 泗溟)은 금강산에서, 처영은 지리산에서 승군을 모았고 스님도 제자 1,500명을 모아 명(明)나라 군사와 함께 평양을 탈환했다. 이 공으로 스님은 국일도대선사선교도총섭부종수교보제등계존자(國一都大禪師禪敎都摠攝扶宗俊敎普濟登階尊者)라는 최고의 존칭과 함께 정2품 당사관의 직위에 올랐다. 1594년 유정에게 병사(兵事)를 맡기고 묘향산 원적암(圓寂庵)에서 여생을 보내다 입적했다. 세수는 85세였고, 법랍은 67세였으며, 저서로『청허당집(淸虛堂集)』, 편저로『선교결(禪敎訣)』,『선교석(禪敎釋)』,『운수단(雲水壇)』,『삼가귀감(三家龜鑑)』등을 남겼다.

　스님은 교(敎)를 선(禪)의 과정으로 보아 선종에 교종을 포섭함으로써 선교를 일원화했고, 유불도(儒佛道)가 궁극적으로 일치한다는 삼교통합론(三敎統合論)의 기원을 이룩하기도 했다. 수많은 제자 가운데 유정과 언기(彦機), 태능(太能), 일선(一禪) 등은 휴정 문하 4대파를 이루어 조선조 최고의 법맥을 이어나갔다. 해남 표충사(表忠祠) 등에 배향되었다.

스님은 아름다운 많은 시를 남기기도 했지만, 불가의 중흥을 위해 여러 모로 노력하기도 했다. 그런 대표적인 노력의 결과가 바로 『삼가귀감』이라 할 수 있다.

이 책은 『선가귀감(禪家龜鑑)』과 『유가귀감(儒家龜鑑)』, 『도가귀감(道家龜鑑)』을 합본한 것인데, 1928년 조선불교중앙교무원에서 간행했다. 그 중 『선가귀감』은 1590년(선조 23) 유점사판(楡岾寺板)을 비롯하여 여러 차례에 걸쳐 개간되었다.

『유가귀감』은 유가의 교훈에서 귀감을 삼을 만한 것을 정리한 책이다. 서전(書傳)은 서문에서 마음이 아주 자세하고 한결같아 중용(中庸)의 도를 지킨다는 것은 요(堯)·순(舜)·우(禹)임금이 서로 전한 마음의 법이라 하였고, 중도를 세우고 표준을 세운다는 것은 상(商)나라의 탕왕(湯王)과 주(周)나라의 무왕(武王)이 서로 전한 마음의 법이라고 하여 마음의 오묘함을 밝혔다.

『도가귀감』은 도의 근원을 추구하고 도를 얻은 사람을 설명하고 있다. 도란 본체를 뜻하며 그 작용은 덕이라 하고, 작용이 없으면 그 본체가 묘하지 않고, 본체가 없으면 작용이 생기지 못한다고 갈파했다.

조선조에 전개된 삼교일치론의 모범적인 이론을 제시한 책으로, 지금도 그 가치를 발하고 있다.

스님의 시를 읽으면서 먼저 나라의 대 재앙을 극복하고자 혼신의 노력을 아끼지 않았던 사실을 잊을 수 없다. 억불의 서슬이 시퍼렇던 그 시기에도 스님의 마음은 한결같았다. 그 마음을 당시 군주였던 선조(宣祖) 역시 잘 알고 있었다. 남다른 인연도 있었지만, 누구보다 위기의 상황을 의논할 만큼 스님은 그릇이 큰 분이었던 것이다. 대나무의 절개를 길이 지키라는 뜻에서 대나무를 그린 묵죽화(墨竹畵)와 시 한 수를 손수 지어 내리자 스님은 감사의 마음을 담은 시를 지어 올렸다. 제목이 <선조대왕께서 내려주신 묵죽시의 운에 삼가 차운해서(敬次宣祖大王御賜墨竹詩韻)>인 이 시에는 직접적으로 충군애국(忠君愛國)의 마음이 드러나 있지는 않지만, 스님의 평소 마음가짐을 읽을 수 있다.

소상강에서 자란 한 가지 대나무가
거룩한 임금님 붓끝에서 나왔네.
산승이 향불을 사르는 곳에서도
잎마다 가을 소리가 가득하구나.
잎이 붓끝에서 나왔으니
뿌리는 땅에서 난 것이 아니라네.
달이 떠올라도 그림자는 보이지 않고
바람이 불어도 소리는 들리지 않는구나.

瀟湘一杖竹　聖主筆頭生　山僧香爇處　葉葉帶秋聲
葉自毫端出　根非地向生　月來無見影　風動不聞聲

소상강의 반죽(班竹)은 성군(聖君) 순임금이 세상을 떠나자 아내 아황(娥皇)과 여영(女英)이 흘린 눈물이 떨어져 자란 것이라고 한다. 비록 대나무를 그린 그림에 불과하지만, 스님은 선조의 시를 읽으면서 군주의 깊은 마음을 헤아렸다. 남편과 아내가 마음을 합해야 한 집안도 기강이 바로서고 화목하듯이 군주와 백성이 한 마음을 모아야만 나라 또한 바로서고 태평을 구가할 수 있다고 생각한 것이다. 불상 앞에 앉아 향불을 사르면서 합장한 스님의 마음속을 흘렀던 감격과 다짐이 잘 어려 있다. 특히 마지막 구에서 보여주는 시상은 이런 스님의 심경이 고스란히 배여 있다. 달이 떠오르면 당연히 그림자가 생긴다. 또 바람이 불면 소리가 나는 게 평상이다. 그러나 그림자도 없고 소리도 들리지 않는다고 스님은 표현했다. 역설적인 표현이지만 대상무형(大象無形, 큰 형상은 형체가 없음)이요, 대음희성(大音希聲, 큰 소리는 소리가 없음)이라고 한 노자(老子)의 말을 생각할 때 그 뜻이 확연하게 드러난다. 군주의 진심이 담긴 시를 읽으면서 스님은 보이지 않는 큰 그림자와 들리지 않는 큰 소리를 보고 들었던 것이다. 그런 마음이 바로 국난을 극복하고자 승군을 조직한 것으로 밝게 드러난 것이다.

또 한 편의 시는 국토에 대한 스님의 지극한 정성을 잘 보여준다. <남산에 올라 도성을 바라보며 부른 노래(登南山望都歌)>라고 된 제목에서부터 우리는 스님의 마음을 알게 된다. 글로 된 시(詩)보다는 말로 된 노래[歌]가 더욱 마음에 가까울 수밖에 없겠다.

하늘은 검푸르고 땅은 누런 색이니
이 큰 도읍지가 뭇 고을을 다스린다.
하늘은 만물을 내고 땅은 이를 기르니
이 큰 성인께서 삼라만상을 모아 기르신다.
하늘은 높고 땅은 두터우니
이 조선이 길이 만년을 가리라.
대궐 문에 우러러보며 큰절 올리고는
손 흔들고 발 구르며 춤추며 돌아왔노라.

天其玄兮地其黃兮　維此大都統千邑兮
天其生兮地其遂兮　維此大聖囿萬類兮
天其高兮地其厚兮　維此朝鮮齊萬壽兮
望拜闕門　　　　　舞蹈而還

아마도 이 시는 한양에서 승직을 두루 거치다가 자연에 대한 향수를 잊지 못해 금강산으로 거처를 옮기면서 지은 시로 보인다. 남산에 올라 한 눈에 들어오는 도성을 바라보는 스님의 느낌이 생생하게 전해진다. 천지의 모든 기운이 다 모여진 이 터전은 조물주의 모든 정성과 마음이 충만한 곳이었다. 또 이 천하를 어진 임금은 성총을 흐리지 않고 잘 기르기에 여념이 없다. 그러니 조국 조선이 만년의 세월이 흘러도 변함이 없을 것이라고 확신한다. 몸은 떠나도 백성과 사직을 위하는 마음은 어딜 가나 변함이 없으리라는 자신의 결심을 내보인 것이다. 대궐 문을 바라보며 큰절을 올리고 돌이키는 발길이 무겁지 않은 것도 그런 까닭이겠다. 내 개인의 수양과 기쁨 따위는 언제라도 희생할 수 있다는 스님의 결심이 서려 있다. 더구나 억울한 누명을 쓰고 목숨까지 위태로웠던 순간에 선조의 배려로 자유의 몸이 된 스님으로서는 국은(國恩)을 갚는 일이야말로 가장 큰 미래공덕(未來功德)이었을 것이다. 전란의 기운이 조금씩 나라를 무겁게 짓누르던 선조 말년의 시기에 스님의 혜안(慧眼) 속에 그런 위기의식이 없을 리 없었을 것이다. 또 그런 전란의 징조를 느꼈기 때문에 산사로 발걸음을 돌린 것일 수도 있다. 아무리 군주의 총애가 두텁다고 해도 당쟁에 눈이 멀고 이단 배척의 어리석음에 귀 먹은 조정의 중신(重臣)들이 스님을 온전히 내버려 둘 리가 없었을 것이다. 조용히 산사에 머물며 다가올 위기에 대비하자는 심산이었을 수도 있겠다.

이어지는 시는 스님의 자연 사랑이 담긴 작품들이다. 스님은 무심한 자연을 바라보면서 세상을 사는 지혜를 얻기도 했다. <달을 읊으며(詠月)>란 제목의 작품이 그런 경우라고 할 수 있다.

달이 푸른 하늘 위로 떠오르니
누가 마땅히 고금의 일을 물을까?
차고 기우는 데서 나아가고 물러가는 지혜를 알고

드러나고 숨는 데서 오르고 내리는 이치를 배웠노라.
몇 번이나 시인의 시구 속에 들어가서
오히려 먼 나그네의 마음을 아프게 했는가.
산승이야 도무지 상관하지 않으니
느긋하게 누워서 솔거문고 소리를 듣노라.

月出靑天面　誰當問古今　盈虛知進退　顯晦學昇沈
幾入詩人句　還傷遠客心　山僧都不管　高臥聽松琴

하늘 위로 둥글게 떠오른 달을 보며 깊은 상념에 잠긴다. 태고의 시대부터 지금까지 드넓은 하늘을 오가면서 보고들은 일들이 무엇인지 문뜩 궁금해진 것이다. 그것은 나만의 궁금증이 아니라 모든 이들의 궁금증일 것이다. 당나라의 시인 이백(李白)은 달을 벗 삼아 외로운 현실을 잊었지만, 스님은 그런 낭만과 호사를 누리기에는 주어진 임무를 잊을 수 없었다. 조금씩 터지다가 만월이 되면 기울지만, 다시 보름을 향해 나아가는 달을 보며 스님은 안분지족(安分知足)의 이치를 깨닫는다. 세상을 밝게 비추다가도 온몸을 숨겨 자취를 없애는 모습에서는 영욕의 부침(浮沈)을 느끼게 된다. 또 어떤 때 달은 외롭게 타향에 떨어져 살아가는 나그네의 향수를 달래주고 더욱 재촉하기도 한다. 이렇게 달은 지혜를 가르쳐주고 위안도 주지만 한편으로 상심(傷心)을 안겨주기도 한다.

그런데 스님은 마지막에 가서 슬쩍 능청을 떤다. 이런 모든 일들이 나와는 무관하다는 것이다. 지혜도 배우고 감정도 일깨우지만 거기에 깊이 얽매이지는 않겠다는 말일까? 솔바람 소리를 들으면서 바위 위에 누워 있는 스님의 모습이 떠오른다. 이미 스님은 마음속에 달이 주는 깊은 지혜와 이치를 잘 갈무려두고 있었을 것이다. 속세의 사람들이 이 달관의 경지를 모를까 한 수의 시를 남기는 여유도 잊지 않으면서 말이다.

두 번째 시는 더욱 생생하게 스님의 일상사가 그려져 있다. <숲에서 부르는 노래(林下辭)>는 형식부터 자유롭다. 자연과 혼연일체가 되어 마음의 태평성대를 시원하게 불러대는 스님의 맑은 목청이 들려올 듯한 시이다.

청빈하게 살아가는 도인이여
안개와 노을 속에서 날개를 치는구나.
칡 옷 한 벌로 겨울 여름을 지내고
솔바람 소리 들으며 생애를 보내노라.
하늘은 높아서 머리를 치켜들고
땅은 넓어서 무릎을 쭉 편다네.
파란 이끼를 담요로 삼고
흙덩이 돌을 베개 삼아 누웠다네.
등나무 넝쿨은 해를 가리고 푸른 냇물은 길이 흐르니
사는 것이 이와 같은데 죽음 또한 어이 근심하리.
푸른 바다에 솟은 세 봉우리엔 흰 구름과 푸른 두루미가 오가고
두견새의 울음소리는 빈 산 밝은 달 위로 울려퍼진다.
오호라, 줄 없는 거문고와 구멍 없는 피리가 아니라면
내 누구와 함께 태평한 시대의 노래를 부르리오.

淸貧兮道人　皷翼兮烟霞　葛衲兮度寒暑　松風兮送生涯
天高兮直頭　地廣兮伸膝　氈兮綠苔　枕兮塊石
藤蘿蔽日碧澗長流　生旣如是兮死亦何憂
靑海三峰兮白雲黃鶴　子規一聲兮空山明月
吁　若非無絃琴無孔笛兮　吾誰與唱太平之曲也哉

이 작품 속에서 자연은 곧 스님의 생활 터전이다. 칡으로 얼기설기 짜

맞춘 옷이 장삼 가사를 대신하고 소나무 숲은 담장이 되었다. 하늘이 천장이고, 이끼가 담요며 흙덩이 돌을 베개로 삼고 있다. 첫 구절에서 명시한 것처럼 청빈(淸貧)한 삶이지만 이만큼 풍요로운 삶이 또 있겠는가? 자연이 몽땅 스님의 재산이니 말이다. 햇볕이 뜨겁게 비추면 등나무 넝쿨에 숨어 몸을 식히고 시냇물이 졸졸 흐르는 소리를 음악 소리처럼 듣는다. 동해 푸른 바닷물 너머로 신선이 산다는 삼신산(三神山)도 있으니, 흰 구름과 누런 두루미는 곧 신선이 오는 것을 암시한다. 두견새의 그윽한 울음소리에 젖노라면 내 마음은 절로 밝은 달도 되고 인적 끊긴 산도 된다.

이 기쁨과 즐거움을 어떻게 말로 표현하겠는가? 오로지 줄 없는 거문고가 들려주는 음률과 구멍 없는 피리가 내놓는 가락 속에 그 참 멋이 들어 있다. 그런 자연의 소리를 듣자면 평상인의 귀를 가지고는 들리지 않는다. 이처럼 위대한 자연의 합주에 맞추어 함께 정신의 태평성대를 구가할 사람이 누구인가 스님은 크게 외치며 자문하는 것이다. 누구보다 자연을 사랑했고, 자연의 위용에 경의를 표할 줄 아는 사람만이 이런 당당한 울림이 있는 시를 쓸 수 있을 것이다.

다음 작품 역시 스님이 자신의 법호(法號)에 빗대어 자연과 마음을 노래한 시이다. <청허의 노래(淸虛歌)>로 이름 붙여진 작품을 읽어보도록 하자.

  그대는 거문고를 안고 큰 소나무에 기대었나니
  큰 소나무는 변하지 않는 마음일세.
  나는 길게 노래하며 푸른 냇가에 앉았으니
  푸른 시냇물은 맑고 빈 마음일세.
  마음이여, 마음이여,
  나 그대와 함께 하리라.

君抱琴兮倚長松　長松兮不改心
我長歌兮坐綠水　綠水兮淸虛心
心兮心兮　　　　我與君兮

　　스님이 이 시에서 외쳐 부른 그대(君)의 정체가 누구인지는 분명하지 않다. 그것은 자연일 수도 있고, 마음일 수도 있으며, 또 스님 자신일 수도 있다. 어쩌면 천하의 모든 삼라만상 또는 중생(衆生)을 일컫는 말로도 보인다.
　　시에 나오는 거문고 역시 무현금(無絃琴)일 것이고, 내 노래에 반주하는 악기는 무공적(無孔笛)일 것은 두 말할 필요가 없을 것이다. 그것은 자연의 소리이고, 진리의 다른 이름이기도 하다. 천 년을 지나도록 푸름을 잃지 않는 낙락장송(落落長松)은 변하지 않는 그대의 마음이라고 했다. 또 우주가 시작될 때부터 현재까지 그 빛깔이 그대로인 푸른 시냇물은 맑고 빈 마음, 곧 청허(淸虛)의 마음이라고 했다. 앞에서도 스님은 평생을 무심(無心)으로 일관했다고 했지만, 그것도 혼자 독차지하려는 생각은 추호도 없었다. 그대의 마음이 내 마음이라면 내 마음 또한 그대의 마음이다. 우주를 구성하는 모든 물상들이 이 무심의 경지를 체득하여 함께 가진다면 소나무와 시냇물처럼 우리들은 곧 자연이 되어버릴 것이다. 스님은 그 날을 꿈꾸면서 이 시를 지었을지도 모르겠다.

　　속세를 버렸고, 영원한 가치를 추구하며 일생을 산 스님이었지만, 몸의 고향을 잊지 못한 것이 스님의 마음이었다. 세간을 사랑할 수 있어야 출세간(出世間)에서의 참다운 사랑도 완성되는 법이다. 먼지가 묻기를 꺼린다고 옷도 안 입고 진공의 방안에서 살 수는 없다. 이렇게 산다면 이것은 심신을 청결하게 하는 것이 아니라 결벽증일 뿐이다. 세간과 출세간을 구

별하는 마음조차 벗어던진 스님의 귀향곡(歸鄕曲)을 들어보자. 제목은
<고향에 돌아와서(還鄕)>이다.

> 떠난 지 30년 만에 고향에 돌아오니
> 사람도 가고 집은 무너졌는데 마을조차 황폐하네.
> 청산은 말이 없고 봄 하늘은 저무는데
> 뻐꾸기의 울음소리가 아련히 들려온다.
> 한 무리 계집아이들이 창구멍으로 엿보더니
> 백발의 이웃집 노인이 성명을 물어오네.
> 어릴 적 이름을 겨우 알아 서로 눈물 흘리니
> 바다 같은 푸른 하늘에 삼경의 달이 걸렸구나.

> 三十年來返故鄕　人亡宅廢又村荒
> 靑山不語春天暮　杜宇一聲來杳茫
> 一行女兒窺窓紙　鶴髮隣翁問姓名
> 乳號方通相泣下　碧天如海月三更

　　부처님의 세계는 마음의 고향이니 영원한 고향이지만 몸을 낳아주고 길러준 이승의 고향 역시 소중한 것이다. 스님은 9세, 10세의 어린 나이에 양친을 여의었다. 아직 미처 철도 들지 못한 나이에 어리광 한 번 제대로 피워보지 못하고 지상에서 가장 고귀한 두 분과 이별하고 말았다. 구도의 길을 걷고 자연의 아름다움에 묻혀 깨달음의 경지에 들었다지만, 조실부모(早失父母)의 아픔은 평생을 안고 살아가야 할 허전함이었을 것이다. 단지 사랑을 받지 못했다는 것보다 자식으로서 낳아준 은혜를 갚지 못했고, 양친의 얼굴조차 모른다는 사실에 더욱 마음이 매였을 것이다.
　　고향을 떠난 지 30년 만이라 했으니 얼추 스님의 나이 마흔 전후한 시기였을 것이다. 십년이면 변한다는 강산이 세 번이나 변하고서야 고향을

찾았으니 옛 자취를 그대로 가지고 있기는 어려웠을 것이다. 사람이며 집이며 모든 것이 낯설기만 하고 마을마저 많이 황폐해져 있다. 아무리 청산은 옛 모습 그대로라고 해도 봄날 저물녘에 들려오는 뻐꾸기의 울음소리마저 심상치 않게 느껴진다. 더구나 고향에서마저 낯선 이방인이 되어 계집아이들은 숨어서 지켜보았다. 잠시 골목에 우두커니 서 있노라니 그제야 늙수그레한 노인이 나와 이름자를 물어보았다. 이렇게 저렇게 기억을 더듬어 어릴 때 이름을 대자 그제야 두 사람은 죽마고우(竹馬故友)였음을 확인하게 된다.

친구도 세상사에 풍파가 많았는지 불혹의 나이에 귀밑털이 하얗게 세어 버렸다. 고향 사람들 안부를 묻고 그간의 풍상을 나누자니 절로 눈물이 쏟아져 나왔을 것이다. 세속에 미련을 둔 짓이라 하여 이런 스님의 모습을 책망한다면 인간의 정이 무엇인지 모르는 비정한 사람일 것이다. 세간의 아픔을 알지 못하고서야 중생들의 번뇌를 이해하지 못하고서야 어찌 고승대덕(高僧大德)이라 하겠는가? 이런저런 얘기로 두 사람은 시간이 가는 줄도 모르고 그간 못다 한 정회를 나눈다.

스님의 귀향은 겉으로는 쓸쓸한 것이지만, 인정을 그리워하고 사람의 숨결에 동참할 넉넉한 품을 확인한 훈훈한 것이기도 했다.

스님은 <삼몽사(三夢詞)>란 시에서 자신의 일생을 꿈으로 비유했다. "주인은 꿈속에서 손님에게 이야기하고, 손님도 꿈속에서 주인에게 이야기를 한다(主人夢說客 客夢說主人)"면서 "지금 두 꿈 이야기를 하는 사람들 모두 꿈속의 사람(今說二夢客 亦是夢中人)"이라면서, 꿈속의 이야기를 듣고 있는 나 역시 꿈속의 사람이라고 빗댔다. 삶이 꿈이라면 죽음은 꿈에서 깨는 것일까? 꿈은 허망한 것이라고 하니, 그렇다면 삶이 허망한 것이 되고 죽음이야말로 진실이 된다. 아이러니한 궤변처럼 들리지만 스님이 하고 싶은 말은 따로 있었을 듯하다. 스님이 환몽(幻夢)같은 이승의 삶을 바치면서 마지막으로 부른 노래는 그래서 의미심장하다. 스님의 <임종게(臨終偈)>를 읽어보았다.

천 갈래 만 갈래 온갖 생각들도
붉게 타는 화로에 떨어진 한 점 눈이로다.
진흙으로 빚은 소가 물 위를 걸으니
대지와 허공이 모두 다 찢어진다.

千思萬思量　紅爐一點雪　泥牛水上行　大地虛空裂

첫 구절은 삶과 죽음의 경계를 떨치지 못해 번민하고 갈등하는 중생의 고통을 비유하는 말이다. 삶과 죽음에 차별을 두니 괴롭게 여겨지는 것이다. 차별에서 벗어날 때 비로소 모든 번뇌도 씻겨나가고 열반의 참된 즐거움이 열리기 시작한다. 그것을 붉게 타오르는 화롯불 속으로 눈 한 점이 떨어지는 것으로 비유했다. 삽시간에 흔적도 없이 사라지듯이 온갖 잡념도 순식간에 씻겨 나간다. 모든 생각들이 증발해서 우주의 기로 환원되고 마는 것이다.

그런 열반의 세계는 이승의 말로는 표현이 안 되는 공간이다. 스님은 그 세계를 보고 느꼈지만 아직 미혹에 빠진 사람들은 이것을 모른다. 그래서 펼쳐놓은 세계가 반상합도(反常合道)의 세계이다. 진흙으로 빚은 소가 물속을 걷는다면 어떻게 되겠는가? 진흙은 조금씩 물에 씻겨나가 궁극에 가서는 사라지고 말 것이다. 그것은 사실 사라진 것이 아니고 물과 흙이 하나가 된 것이다. 경계가 완전히 없어지고 모든 것이 하나[一]로 결합된 것이다. 그렇게 되면 우주란 시공간도 대지와 허공이 따로 존재하지 않게 된다. 그것을 스님은 "모두 다 찢어진다."는 말로 표현했다.

차별을 버리고 합일의 세계로 가는 짧은 순간이 바로 삶과 죽음을 가르는 순간인 것이다. 그 경계의 지점에 서서 스님께서 내뱉은 소리가 참으로 우렁차고 크다. 그야말로 대지도 허공도 다 찢어질 듯하다.

사실 스님의 무차별심에 대한 일갈은 이미 오도송(悟道頌)에도 잘 나와 있다. 스님이 단단한 의단(疑團)을 깬 계기가 된 사건은 한낮에 마을을 지나다가 닭 우는 소리를 듣고서였다. 워낙 깨달음의 순간은 불현듯 찾아오는 것이라 닭 울음소리에 개오(開悟)했다고 해서 신기할 것도 없다. 그러나 오도송은 남다른 데가 있다. 그 속에는 벌써 스님의 <임종게>의 그림자가 어려 있다.

    털은 하얗지만 마음은 희지 않으니
    옛 분들이 이미 다 흘려버린 사실이지.
    지금 닭이 한 번 우는 소릴 들으니
    사람으로서 해야 할 일이 벌써 다 끝났네그려.

    髮白心非白　古人曾漏洩　今聞一聲鷄　丈夫能事畢

◎ 소요 태능의 선시 ◎
수행으로 세상에 경종을 울린 선시의 세계

조선조 최대의 전란 임진왜란이 발발했을 때 민족의 위기를 구하고자 불교계가 떨쳐 일어나 의승병(義僧兵)을 조직해 국난을 극복한 사실은 익히 알려져 있다. 이 때 이 전란에 대처하는 방식을 두고 불교계에서는 약간의 의견 충돌이 있었다. 불국토를 지키고자 하는 염원이야 다를 것이 없었지만 무기를 들고 나가 싸우는 길만이 유일한가를 두고 논란이 있었던 것이다. 불살생계(不殺生戒)를 지켜야 할 수행자의 계율이 발단이었다. 그래서 적극적으로 전장에 뛰어들어 더 큰 대의를 위해 전투에 임한 스님들이 있었던 반면 법당에 모여 국난극복을 위한 간절한 기도로써 수행자의 본분을 지켰던 스님들도 있었다. 이런 두 가지 방식의 대응은 모두 그 가치를 인정해야 할 것이다.

후자를 대표하는 스님으로 우리가 들 수 있는 분이 바로 소요태능(逍遙太能, 1562~1649) 선사이다. 스님은 서산대사의 제자로서 총애와 신뢰를 받았지만 사찰을 지키면서 부처님의 가피력으로 조국을 지키는 정성을 올리는 일에 힘썼다. 스님은 임진왜란뿐만 아니라 병자호란 때에도 국가의 명령에 따라 남한산성을 축조하는 일에 적극 참여했다. 또한 많은 제자를 배출해 이후 소요문파(逍遙門派)의 개조로 자리했었다. 먼저 스님의 행적에 대해 살펴보도록 하자.

스님의 속성은 오씨(吳氏)고, 호는 소요(逍遙)며. 전남 담양(潭陽)에서 출생했다. 어머니가 어떤 신승(神僧)이 나타나 작은 글씨로 쓰인 대승경을 주는 꿈을 꾼 뒤 태기가 있어 스님을 낳았다는 이야기가 전한다. 태몽의 암시에 어울리게 스님은 어려서부터 자비심이 많아 성동(聖童)이라 불렸다. 그러다가 13세 때 백양사(白羊寺)에 놀러갔다가 아름다운 경치에 반해 마음을 일으켜 출가를 결심했고, 15세 때 진대사(眞大師)로부터 계(戒)를 받았다. 처음에는 부휴선수(浮休善修, 1543~1615) 밑에서 경률(經律)을 익히다가 서산대사 휴정(休靜)에게 가서 선지(禪旨)를 깨쳤다. 서산대사가 스님을 깨우치기 위해 주었다는 선시가 유명하다.

그림자 없는 나무를 쪼개다가
물 속 거품을 모두 다 태워버렸다.
우습구나, 소를 탄 사람이여
소를 타고서도 다시 소를 찾는구나.

斫來無影樹　燋盡水中漚　可笑騎牛者　騎牛更覓牛

스님은 이 시를 들고 당대의 고승들을 찾아다니면서 그 뜻을 물었다고 한다. 이 시를 깊이 참구한 결과 스님은 무생(無生)의 이치를 깨쳤다고 한다.

스님은 선(禪)과 교(敎)를 같은 근원에서 나왔지만 흐름은 다르다는 일원이류(一源異流)로 보는 견해를 가져 사상과 경향은 스승 휴정스님과 일맥상통한다. 현변(懸辯)과 계우(繼愚), 경열(敬悅) 등을 비롯한 수백 명의 제자들을 길러냈다. 신흥사(新興寺)와 연곡사(燕谷寺)를 창건했는데, 전국에서 신도와 승려들이 모여들어 불사를 성공적으로 마쳤다고 한다. 열반에 드실 때 임종게(臨終偈)를 남겼으니 아래와 같다.

해탈이 곧 해탈이 아니니
열반이 어찌 고향 가는 일이겠는가
취모검의 칼날에 빛이 번쩍여
혀끝이 칼날을 범했구나.

解脫非解脫　涅槃豈故鄕　吹毛光爍爍　口舌犯鋒鋩

　　다비식을 마친 뒤 사리는 연곡사와 금산사(金山寺), 보개산(寶蓋山) 등 세 곳에 모셨고, 같은 곳에 비(碑)가 세워졌다. 저서에 『소요당집』이 있고, 1652년(효종 3)에 혜감선사(慧鑑禪師)란 시호를 받았다.
　　스님의 문집은 돌아가신 지 150여 년이 지나서야 간행된 탓인지 생전에 남긴 시문에 다 모여 있지는 않다. 서발문이나 비명(碑銘) 등을 제외하면 스님의 글은 <용추사법당중건기(龍湫寺法堂重建記)> 한 편뿐이고, 시는 148제(題) 258수(首)가 남아 있다. 스님의 사상과 문학의 전모를 모두 보여주지는 못하지만, 이를 통해서도 우리는 스님의 선시 세계를 충분히 짐작할 수 있다.
　　스님은 천성적으로 도회적인 삶을 좋아하지 않았다. 물질적 욕망과 번다한 쇄사(鎖事)들로 얼룩진 저잣거리에서 진정한 수행이 이루어지기 어려울 것으로 보았기 때문이다. 수도와 구법 정진을 수행자의 본분으로 강조했던 스님인 만큼 경박하고 마음을 어지럽히는 세속보다는 도의 실체인 자연과 어울릴 수 있는 산야를 애호했던 것은 당연하다고 하겠다. 스님의 시에 보면 이렇게 도시적 삶을 멀리하고 자연의 품에 묻혀 사는 즐거움을 노래한 시가 많다. 물론 그것이 단순한 비교는 아니지만, 근기가 약한 사람에겐 환경도 중요한 깨달음의 조건이란 스님의 생각을 엿볼 수 있다. 그런 작품을 몇 편 읽어보겠다. 먼저 <산속에서 감회를 노래함(山

中詠懷)>이란 제목의 작품을 보자.

번화한 도성에 사는 부귀에 젖은 나그네야
허덕이며 살면서 반나절이라도 한가했는가.
안타까워라 산속의 이 많은 경치들을
한평생 노승만 나눠 가져서 즐기는구나.

洛陽城裏輕肥客　役役何曾半日閑
惆悵山中多少景　百年分付老僧看

스님은 사람이 진정으로 추구해야 할 가치가 무엇인지를 진솔한 목소리로 제시한다. 번화한 도성에서 부귀영화를 누리는 것은 한 때의 즐거움이 될 순 있지만 돌아서면 무의미한 허상임을 지적한다. 마음의 평화를 잃고 얻은 몸의 열락은 정신을 좀먹는 해충이라고 보았던 것이다. 임진왜란이 일어나기 전 조선의 풍속은 풍웅고화(豊雄高華)라는 말처럼 풍요와 화려의 극치를 달리고 있었다. 눈앞의 현실에 만족해서 곧 닥쳐올 전란의 그림자를 읽지 못했던 것이다. 차분히 자신을 돌이켜 보고 앞날을 명상하는 자세가 있었다면 그런 끔찍한 전란은 미연에 방지하거나 적어도 어처구니없이 유린만 당하지는 않았을 것이다. 정신의 깊이를 채우기보다는 물질적 허영에 들뜬 당시 세태를 스님은 정확하게 읽었는지도 모를 일이다. 반나절의 짧은 순간이라도 한정(閑情)을 즐길 수 없는 인생이란 얼마나 빈약한 것이겠는가? 스님은 사람들에게 도성을 버리고 자연의 이 아름다운 경치로 눈을 돌리라고 권유한다. 나 혼자만 누리기에는 너무나 값진 보물들이 이곳에는 지천으로 깔려 있기 때문이다. 중생들과 함께 천연의 깨달음을 공유하고 싶은 스님의 간절한 염원이 잘 묻어 있는 시이다.

이어지는 <산속에서 감회를 노래함(山中詠懷)> 역시 스님의 같은 심정을 대변한다.

서울 거리에 붉은 먼지는 한 척이나 쌓였는데
벼슬에 눈먼 나그네들은 얼마나 부침했는가.
하늘이 내려준 한 조각 흰 구름 떠도는 골짜기가
무욕의 스님에겐 만금의 값어치가 있음을 누가 알리오.

紫陌紅塵尺許深　幾多遊宦客浮沈
誰知一片白雲壑　天付貧僧直萬金

　　스님은 스스로를 빈승(貧僧)이라고 표현하기를 좋아했다. 또 항용 스님들은 자신을 소개할 때 빈도(貧道)란 말도 즐겨 쓴다. 바른 도를 닦아 생사(生死)에 얽매이는 집착을 버렸다고 해서 일컫는 말이다. 아직 도를 완전히 익히지 못했다는 겸손의 뜻도 담겨 있는 말이다. 그렇기 때문에 스님은 빈약한 마음의 깨달음은 외면하고 환도(宦途)에만 골몰하는 속세의 중생들에게 염려의 눈길을 보낸다. 흰 구름 떠도는 골짜기에 앉아 만금으로도 가치를 따질 수 없는 무욕의 삶을 왜 모르느냐고 간절하게 외친다. 눈에 비친 화려함이란 육신이 사라지면 다하는데, 그 평범한 진리를 알지 못하는 현실에 경종을 울리는 것이다.
　　이런 스님의 마음은 이름 없는 다수를 향하기도 하지만, 구체적인 인물을 만났을 때도 변함이 없다. <최수찬의 시에 차운함(次崔修撰韻)>이란 시를 보면 알 수 있다.

외람되이 모시고 산사의 경계를 두루 즐겼더니
눈에 가득한 가을 풍광이 한결같이 기이하다.
붉은 단풍은 바위 틈에 떨어져 비단 수를 놓았고

맑은 시내는 돌 사이를 흘러 옥 가루를 뿌리네요.
무릉도원 골짜기에서는 욕심 없는 스님만 외롭고
계수나무 울창한 산속에는 속세의 나그네가 드뭅니다.
인간 세상의 한가롭고 바쁜 일을 어찌 입에 올리십니까
말채찍 휘두르며 돌아오는 길을 행여 늦추지 마십시오.

叩陪遊賞招提境　滿眼秋光一樣奇
紅葉間岩開錦繡　淸流迸石散瑤琪
桃源洞裏貧僧獨　桂樹山中俗客稀
人世閑忙何足道　揮鞭歸路莫遲遲

수찬이라면 조선시대 홍문관(弘文館)의 정5품 관직이다. 정원은 2명이었는데, 주로 문헌(文翰)을 편수(編修)하는 임무를 맡았던 관직이다. 국왕에게 교서(敎書) 등을 기초(起草)하여 바치는 일을 담당한 지제교(知製敎)를 겸했으니, 당대의 문장가가 아니면 맡기 어려운 자리이다. 그 수찬 관직에 있는 사람이 스님을 찾아와 시를 한 수 지었던 모양이다. 그 시에 차운한 작품이 위 시이다.

최수찬은 풍류와 문예미를 아는 사람이었고, 스님과 시작으로 교유할 만큼 불교에 대해 호의적인 사람이었을 것이다. 아울러 안빈낙도(安貧樂道)라든가 강호가도(江湖歌道)의 유가적 정신세계에 밝은 인물이었다. 때문에 스님도 평범한 훈계로 접근하지는 않았다. 자연의 아름다움을 소개하는 것으로써 시는 시작된다. 산사를 둘러싼 자연의 가을 풍광을 섬세한 묘사와 비유로 알려주는 것이다. 붉은 단풍잎과 맑은(淸[맑음])에는 靑[푸름]의 이미지도 있다.) 시냇물의 대구도 산뜻하다. '비단 수'와 '옥가루'는 단순히 자연의 시각적인 화려함만을 가리킨 시어는 아니다. 그 속을 감도는 청정무구(淸靜無垢)한 도의 세계를 비유하는 말이다. 그러니 따로 무릉도원(武陵桃源)이니 이상향을 찾아 헤맨다면 그야말로 "소를 타고 소를 찾는" 어리석은 행동일 것이다. 그런데도 안타깝게 이를 발견하고 즐길 줄 아는 이는 오직 욕심 없는 승려가 있을 뿐이고, 속세의 나그네는 드물다. 함께 거닐면서 산사의 절경을 감탄하는 최수찬 역시 아직 마음의 눈을 뜨지 못했는지, 속세의 번다한 일만 떠올리며 스님의 진심을 몰라줄 정도였으니까.

 진정 자연을 사랑하고 육신을 떠난 참다운 진리의 세계에 노닐고 싶다면 훌쩍 세속의 명리(名利)를 떠나 이곳을 돌아오라고 스님은 진지하게 권한다. 그대처럼 정신적 수양을 갖춘 사람이 무용한 벼슬살이와 때 묻은 도시 생활에 찌들어서야 되겠느냐고 넌지시 꾸짖다. 이처럼 세상 사람들을 향한 스님의 애정은 차원과 깊이가 달랐다. 넉넉한 자연만큼이나 스님의 도량 역시 서두르지는 않아도 변함이 없는 것이다.

 스님은 수행자라면 수행자로서 본분을 잃지 말 것을 강조했다. 그러니 수행자들에게 초심(初心)을 일깨우는 시가 없을 수 없다. 많은 제자들을 지도하면서 일일이 수행의 길을 일러주고, 수행의 깊이가 원하는 경지에 다다랐음을 알았을 때 그 기쁨도 컸을 것이다. 동도의 길을 걷는 스님들에게 보낸 시는 그런 의미에서 살펴볼 만하다.

 첫 작품은 <성원스님에게(贈性源禪子)>란 제목의 시이다.

> 소리도 없고 냄새도 없는 데다 이름도 없으니
> 가는 곳마다 서로 만나지만 밝힐 수도 없다네.
> 석가여래의 진면목을 진정 알고 싶다면
> 기러기가 가을빛을 끌고 강가 성을 지나가지.

> 無聲無臭又無名　到處相從不可明
> 欲識空王眞面目　鴈拕秋色過江城

스님의 법명을 풀어 불법(佛法)의 깊은 뜻을 설명한 시이다. 법명이 성원(性源)이니 불성(佛性)의 근원이란 말이다. 불성이란 소리도 없고 냄새도 없으며, 뭐라고 이름을 붙일 수도 없는 존재라는 것이다. 그러나 어디를 가도 이것은 존재하며 매일 만나 어울리는 것이기도 하다. 그래도 말이나 글로는 이것을 분명하게 밝힐 수 없다. 말이나 글로 표현하면 본래의 뜻이 축소되거나 왜곡되기 때문이다. 이심전심(以心傳心)으로만 전할 수밖에 없는 진리인 것이다.

그래서 석가여래 부처님의 참모습을 알고자 하거든 쓸데없는 공염불이나 경전 뒤지기에 시간을 빼앗기지 말고 멀리 강가 성곽 위를 날아가면서 가을빛을 끌고 가는 기러기를 보라고 말한다. 이게 무슨 소릴까? 그 깊은 뜻이야 저로서도 알 수 없다만 이름[名]에 집착하지 말고 현상 그 자체에서 깨달음을 얻으라는 말이겠다. 관념의 나락에 빠지면 이미 색안경을 끼게 되어 사물이 원형 그대로 보이지 않는다는 말이기도 하다. 맑은 육안으로 현상을 직시할 때 그 속에서 부처님 49년의 설법이 한눈에 들어오리라는 충고가 아닐까? 여러분들도 함께 생각해보기 바란다.

이어지는 시 역시 비슷한 맥락에 서 있는 작품이다. <의현 법사에게 감사하면서(賽義玄法師)>란 제목이다.

우주의 모든 존재는 몽환 속으로 돌아가니
새가 허공을 날아가도 자취는 찾을 길 없네.
텅 빈 하늘이야 몸 숨길 장소가 아니니
바람 앞에서 비 맞고 있는 소나무를 주시하라.

森羅萬象同歸幻　鳥過長空覓沒蹤
虛空不是藏身處　看取風前帶雨松

스님은 현상을 직시하여 깨달음의 돌파구를 찾으라고 말한다. 삼라만상도 미망의 눈으로 보면 모두 헛것이라고 말하면서 새가 날아간 허공속에서 자취를 찾는 것은 어리석은 태도라고 지적한다. '몸'이란 곧 진리의 본체를 말하는 것이 아닐까? 진리는 그런 허공 속에 있지 않다는 뜻으로 보인다. 마치 공중에 난 불[空中火]은 근원이 없어 금방 꺼지고 말듯이 진리의 본체는 순간적인 눈속임이 아니란 스님의 혜안을 읽을 수 있다. 그런 곳에 진리가 있을 턱이 없으니 저기 당당하게 서 있는 소나무를 통해 참 진리의 소재를 찾으라는 것이다. 앞의 시와 마찬가지로 '하늘을 나는 기러기'며 '바람 앞에 서 있는 소나무'와 같이 자연이 만든 실제 물상 그 자체가 곧 진리라고 스님은 생각했던 것이다.

다음 시는 다른 스님의 문집에서는 찾기 어려운 작품이라고 하겠다. <선행 우바이에게 보임(示善行優婆夷)>이란 제목을 가졌는데, '우바이'란 속세에 있으면서 불교를 믿는 여성 불자를 가리키는 말이다. 계명(戒名)이 선행인데, 시를 읽어보면 이 분의 수행이 범상치 않았음을 짐작할 수 있다.

몸은 사바세계의 한 구석에 있지만
마음은 극락세계 붉은 구품연대에 있구나.
나중에 가죽 부대를 벗어버리고 떠날 때
아미타 부처님 큰 서원의 바람을 돛대에 걸겠지.
배고프면 송화가루 먹고 목마르면 샘물을 길어 마시며
건강할 땐 한가로이 거닐고 피곤하면 잠을 자리라.
하늘 마귀가 쳐놓은 생사의 굴을 밟아 죽이고
산 이편과 저편 골짜기를 자유자재로 다니겠네.

身在裟婆一界中　心遊安養九蓮紅

他年脫却皮袋子　帆掛彌陀大願風
飢則松花渴則泉　健兮閒步困兮眠
踏殺天魔生死窟　騰騰山后與山前

　몸은 사바세계에 있어도 마음은 벌써 극락세계에 가 있다니 불심이 얼마나 돈독했는지 벌써 스님의 인정을 받을 정도이다. 그녀의 깨달은 경지가 상상품의 금강대(金剛臺)로 갈지 하하품의 금련화유여일륜(金蓮華猶如日輪)에 앉아 왕생할지는 알 수 없지만, 이어지는 시의 내용으로 볼 때 이미 구도승의 반열에 올라갔음을 직감할 수 있다. 아미타부처님의 48대원을 바람삼아 열반의 길로 훨훨 날아갈 만하다면 평범한 깨달음은 아닐 것이다. 배고프면 송화 가루를 먹고 목마를 땐 샘물을 길어 마시며 건강하면 산책하고 피곤하면 잠을 잔다니, 곧 선승의 일상사이다. 법력도 대단해서 마귀가 쳐놓은 생사의 관문도 거침없이 떨치고 나가 공간의 제약에 갇히지 않고 정신세계를 유영한다고 했다. 수행을 중시했던 스님이 이 정도로 거침없이 내세웠다면 개오(開悟)를 인정한 것이라고 해도 무방하겠다.

　선행 우바이는 더구나 여성의 몸이다. 스님의 문집에 유가 지식인이나 관리 같은 남성 불자, 즉 우바새(優婆塞)들은 자주 등장하지만 여성 불자에게 준 시는 과문한 탓인지 필자로서는 처음 보았다. 더구나 남성 불자나 선승들도 닿기 어려운 경지에 서서 자유자재로 법력을 운용하고 있으니, 그저 놀라울 따름이다. 불가에서는 여성이란 이유로 깨달음의 세계와 인연이 없다거나 무시하지 않고 동등한 수행자로 인정한 사실을 이 작품이 알려준다.

　스님은 한 번 깨달음을 이루고자 하는 큰 염원을 세웠으면 불굴의 의

지로 정진해야 한다고 생각했다. 어쩌면 당연한 일이지만, 척불책이 상존 했던 조선조를 살았으니만큼 불도에 정진하다가 여의치 못해 중도에 포기하거나 환속하는 스님도 적지는 않았을 것이다. 쓸 만한 인재가 현실의 한계를 이기지 못하고 좌절하는 모습을 보는 스님의 마음이 안타깝지 않을 수 없었을 것이다. 이렇게 약한 마음으로 또는 외물의 유혹을 떨치지 못해 파계하거나 구도의 길을 돌이키는 일을 경계하고 염려하는 스님의 작품이 있어 소개하려고 한다. 첫 번째 시는 제목이 상당히 길다. 시를 쓰게 된 동기가 구체적으로 열거되어 있어 그런 것이다. <영탄이 처음에는 법을 전해 받을 만한 사람이었는데 외도의 학문을 익혀 사악한 길로 빠져 버렸으니 이를 탄식하면서(嘆當初以靈坦爲傳法人而習外學誤落邪途也)>란 제목이다.

너는 원래 청운과 백학의 자질을 가졌는데
어쩌다가 진흙탕에서 꼬리나 끄는 거북이 되었는가.
내게 있는 여래의 금빛 보물 창고를
뒷날 내가 죽고 나면 누구에게 맡겨야 하나.

汝以靑雲白鶴姿　胡爲曳尾途中龜
吾有如來金寶藏　雙林他日付阿誰

영탄이란 제자에게 스님은 상당한 기대를 걸었던 모양이다. 이 정도로 인정을 받았으니, 수행이나 학문에서 발군이었을 것은 분명하다. 제자가 많다고 해서 우열을 견주고 차별하는 스님은 아니었겠지만, 그래도 의발을 전하겠다고 내심 지목한 제자가 없을 수는 없다. 그만한 재목감이었는데, 무슨 영문인지 외학(外學)에 빠지고 사도(邪道)에 눈이 멀어 그만 대오에서 이탈하고 말았다.

예미도중(曳尾途中)이란 『장자(莊子)』 추수편(秋水篇)에 나오는 고사이다. "진흙탕 속에서 꼬리를 끌고 다닌다."는 말인데, 부귀영화를 누리지만 속박을 받고 살기보다는 가난하지만 내 뜻대로 자유롭게 사는 것이 좋다는 말이다. 좀 길긴 하지만 한 번 살펴보기로 하겠다.

어느 날 장자가 복수(濮水)에서 낚시를 하고 있었다. 초나라 임금이 장자가 왔다는 소식을 듣고 신하를 보내 제안했다.
"선생님을 우리 초나라의 재상으로 삼고 싶습니다. 부디 허락해 주십시오."
그러자 장자가 물었다.
"듣자 하니 초나라에는 신구(神龜)라 해서 3천 년 묵은 거북 뼈를 보물처럼 모신다고 하는데 사실입니까?"
"예, 그렇습니다."
"자, 그러면 그 거북이는 진흙탕 속일지언정 살아서 꼬리를 끌고 다니기를 원했을까요? 아니면 죽어서 제 뼈가 귀한 대접을 받기를 원했을까요?"
"그야 물론 살아서 진흙탕 속이라도 꼬리를 끌며 다니기를 원했겠지요."
"그런 줄 아신다면 재상을 하라는 말은 아예 꺼내지도 마십시오."

아무리 부귀영화고 고관대작이라고 해도 목숨과 바꿀 수는 없는 노릇이다. 목숨이 있으니까 가치가 있는 것들이니까. 그런데 그 목숨을 영원하게 이어줄 진리를 외면하고 한낱 몸치장을 위해 목숨을 위태롭게 한다면 얼마나 어리석고 답답한 노릇이겠는가.
스님이 굳이 이 고사를 빌려온 것은, 추측컨대 영탄이란 제자가 불도의 길을 포기하고 속세의 명예를 찾아 환속한 때문이 아닌가 싶다. 과거에 급제해서 입신양명하겠다는 유혹을 결국 뿌리치지 못했던 것이 아닐까 싶다. 그러니 스님으로서는 얼마나 속상하고 안타까웠을지 짐작이 가는 일이다.

또 한 편의 시를 읽어보자. <옛 존사의 화성(古尊師化城)>이란 제목이다.

선종과 교종은 근원이 같아 원래 한 맛인데
마음의 지식으로 달다 쓰다 분별하지 말게나.
만약 파도를 쫓고 물결을 따라 달리면
남에게 나루터 묻는 꼴을 면할 수 없으리라.

禪敎同源唯一味 莫將心識辨甘辛
若也隨波逐浪走 未免從他更問津

화성비유는 불가의 아주 유명한 설화이다. 『법화경(法華經)』제3에 나오는 법화칠유(法華七喩)의 하나다. 그 내용은 이렇다.
여러 사람이 보배가 있는 곳을 찾아가다가 그 길이 갈수록 험난해지자 모두들 피곤한 기색이 역력했다. 이 때 길잡이를 하던 사람이 신통력으로 임시로 큰 성을 보여주고, 이곳이 바로 보배가 있는 것이라고 말했다. 그러자 사람들은 피곤도 잊고 기뻐하면서 이 화성(化城)에 들어가 쉬었다. 사람들의 피로도 풀리고 지친 마음도 회복할 기미를 보이자 길잡이는 다시 화성을 없애버리고, 진짜 보배가 있는 곳으로 그들을 이끌었다는 것이다. 그래서 이 화성을 방편교(方便敎)의 깨달음에 견주고, 보배 있는 곳은 진실교(眞實敎)의 깨달음에 비유한다.
불교사에서 볼 때 유불간(儒佛間)의 갈등도 심각한 문제였지만, 선교간(禪敎間)의 갈등도 만만치 않은 과제였다. 유불 갈등이야 타협도 가능한 일이지만, 선교 갈등은 교리상의 충돌이다 보니 쉽게 화해하거나 중재하기가 어려운 부분이 있었던 것이다. 그래서 스님은 이 시를 짓게 된 듯하다.
스님은 선종과 교종은 근원이 동일하다고 단정한다. 모두 부처님으로 나왔으니 옳은 지적이다. 하나는 마음이고 하나는 말이지만, 그렇다고 맛이 다른 것도 아니다. 그런데 인간의 얕은 지식과 분별심은 이것을 차별하고 우열을 따진다는 것이다. 진짜 중요한 일은 깨달음을 얻어 열반의 길로 들어서는 것인데, 목적은 망각한 채 수단 문제로 싸우고 있으니 스님의 눈에 한심하게 보였을 것이다.

강을 건너려는 배가 목적을 이루기 위해서는 역류를 만나던 순풍을 맞던 건너편의 나루터를 향한 방향을 잃어서는 안 된다. 그런데 그 때 그 때 상황에 따라 이리 휩쓸리고 저리 끌려 다닌다면 백 번 배를 띄워도 항상 남들에게 나루터를 묻는 꼴을 면할 수 없을 것이다.

선종 교종이다 다투지 말고 자신의 목표에 충실하라는 지적을 이 시에서 읽게 된다. 궁극적인 목표보다는 일시적인 이익에 골몰하는 일부 어리석은 수행자들의 작태에 일침을 가한 시라고 하겠다.

마지막으로 스님이 지향했던 선세계(禪世界)의 실상이 표현되어 있는 작품을 읽겠다.

보통 학자들이 지적하기를 스님의 시는 가장 선적(禪的)이라고 평가한다. 곧 선시의 진정한 맛을 느낄 수 있는 작품이 많다는 말이다. 아닌 게 아니라 스님의 시를 읽어보면 불가에서 즐겨 쓰는 용어나 선어(禪語), 화두와 공안들이 무시로 등장한다. 어떤 이는 시적인 세련도가 떨어진다고 보기도 하지만, 투박해도 진정성이 담겼다는 점에서 다시 보아야 할 부분일 것이다. 먼저 <마음(無位人)>이란 제목한 시를 읽겠다.

허령하게 트이고 뚫린 영원한 주인이여
고금과 천지에서 오직 하나의 참된 사람일세.
바다와 산악, 바람과 구름의 변화를 다 겪고서
이제는 우뚝하고 당당하게 선 늙지 않는 사람이로다.

虛徹靈通舊主人　古今天地一眞人

多經海岳風雲變　落落巍巍不老人

원제목은 <무위인(無位人)>이다. 이 말에는 두 가지 의미가 있다. 인위적인 지위를 넘어선 사람, 곧 해탈한 사람을 가리키는 한편, '마음'을 일컫는 별명으로도 쓰인다. 무위진인(無位眞人)이라고도 하여 진해탈인(眞解脫人) 또는 진리를 바로 가리키기도 하다. 그래서 '마음'이라고 번역했다. 시의 네 구절을 가만히 읽어보면 모두 마음의 실체를 비유하기 때문이다.

허령하고 텅 비어 있지만 마음은 곧 우리의 영원한 주인이다. 고금을 막론하고 하늘과 땅 사이에서 우리를 참다운 인간으로 만드는 유일한 원천이다. 우주 자연의 모든 변화와 풍파를 이겨낼 수 있는 힘도 마음에서 나온다. 그런 시련과 수련의 마지막 결과로써 우리는 마음으로 젊게 사는, 늙지 않는 사람으로 다시 서게 되는 것이다.

이것은 곧 스님의 수행 자세와 지향할 바를 비유한 것이라고 해도 무방할 듯하다. 스님이 평생을 두고 갈고 닦은 올곧은 수행의 길이 이 한 편의 짧은 시에 그대로 녹아있는 것이다.

이어지는 작품 역시 그런 마음을 기르는 문제를 비유한 시이다. 제목은 <소를 키우면서(牧牛行)>로 붙여져 있다.

시냇가 이쪽저쪽에 소를 놓아기르나니
향기로운 풀 지천이고 물은 아득히 흐른다.
마구 다녀도 남의 집 묘목은 짓밟지 않으리니
어찌 고삐로 묶어 놓아 옴짝도 못하게 하리오.

溪澗東西放牧牛　萋萋芳草水悠悠
騰騰不犯他家苗　何必繩頭緊把留

목우의 비유는 곧 마음을 기르는 것을 의미한다. 궁극적으로는 깨달음에 이르는 과정이지만, 깨달음의 주체는 마음이다. 시냇가 이쪽저쪽이란 산수 자연 일체를 말한다. 깨달음의 원천이고 마음이 노닐 본연의 장소이기도 하다. 그곳은 온통 소 먹이로 그만인 향기로운 풀밭이 펼쳐져 있고, 맑은 물도 사시사철 쉬지 않고 흐른다. 욕심이나 미망에 물들지 않은 그 야말로 청정한 불국토의 세계라고 할 수 있다.

그러나 아무리 넓고 거침이 없다고 해도 자중하지 않고 방종에 빠진다면 혹시 남의 집 텃밭을 짓밟지나 않을까 염려될 수도 있다. 마음을 기르는 것이 아니라 마음을 풀어놓는 결과를 초래할 수도 있다. 그러나 마음이 노니는 세계는 무애(無碍)의 세계이다. 일부러 의식적으로 통제한다는 것은 아직 마음이 갇혀 있는 것이다. 절대 자유정신을 향한 수행이니 굳이 고삐로 묶어두고 가둬놓아야 기르는 것은 아니라는 말이다.

스님이 자연을 벗 삼아 마음을 기르고 살찌우면서 이른 구경(究竟)의 경지를 이 시는 표현하고 있다. 한편으로 이런 경지에 이르기 위해서 감내해야 할 고통과 노력을 외면하지 말라는 충고이기도 하다. 진정한 깨달음은 그냥 오지 않는다는 말일 것이다.

◎ 백곡 처능의 선시 ◎
다정다감했던 시승詩僧의 선시

 조선 초기부터 단계적으로 진행된 억불 정책은 임진왜란과 병자호란이라는 국난을 의승병(義僧兵)들의 활약으로 극복하면서 잠시 주춤했지만, 이후 다시 서서히 고개를 들기 시작한다. 그것은 현종(1659~1674 재위)대로 접어들면서 더욱 강화된다. 비구니 스님들의 수행처였던 인수원(仁壽院)과 자수원(慈壽院)을 철폐하여 니중(尼衆, 여승)을 환속시키고, 봉은사와 봉원사까지도 철폐하여 승중(僧衆, 비구스님)까지도 환속시키는 등 불교의 근거를 말살하려는 조정의 결의가 나올 정도로 심각한 상황이었다. 조선 불교는 다시 한 번 존폐의 위기를 맞게 되었던 것이다.
 이런 말법의 시대를 맞아 분연히 붓을 들어 조정의 그릇된 시책에 이의를 제기하고 불교의 중요성을 경향 각지에 알린 상소문을 썼던 스님이 계셨으니, 바로 백곡처능(白谷處能, 1617~1680) 선사가 그 분이다. 무려 8만여 자에 달하는 방대한 상소문인 <간폐석교소(諫廢釋敎疏)>는 스님의 호불(護佛)의 간절한 의지가 담긴 글이었다. 척불의 서슬이 시퍼런 세상에서 당당하게 임금을 향해 장문의 상소문을 올렸던 것은 스님의 결연했던 심정을 잘 보여주는 일이라 하겠다.
 그러나 스님이 남긴 시문을 읽어보면 그릇된 정책에 대한 분명한 의사 표현과는 달리 다정다감한 시인 문사적 기질도 타고난 시승(詩僧)이었음을 알게 된다. 누구보다 자연을 사랑했고, 함께 수행하던 동료이든 정계의 거물 정치인이든, 뛰어난 시인 묵객이었든 스님은 인간적인 유대 관계와 애정을 바탕에 깔고 그들과 어울렸다. 승속의 거리를 무너뜨리고 누구보다 친근하게 스님은 세간의 사람들과 교유했던 것이다.

그런 스님의 시를 읽으면서 각박한 현실이라 하더라도 따뜻한 마음으로 녹여 내렸던 숨결을 느껴 보도록 하자.

스님의 생애에 대해서는 알려진 사실이 많지 않다. 몇 편의 글들이 남아 있지만 중복되거나 소략해서 아쉬운 점이 적지 않다. 간단히 스님의 삶을 살펴보도록 합시다.

스님은 조선 중기의 고승으로, 자는 신수(愼守)고, 호는 백곡(白谷)이며, 속성은 김씨(金氏)이다. 12세 때 의현(義賢) 스님에게 글을 배웠고, 15세에 출가한 뒤 당시의 이름난 문장가였던 신익성(申翊聖, 1588~1644)에게서 경사(經史)와 제자(諸子) 및 시문을 배웠다. 한동안 유가계 문인들과 교유하다가 20세를 전후해서 깨달은 바가 있어 산사로 돌아와 수행정진에 힘쓰게 된다. 이후 20여 년 동안 지리산 쌍계사(雙磎寺)의 각성(覺性) 스님에게서 수선(修禪)과 내전(內典)을 익혔다. 1674년(현종 15)에는 팔도선교도총섭(八道禪敎都摠攝)이 되어 남한산성에 있었지만, 3개월이 못되어 사임하고 말았다. 현실적인 장벽이 엄연히 존재했던 것이다. 이후 스님은 속세를 등지고 전국을 주유하면서 속리산과 성주산, 청룡산, 계룡산 등지에서 법석을 열어 사찰을 중창하고 법회를 여는 등 전법 활동에 매진했다. 현종의 척불정책에 반대하여 전국 승려를 대표하여 <간폐석교소>를 올렸고, 1680년 금산사(金山寺)에서 대법회를 열고 그 해 7월에 입적(入寂)했다. 세수 64세였고, 법랍은 49세였다.

스님은 조선시대 승단을 대변하여 호불간쟁(護佛諫諍)에 앞장섰던 고승이었다. 사대부들이 내세우는, 불교를 논박하는 근거가 타당성이 없음을 논파하였고, 특히 중국의 유학자들이 불교이론을 깊이 통달한 점을 열거하여 폐불(廢佛)의 부당성을 갈파했다. 저서로『백곡집(원제목은 大覺登階集)』2권이 전하고 있다.

스님의 유일한 저서인『백곡집』은 1683년(숙종 9)에 간행되었다. 입적한 지 3년 만에 나온 셈이다. 책머리에 식암거사(息庵居士)와 절친한 시우(詩友)였던 정두경(鄭斗卿, 1597~1673)이 쓴 서문이 실려 있다. 권1에는 시가, 권2에는 문(文)이 수록되어 있다. 권2에는 여러 편의 사찰의 중창기, 스승 각성 스님의 행장, 희언(熙彦) 스님의 행장, 선수(善修) 스님의 비문, 향림사(香林寺)의 사적비명, <간폐석교소> 등이 수록되어 있다. 이 가운데 <간폐석교소>는 현종이 배불정책을 단행하여 비구니 사찰을 도성 밖으로 내쫓고 노비와 토지의 몰수를 명령했을 때 올린 상소문으로, 배불의 부당성을 조목조목 따져 주장한 글이다. 조선시대를 통틀어 유일의 호법론(護法論)을 펼친 문장이라는 평가를 받고 있다. 2권 1책, 목판본으로, 국립중앙도서관과 동국대학교도서관에 소장되어 있다.

스님의 시는 운치와 품격이 사대부 문인들도 따라올 수 없을 정도였다. 젊은 시절 유림의 시인들과 교유하면서 작시법을 익힌 데다 타고난 시인적 기질이 그대로 반영된 결과라고 하겠다. 엄격한 규정이나 격식보다는 마음을 활짝 열고 허심탄회하게 대화를 나눔으로써 세간의 척불 풍조를 잠재우려고 했던 스님의 노력도 담겨 있는 일일 것이다.

스님의 시 가운데 먼저 산수 자연에서 지내는 즐거움과 운치를 노래한 작품부터 읽어보도록 하자. <산사에 사는 즐거움 3(幽居雜興 其三)>이란 제목의 시이다. 이 작품은 모두 4수로 된 연작시인데, 여기서 읽을 작품은 세 번째 시이다.

저무는 해 따라 높은 봉우리 내려오는데
붉은 노을 맞으며 스님은 문을 닫는구나.
잠시 후 산에서 노란 달이 떠오르자
졸던 새가 깜짝 놀라 후드득 날아간다.
살랑바람 때로 불어 자연의 소리를 보내오니
봄꿈에 어지러운 내 넋을 달래주는구나.
대나무 줄기는 부딪쳐 귀에 요란하고
샘물은 퐁퐁 솟아 혀끝에 시원하구나.
스스로 노래하고 스스로 기뻐하노니
뜻 맞는 친구를 어찌 굳이 찾겠는가.

夕陽下幽岑 黃昏僧掩門 俄然山吐月 宿鳥驚飛翻
微風時送音 慰我春夢魂 聒聒喧竹幹 冷冷動泉源
自歌而自悅 知音何必論

한 편의 아름다운 자연 찬미시다. 해지는 저녁 무렵부터 달빛으로 물든 산사의 고즈넉한 경치가 한눈에 잡힐 듯 그려져 있다. 새들의 지저귐 소리와 바람이 일으키는 솔바람 소리는 그대로 자연이 주는 화음(和音)이다. 거기에 대나무 숲에서 가지가 부딪혀 나는 소리와 샘물의 솟구쳐 흐르는 시냇물 소리까지 갖추어, 그야말로 대자연의 웅장한 교향악을 즐기게 만든다. 무엇 하나 마음에 걸리는 것 없고, 서로 자신을 봐 달라고 부리는 자연의 응석에 흥은 절로 난다. 이런 산사의 생활이니 굳이 사람을 불러 함께 듣자고 부탁할 필요도 느끼지 않는다. 자연과 내가 마음으로 교감하고 있는데 지음(知音)을 찾는 것은 부질없는 욕심일 뿐인 것이다. 스스로 노래 부르고 스스로 즐거워하는 모습이 마치 도연명의 <귀거래사>를 떠오르게 한다.

젊은 시절 한양 땅에 머물면서 저잣거리의 번잡하고 떠들썩한 소란을 겪었던 스님으로서는 산사의 생활이 얼마나 고귀하고 고마운 것인지 잘 알고 있었다. 어디에도 도성의 화려한 삶에 염증을 느끼는 구절은 없지만, 이런 시를 읽고 자연의 품으로 돌아가고 싶지 않은 사람은 없을 것이다.

두 번째 읽을 시는 잡체시(雜體詩)라고 할 수 있다. 시의 형식이 일반적인 형태를 벗어난 작품을 말하는 것이다. 보통 한시는 한 구절이 5자 또는 7자가 기본이다. 『시경(詩經)』에 실린 작품들의 경우 4자가 기본 형식인 경우도 있지만, 그 역시 4자 형식을 일정하게 유지한다. 그런데 잡체시는 글자수에서부터 구마다 글자수가 달라지는 등 아주 다양한 형태로 시가 표현된다. 그래서 어떤 시는 시각적인 즐거움을 제공하기도 한다. 다음 시가 바로 그런 작품으로 층시(層詩)로 불리는데, 시의 형태가 탑을 쌓아올리듯이 삼각형 모양을 띠고 있다. 제목이 <구언으로 한가로운 흥치를 노래함(九言賦閑興)>이란 이 시는 여덟 개의 구가 모두 9자로 이루어져 있다. 굳이 이름을 붙인다면 9언율시가 되겠다.

사람의 정은 굽이굽이 차곡차곡 양의 창자와 같고
세상의 일은 시끌시끌 들썩들썩 미친 바람과 같구나.
영광과 명예, 옳고 그름이야 그저 세 치 혀끝의 놀음이고
슬픔과 기쁨, 영예와 치욕도 애오라지 한 바탕 꿈으로 부쳤네.
산속 절간에 해는 기울어 한가로이 은자와 이야기 나누고
골짜기마다 봄은 깊어 하염없는 그윽한 흥을 눈 여겨 보노라.
세상의 무한한 잡일들이야 아득히 저들에게 맡겨두고
세상 밖 넉넉한 고을의 삶을 얻어 이곳에서 즐기노라.

人情曲曲重重似羊腸　世事紛紛擾擾如風狂
榮譽是非只掉三寸舌　悲歡榮辱聊付一夢場
山齋日斜閑伴逸人話　洞府春深看取幽興長
任他悠悠無限世間事　樂彼得得有餘方外鄉

세상의 명예와 이익에 휩쓸려 본성을 망각하고 사는 인생을 안타깝게 노래하면서 세간사를 잊어버리고 넉넉한 자연의 고을 속에 돌아와 살기를 권유하고 있다.

백곡스님은 동도의 길을 걷는 스님들에게도 많은 시를 남기고 있다. 특히 이별을 하면서 쓴 시가 상당수를 차지한다. 이별이란 상황 자체가 인간의 숨겨진 감정을 가장 깊게 자극하기 때문이다. 만남과 이별에 너무 얽매이는 것이 수도자의 좋은 모습은 아니라고 말할 수도 있다. 그러나 감정을 속이고 감추기보다는 진솔하게 드러내는 것이 더 참된 수도자의 진면모라고 볼 수도 있다. 평상심을 그대로 간직하면서 그 마음대로 움직이는 것이 도라고 한 말도 있다. 이어 볼 두 편의 시 역시 그런 이별의 상황을 맞아 스님이 느낀 심경을 차곡차곡 담아놓은 것이다. <행각을 떠나는 해심 사미를 보내면서(送海心沙彌行脚)>란 제목의 5언율시는 스님으로서는 더욱 각별한 인연을 가졌던 사람과의 이별이기에 울림이 크고 넓다.

오랜 시간 물 나르고 땔감 겨 나르면서
온몸은 지치고 뼛골은 휘었겠구나.
다듬이질 품팔이로 한 해를 지내더니
이런저런 잡일 치르며 세 해를 보냈네.
이 저녁에 문득 나를 떠나간다니
어느 산으로 누굴 만나러 가느냐?
가는 길 그저 별 탈이 없기를
이제 헤어진다니 아픈 마음 달랠 길 없어라.

運水搬柴久　勞筋苦骨頻　砧傭經一臘　廝役過三春
此夕還辭我　何山欲訪人　途中善爲去　臨別倍傷神

세 해 동안 스님 아래 들어와 상좌 생활을 했던 해심(海心)이란 사미승이 스님의 곁을 떠나게 되었다. 무엇 때문인지 알 수는 없지만, 시 내용으로 볼 때 좀 더 진지하고 폭넓은 경험과 수행을 위해 결심을 했던 것 같다. 저야 입산해서 행자 생활을 해본 적이 없으니 뭐라고 말할 자격은 없다. 그러나 그 생활이 고되고 혹독한 것만은 분명하다. 물을 길어 나르고 겨우내 살아갈 나무를 져 나르는 일로 근육은 피로하고 뼛속까지 고통이 새겨졌다고 했다. 스님 역시 행자 생활을 거쳤을 테니 그 고충을 모를 리 없다. 온갖 허드렛일로 한 해를 보냈고, 산사의 잡사를 챙기느라 세 해를 보냈다. 물론 스님이 막무가내로 행자승을 중노동으로 몰아붙인 것은 아닐 것이다. 고행의 세월을 보내고 새로운 출발을 향해 떠나는 제자를 보며 그간의 수고에 대해 미안하고 고마운 마음을 이렇게 표현할 것이라고 생각된다. 그리고 정진의 보람이 있어 개오(開悟)의 큰 기쁨을 누리기를 간절히 염원한다.

　마지막 구절은 스님의 제자 아끼는 마음이 생생하게 배여 있다. 정처 없이 가는 먼 길 아무 탈 없이 도착하기를 기원한다. 자칫 의지가 꺾여 중도에 포기한다거나 지나친 수행 때문에 몸이 상하는 일이 없기를 염려하는 것이다. 이제 떠나면 한동안 보지 못할 테니 이별의 아쉬움이 더욱 간절하게 마음에 다가왔다. 사람을 아낄 줄 모르는 사람이 중생을 구제하고 보리(菩提)를 얻을 수는 없다. 부처님이 되는 것은 가장 인간다운 인간으로 다시 태어나는 과정이 아닐까? 속세의 이별과 불가의 이별이 같아서는 안 되겠지만, 승속일여(僧俗一如)의 깨달음의 경지에 이른 스님의 법력을 이 시는 잘 보여준다. 참으로 심금을 울리는 진정이 담긴 시라고 아니할 수 없다.

　두 번째 시 역시 스님의 진정이 알알이 퍼져 나오는 작품이다. 제목은 <늑 스님을 보내면서(贈別勒師)>이다.

고향이 그리워 그 얼마나 꿈꾸었나
옛 산천을 오늘에야 비로소 찾아가네.
부침하는 세월 속에 지난 일도 변했겠고
가고 머무는 인생살이 옛 맹세를 저버렸네.
누더기 옷은 강가 구름 속에 젖었고
지팡이는 들판 새를 좇아 나는구나.
어찌 견딜까, 한 번 헤어진 뒤에는
나 홀로 쓸쓸히 사립문을 닫아야 하네.

鄕國幾多夢　故山今始歸　浮沈前事改　去住舊盟違
衲帶江雲濕　筇隨野鳥飛　那堪分袂後　獨自掩荊扉

아마도 이 스님은 오랜만에 고향을 찾기 위해 길을 떠난 모양이다. 아무리 속연을 끊은 승려의 신분이라고 해도 망향(望鄕)의 감정마저 없앨 수는 없는 일일 것이다. 긴 시간이 지나 찾아가는 고향이니 물정도 많이 바뀌었을 것이다. 고향을 떠날 때는 입신양명해서 금의환향하겠다는 결심을 했는데, 이제 승려가 되어 돌아가게 되었으니, 옛 맹세도 헛것이 되었다고 말한다. 물론 이 말은 위로의 마음이지 실상을 지적한 것은 아니다. 구름처럼 새처럼 훌훌 날아 돌아가는 그의 모습을 보면서 스님도 가슴 한 구석에 고향을 그리는 마음이 피어올랐을지도 모른다.

그러나 가는 사람은 즐겁고 기대에 부풀었는지 모르지만, 보내는 사람은 처지가 전혀 다르다. 오래 함께 지내다가 훌쩍 가버리며 남는 것은 그리움이다. 그대 가고 난 뒤 홀로 남아 쓸쓸하게 사립문을 닫아야 하는 나를 잊지 말라고 스님은 당부한다. 동정을 바라서가 아니다. 이별의 안타까움을 그렇게 묘사한 것이다.

이처럼 세정(世情)에도 마음을 쏟는 스님은 참으로 다정다감하다고 말할 수 있다. 그런 교유의 범위는 같은 스님들에만 국한 된 것도 아니었다. 스님은 누구보다 활발하게 당시의 문인들과도 교감을 나누었다. 잠시 도총섭을 지냈던 만큼 유불(儒佛) 사이에 얽혀있는 해묵은 감정이며 불필요한 거리감도 좁혀야 할 위치였다. 또한 스님 자신이 뛰어난 시인이었으니, 방외의 벗으로서나 시우(詩友)로서 많은 사람들이 스님을 찾았을 것은 분명하다. 그렇게 세인(世人)들과 인연을 맺으면서 자연스럽게 많은 시문을 주고받은 것은 자연스러운 흐름이었을 것이다.

<사백 동명 정두경에게(寄呈東溟詞伯)>란 제목이 붙은 7언절구는 그런 세간의 만남에서 이루어진 작품이다.

뭇 사람들 떠들썩해도 쓸 만한 소리 없으니
어찌 매미 재잘거림이 용의 읊조림과 같겠는가.
오늘에야 잔잔한 물결들을 다 건너고 보니
비로소 동명의 물 깊이가 만 길인 것을 알겠구나.

衆作紛紜無好音　豈將蟬噪等龍吟
如今涉盡潺潺水　始覺東溟萬丈深

동명 정두경은 20년이라는 나이 차이가 나지만 친근하기로 따지면 어떤 사람과도 비교할 수 없는 사이였다. 그는 뛰어난 시인이었고, 1636년 병자호란이 일어나자 <어적십난(禦敵十難)>이란 상소문도 올린 우국지사였다. 여러 면에서 스님과 뜻이 통했을 사람인데, 그에게 보낸 이 시를 보면 문인으로서 그의 성과를 높이 평가하고 있는 것을 알 수 있다.

시시한 시인들이 짓고 읊조리는 시야 시끄럽기만 할 뿐 귀를 맑게 해줄 좋은 소리는 못 된다고 말했다. 스님 스스로 시에 대해서는 함부로 허락하지 않았음을 말해준다. 또 이 구절에는 문학으로서도 사대부들의 그것과 뒤처지지 않는다는 자부심도 엿보인다. 그들의 시는 대개 매미들의 재잘거림이라 요란하기는 하지만 깊은 맛이 없다는 것이다. 용이 한 번 고함을 외쳤을 때 천하를 울리게 하는 것과는 비교가 되지 않는다는 것이다. 바로 그런 울림을 정두경의 시가 보여준다는 것이다. 입에 발린 아부가 아니라 진정 시로서 인정했음을 이런 표현이 그대로 보여준다.

 스님 역시 처음부터 그런 안목을 가진 것은 아니었다. 작은 개울물을 보고서야 큰 바다의 웅장함을 알 수 있듯이 남들의 시와 비교해보니 정두경의 시가 지닌 깊이와 무게를 알겠다는 것이다. 고작 발목에 차는 물로 교만하게 재주를 뽐내는 사람들이 정두경의 문학은 깊이 만 길이나 되는 것을 알 리 없다. 스님은 그 사실을 말해주고 싶었던 것이다. 스님이 당시에 문학으로 인정을 받은 것이 단순히 방외의 승려 신분이었기 때문이 아니었음을 이 시는 잘 말해준다. 그리고 그런 높고 깊은 경지에 오르기 위해 깨달음의 고행만큼 오랜 수련의 과정을 거쳤음도 짐작할 수 있다.

 유불 교유의 측면을 보여주는 또 한 편의 작품 <이진주의 초당에 걸린 시운에 삼가 차운하여(敬次李晉州草堂韻)>를 읽어보도록 하자.

소나무는 냇가 초당이 되고 대나무는 사립문 되었는데
조정에서 입던 옷 벗고 푸른 도롱이로 갈아입었네.
한가롭게 백조를 좇아 모래 언덕에 앉았다가
취하면 나귀 타고서 달빛 아래 돌아오네.

松作溪堂竹作扉　朝衣還着綠簑衣
閑隨白鳥沙邊坐　醉跨青驢月下歸

 출장입상(出將入相)이 아니라 입유출불(入儒出佛)의 모습을 그리고 있다. 즉 조정에 들어가면 유가의 벼슬아치가 되지만, 밖으로 나오면 불가의 도인(道人)이 된다는 말이다. 이진주가 여가에 머물렀을 초당도 화려한 정자나 전각이 아니다. 냇가 소나무가 서까래며 기둥이 되고 대나무는 사립문이 되는, 그야말로 조촐한 여막(廬幕)이다. 이진주란 분의 성품을 짐작하게 하는 구절이다. 푸른 도롱이를 걸치고 백조와 함께 언덕을 소요하는 모습은 만행에 빠진 구도자의 모습과 크게 다르지 않아 보인다. 속세의 구도자니 좋은 경치 홍겨운 기분을 술 한 잔으로 적셨다. 얼큰한 마음을 나귀 타고 달빛 아래 돌아오는 풍경은 한 폭 산수화의 한 장면이라고 해도 좋을 정도이다.

이 작품에 이치를 따지고 무념의 세계를 묘사하는 구절은 없다. 오히려 그런 것이 틈입했다면 이 시는 맛이 다 사라져 버렸을 것이다. 말이 없어도 말 밖에 그런 묘미는 다 녹아 있다. 등불 아래 앉아 무진장한 자연의 섭리와 무욕의 저편 세계를 다 태워버린 이후 얻어진 고결한 재가 시에는 안개처럼 덮여 있는 것이다.

마지막으로 읽을 시는 앞에서도 잠깐 언급했던 잡체시 가운데 층시(層詩)이다. 첫 구가 1언이고 마지막 구는 10언으로 된 시이다. 시각적으로 보면 마치 탑을 쌓아올린 듯한 모습을 연출한다.

스님들에게는 이런 유형의 시가 상당히 많다. 선적 깨달음과 그 수행 과정이 이미 파격이고 상식을 넘어선 경지니, 이를 표현하는 시 역시 형식에 있어 다른 차원을 보여주는 것이다. 틀에 갇히지 않고 사물과 현상을 자유자재하게 바라보았던 선승들의 내면이 잘 드러나 있다.

제목은 <1언에서 10언까지(自一言至十言)>이다.

이리 노닐고
저리 어정거리노라
달은 골짜기에서 떠오르고

바람은 누대로부터 불어온다.
주장자 집고서 떠났다가
구름을 떨어내며 돌아오노라.
한가할 때면 흰 돌 위에 잠시 앉아도 보고
권태로우면 푸른 이끼 위를 밟아도 보네.
사나운 호랑이를 길들여 데려오고
재잘대는 새들과는 벗이 되어 어울리노라.
그윽한 암자에는 우거진 대나무 길이 나있고
숨어사는 흥치는 맛좋은 차 몇 잔으로 족하네.
침상이며 돗자리는 손님을 맞으려고 항상 벌려 놓았고
대문과 창문들은 스님을 보내느라 언제나 열려 있지.
담담하고 밋밋한 참된 근원은 그 맛이 냉이와 같고
영고성쇠의 헛된 망상의 바다에서 내 마음은 재와 같을 뿐일세.
시냇가 한 구석에 열 이랑 밭이면 살기에 충분하고
죽고 난 뒤나 태어나기 전 모든 일에 슬퍼할 까닭이 없네.
내 평생소원이라면 구차하게 얻으려는 마음을 없애는 것이니
장자의 생애를 좇으려면 아래 위를 잘 살펴 잘 쓸 줄 알아야 하지.

徘	徊
月壑	風垉
携杖去	拂雲回
閑蹲白石	倦踏靑苔
猛虎馴將來	鳴禽伴得來
幽棲亂竹三逕	逸興良茶數盃
床榻每因迎客設	門扇多爲送僧開
淡薄眞源其味如薺	榮枯幻海此心似灰
溪南溪北十畝斯可足	身後身前萬事不須哀
平生志願只自可無苟得	欲逐莊生相上下用安排

자연에 묻혀 사는 이의 여러 가지 실제 모습과 내면적인 즐거움을 담고 있다. 왜 도회의 번잡한 삶이 자연 속의 고요한 사람만 못한지 아주 구체적인 예를 열거하면서 친절하게 알려주고 있다. 담담하고 밋밋한 참된 근원의 맛을 즐기기를 권하면서 영예와 이익을 추구하려는 망상에서 벗어나라고 충고한다. 스님 스스로 오랜 시간 자연 속에 살면서 얻은 교훈이고 가르침이기에 더욱 마음에 와 닿는 말이다.

◎ 설암 추붕의 선시 ◎
방대한 작품집을 남긴 고승의 선시세계

　조선조 중기로 접어들면서 조선 정부의 억불 정책은 고착화되는 양상을 띠게 된다. 이런 암울한 상황에 대응하기 위해 불교계에서도 다양한 체질 변화 움직임이 일어나게 된다. 물론 방편적인 반응이었지, 포교 활동이나 이치의 추구, 개오(開悟)의 노력까지 후퇴한 것은 아니었다. 다만 편견에 빠진 사대부 지식인과 지배층을 설득하기 위해 좀 더 다른 방식의 접근도 필요했던 것이다.
　그런 방식 가운데 하나가 바로 문학을 통한 교류였다. 지적으로나 문학적으로 어깨를 견줌으로써 문인들의 지속적인 관심과 이해를 이끌어내는 방향을 택했던 것이다. 이미 고려시대부터 면면히 이어졌던 선적 상상력과 선시의 전통은 이제 조선시대 문단에서도 무시할 수 없는 위치를 차지하기에 이르렀던 것이다. 그런 울력을 밑바탕으로 조선 불교의 새로운 활력소로 시문학은 등장한 것이다.
　이런 일련의 노력은 비단 한두 사람의 선승들의 전유물은 아니었다. 당시의 대부분의 스님들이 불교적 사유와 문학적 재능을 갖추고서 사대부들과 적극적인 교유에 앞장섰던 것이다. 여기서 우리가 읽을 설암 추붕(1651~1706) 선사 역시 그런 분 가운데 한 사람이다.
　먼저 스님은 조선조 선승 가운데 가장 방대한 시문집을 남긴 분이었다.

스님에게는 두 종의 시문집에 전하는데, 『설암잡저(雪巖雜著)』에는 806편의 시문이 실려 있고, 『설암난고(雪巖亂藁)』에는 시 132편이 수록되어 있다. 『잡저』에 실린 작품 가운데 43편이 산문이니 763편이 시인 셈이고, 『난고』의 작품까지 포함하면 895편의 시를 남긴 셈이다. 그 속에는 다양한 성격의 시들이 모여 있다.

먼저 스님의 생애부터 정리하기로 하자.

스님은 1651년(효종 2) 8월 27일에 태어났다. 법명은 추붕(秋鵬)이고, 법호는 설암이며, 성은 김씨로, 평안남도 강동(江東) 사람이다. 강동은 대동강의 중류 평야에 임해 있는 지역으로, 농산물의 집산지이다. 아버지의 이름은 응소(應素)고, 어머니는 진주(晉州) 장씨(張氏)였다.

스님은 가냘픈 모습에 풍채 역시 빼어난 데가 없었지만 두 눈동자만큼은 형형한 빛이 사람을 쏘았다고 한다. 계행(戒行)에 있어서는 아주 엄격했지만 사람과 마주할 때에는 신분의 귀천에 관계없이 평등하게 대하기도 했다. 담론을 나눌 때는 불꽃이 일 듯 정열적이었고, 샘솟듯 그칠 줄 모르고 쏟아져 나오는 변설은 대중을 압도하고도 남음이 있었다.

원주 법흥사의 종안(宗眼) 스님에게서 머리를 깎고 스님이 된 뒤 벽계구이(碧溪九二) 선사를 찾아가 손수 물 긷고 절구질하면서 경론을 배웠다. 스님은 이 무렵 묘향산 보현사에서 화엄을 강론하며 세상에 이름을 떨치고 있던 월저도안(月渚道安, 1638~1715) 대사를 찾아 길을 떠난다. 가득 고이면 넘치고, 머물지 않는 물처럼 피안의 세계에 도달하려는 스님의 구도 집념은 굳건했다. 제자다운 제자를 기다리던 월저 스님과 진리를 찾아 불원천리 스승을 찾은 설암 스님. 두 사람은 만나자마자 조금의 의심도 없이 의기투합했다. 월저 스님은 스님이 특이한 법기(法器)임을 알아차리고 제자로 받아들였던 것이다.

월저 스님을 모시고 10여 년을 정진한 끝에 마침내 스승으로부터 청허

(淸虛)에서 편양(鞭羊), 풍담(楓潭)으로 이어지는 의발을 전해 받게 된다. 스승의 법을 이어받은 뒤 남쪽 지방을 순회하며 가르침을 펴기 시작하자 남방의 학인과 납자들은 스님의 명성을 듣고 구름처럼 몰려와 그의 가르침에 깊이 심취했다고 한다.

1706년(숙종 32) 8월 5일에 입적하니 세수 56세였다. 다비하여 사리 5과가 나오자 나누어 낙안(樂安)의 징광사(澄光寺)와 해남의 대둔사(大芚寺)에 각각 탑을 세워 봉안했다. 홍문관 대제학 이덕수(李德壽)가 비명을 지었다.

문집으로 제자 법종(法宗) 등이 1722년(경종 2)에 편집한『설암잡저』3권 3책과『설암난고』2권 1책이 전해진다. 그밖에『선원제전집도서과평(禪源諸詮集都序科評)』2권이 전하고,『법집별행록절요사기(法集別行錄節要私記)』1권이 있었지만 일실되었다. 대둔사 백설당(白雪堂)에서 법회를 열었던 때의 기록인『화엄강회록(華嚴講會錄)』이 대둔사에 전하며, 문도는 34명에 이르렀다고 한다.

많은 시문을 남긴 만큼 스님의 시세계도 폭이 넓고 깊다. 시대적 분위기에 맞게 당시 사대부 지식인들이나 권력층들과 교유하면서 남긴 작품들이 상당수에 이른다. 그밖에 제자나 동료, 선배 등 당대의 스님들에게 쓴 시도 적지 않은 분량이다. 그러나 스님의 일상생활을 단아하게 노래한 작품도 많고, 세태를 풍자하거나 인정을 꼬집은 작품도 더러 눈에 띈다. 또 산사와 암자를 묘사하고, 산천의 아름다움이나 절기 풍습 등을 담은 시들도 남아 있어, 다채로움이 여느 문인들의 문집을 능가할 정도이다. 거기다 영사시(詠史詩)로 구분될 작품도 있고, 당시 민중들의 모습을 담은 시나 소상팔경(瀟湘八景)을 노래한 작품 등 이채로운 시들이 문집 속에 실려 있다. 정밀하게 스님의 시세계는 다시 조명될 필요가 있다.

여기서는 스님의 평상 생활을 엿볼 수 있는 작품들과, 아름다운 이 땅의 명산을 노래한 시, 유가 지식인들과 교유하면서 쓰인 작품들, 그리고 잡체시 몇 편을 읽어 스님의 시세계가 어떠했는지 살펴보기로 하겠다.

스님의 시에서는 이른바 선리시(禪理詩)는 발견하기 어렵다. 깨달음의 세계는 어차피 말로 표현할 수 없는 것이니, 굳이 시로 남길 필요를 못 느꼈으리라 짐작된다. 그래서 스님의 일상사를 노래한 작품들을 읽으면 참 평탄하고 쉽다는 느낌을 갖게 된다. 물론 이것이 스님의 시가 격조가 떨어진다는 것과는 전혀 다르다. 스님의 시를 읽으면 그 분이 얼마나 따스한 인간미가 넘쳤는지 금방 알 수 있다. 선승이라 해서 어려운 난해한 구절을 남발한다거나 남다른 깨달음의 경지를 보여줘야 한다는 부담감이 전혀 느껴지지 않는다. 가장 몸을 낮게 두었지만, 그 때문에 스님의 수행의 깊이가 얼마나 높은지 실감한다. 묘한 아이러니가 아닐 수 없다.

먼저 읽어볼 시는 <꽃을 탄식하며 2수(嘆花 二首)>란 제목의 시이다. 두 편의 5언절구로 꾸며져 있다.

어젯밤 바위 가에 핀 몇 송이 꽃
떠오른 빛이 사람을 향해 말하는 듯했네.
맑은 새벽에 문득 주렴 걷고 바라보니
하루밤새 비바람 맞아 다 떨어졌구나.

昨夜巖邊數朶花　浮光似向幽人語
淸晨忽起卷簾看　一夜盡隨風雨去

가지마다 활짝 핀 꽃 보기도 좋더니
미친 바람에 다 떨어져 하릴없이 냇물을 좇는구나.
세상의 모든 일이 다 이와 같으니

어찌 인정인들 오래 머물길 바라겠는가.

可憐灼灼滿枝花　落盡狂風空逐水
世間萬事儘如斯　何必人情能獨久

얼핏 보면 세태를 꼬집고 안타까워하는 내용이 아닌가 여겨진다. 그러나 자세히 읽으면 꼭 세상의 인심이 각박하고 변화무쌍한 것을 탄식하는 그런 시는 아니다. 오히려 당연한 이치를 담담하게 받아들이는 관조와 해탈의 자세가 엿보이는 시라고 하면 지나친 말일까? 이백의 <산중문답(山中問答)>에 나오는 명구 '도화유수요연거(桃花流水杳然居去)'의 의장이 은근히 더해져 있다. 꽃도 활짝 필 때가 있으면 바람에 날려 떨어질 때가 있는 게 자연의 이치이다. 사계절 내내 꽃이 피어있기를 바란다면 이것은 탐욕이고 집착이다. 인정이 너무 메말라 버리는 것도 문제지만, 모든 것을 너무 인정에 의지하는 것도 큰 문제이다. 때가 되면 바람에 쓸려 떨어지는 꽃잎처럼 우리도 우리의 삶에 지나친 애착을 버리고 관조할 수 있는 여유를 갖자는 것이 스님의 마음이 아닐까 여겨진다. 이 시를 읽으니 문득 얼마 전에 작고한 시인 이형기 선생님의 <낙화(落花)>가 생각난다. 같이 한 번 읽어보자.

가야 할 때가 언제인가를
분명히 알고 가는 이의
뒷모습은 얼마나 아름다운가.

봄 한철
격정을 인내한
나의 사랑은 지고 있다.

분분한 낙화..
결별이 이룩하는 축복에 싸여
지금은 가야 할 때

무성한 녹음과 그리고
머지않아 열매 맺는
가을을 향하여
나의 청춘은 꽃답게 죽는다.

헤어지자
섬세한 손길을 흔들며
하롱하롱 꽃잎이 지는 어느날

나의 사랑, 나의 결별
샘터에 물 고인 듯 성숙하는
내 영혼의 슬픈 눈.

참으로 아름다운 시이지 않는가? 낙화를 보며 슬퍼하는 것이 아니라 머지않아 열매 맺을 성숙한 그 날을 향해 청춘의 불태워버리는 용기와 신념이 엿보이는 작품이다. 추붕 스님의 위 시도 그런 연장선상에서 읽는다면 시의 맛이 다르게 다가오지 않을까.

이어지는 작품은 제목이 <그윽한 삶(幽居)>이다. 스님에게는 유독 '유거(幽居)'란 제목이 붙은 시가 많다. 산사에서 자연을 벗 삼아 살아가는 삶이니 유거란 표현이 어울린다. 그러나 유거는 은거(隱居)와는 다르다. 은거는 세상과 완전히 결별하면서 등진 채 살아가는 삶의 방식이지만, 유거는 세상과 나란히 한 삶의 방식이다. 세속의 욕망이며 인연이야 끊었지만, 하화중생(下化衆生)의 염원은 더욱 간절해지는 것이 수행자의 삶이다.

내 한 몸을 깨끗이 하겠다는 은둔이 아니니, 스님의 관심은 항상 세상과 중생들을 향해 있을 수밖에 없다. 그런 의미에서 유거란 말은 아주 적절한 제목이라고 할 수 있다.

깊은 산이라 하루 종일 찾는 이도 없으니
온 산 가득 흰 구름을 쓸 일도 없구려.
작은 집에 맑은 정치는 더욱 고즈넉하고
처마 너머로 들리는 것은 관음조의 울음소리.

深山竟日無人到 滿地白雲長不掃
蝸舍淸幽更寂寥 簷前但聽觀音鳥

투명하고 순수한 스님의 마음이 그대로 읽히는 시이다. 마음마저도 비워버리고 눈에 들어오는 물상들을 보이는 대로 바라보는 편안함이 우리를 휴식의 세계로 인도하는 듯하다. 찾아오는 이가 없다고 한탄하지도 아쉬워하지도 않는다. 기별을 넣어 부를 리는 더욱 없다. 인연에 따라 오면 오는 것이고, 오지 않으면 또 그런 것이다. 그러니 구름이 덮였다고 해도 바람이 쓸어가면 쓸어가는 대로 상관을 하지 않는다. 현상을 있는 그대로 받아들이지 집착한다거나 애써 외면하려고 하지도 않는다. 이런 무착(無着)의 삶에 도달한 스님의 생활이 참 부럽다. 작은 집이나마 몸 하나 눕힐 수 있으니 넉넉한 공간이다. 정치(情致)는 절로 우러나오고 고요한 절간의 한정(閑情)은 덤으로 얻은 것이다. 구김살 없는 환한 웃음으로 관음조의 울음소리에 귀 기울이고 있는 스님의 모습이 한 눈에 들어오는 작품이다.

세 번째 작품은 <새벽에 일어나서(曉起)>이다.

긴 노랫가락 짧은 피리소리 요란하더니
밤 내내 옛 사람의 정을 그저 위로해주네.
등불이 깜빡거려 심지 돋우는데 해는 밝아오고
때로 산골 닭이 오경을 알리는 소릴 듣노라.

多少長歌短笛聲　一宵聊慰故人情
殘燈挑盡天將曉　時聽村雞報五更

스님의 일상생활이 어떠한지 시 한 편만으로도 짐작할 수 있다. 이런 저런 상념에 잠겨 잠 못 드는 밤에 어디선가 피리 소리가 들려온다. 감정을 다스리는 것이 승려이지 감정이 죽어버려 재가 되었다면 그것은 목석인 것이다. 진중하게 속세의 인연이며 세상사의 논리에 대해 묵상하다가 밤을 까맣게 새우고 맞는 새벽에 이번에는 촌닭이 울어 날이 밝는 것을 알려준다. 희미하게 터오는 동녘을 바라보며 잔잔히 애상에 젖은 스님의 모습은 언뜻 속가의 중생(衆生)의 자세를 벗어나지 못한 듯이 보인다. 그러나 말로는 전할 수 없는 인생과 사색의 무게를 평이한 시어들로 꾸며 내는 솜씨며 기품은 새로운 맛을 보여준다. 이런 것이 스님의 평소 삶이었고, 마음의 흐름이었던 것이다.

승려와 산은 끊으려고 해도 끊을 수 없는 관계에 놓여 있다. 생활 터전이 바로 산이기 때문이다. 더욱이 산마다 자리한 유서 깊은 사찰을 생각하면, 산은 곧 부처님이 계신 곳이고 깨달음과 그 실천이 이루어지는 공간이기도 하다. 산에 대한 찬송과 예찬이 선승들의 시에 많이 보이는 것은 당연한 일이라고 하겠다.

평안도 강동에서 태어나 남도의 땅 대둔사에서 활동한 스님이었으니, 전국의 모든 산천이 스님의 활동 무대였다. 특히나 스님의 고향인 평안도에 있는 묘향산은 각별한 인연이 있는 곳이라, 묘향산을 노래한 시가 많은 것은 자연스런 일이겠다. 여기서는 묘향산과 금강산 두 산을 노래한 작품을 읽어보자.

첫 번째 작품은 <묘향산에서(妙香山)>이다.

아득한 하늘가에 자리한 묘향산
눈 맞으며 우뚝 서서 북쪽 변방을 지키는구나.
기이한 돌이며 쏟아지는 샘물은 멀리서 봐도 놀랍고
그윽한 꽃 즐거운 나무들이 수심 어린 얼굴을 풀어준다.
금빛 임금님 말 달려와 멈추니 사람들 모두 우러러 보고
단군 왕검 남기신 자취에 귀신도 다시 몸을 숨겼네.
만 길로 솟은 비로봉이 너무나도 사랑스러우니
울긋불긋 봉우리가 흰 구름 속에서 하늘을 가는구나.

茫茫天際妙香山　雪立亭亭鎭北關
怪石飛泉駭遠矚　仙花樂樹解愁顔
金皇駐蹕人皆仰　檀帝遺蹤鬼亦慳
最愛毘盧峯萬丈　磨天紫翠白雲間

그야말로 고향의 산천에 대한 무한한 애정과 사랑이 담뿍 담긴 시이다. 북녘의 산이니 정상에는 눈발이 날릴 것이고, 험준한 언덕과 계곡 사이로는 기암괴석과 시원한 폭포수 물줄기가 연이어질 만하다. 그 모습에 스님의 얼굴도 활짝 펴지고, 상쾌한 포말(泡沫)은 얼굴을 씻어내 사람을 놀라게 한다. 부처님과 단군왕검의 유적이 어렸으니, 유서 깊은 산임을 알겠고, 덩달아 사람들 경외하고 귀신도 서릴 것은 자명한 이치다. 멀리서 봐도 아름다운 비로봉의 우아한 자태와 저녁 햇살을 받아 울긋불긋 빛나는 봉우리는 참으로 천하의 장관이라고 해도 과장이 아닐 것이다.

이 시는 마치 망향(望鄕)의 노래처럼 들린다. "차마 꿈엔들 그곳이 잊 힐리야."라고 정지용 시인도 노래했지만, 눈을 감아도 손에 잡힐 듯 떠오르는 고향 산천의 모습을 스님은 노래하고 있다고 해도 좋을 작품이다. 북녘에 고향을 둔 분이 이 시를 읽는다면 그 모습이 눈에 아련히 떠오를 것이다.

두 번째 시는 <금강산에서(金剛山)>이다. 스님은 금강산을 여러 번 다녀왔던 것으로 보인다. 금강산에 산재한 사찰들을 읊은 작품이 많은 것으로도 알 수 있는 일이다. 이름에서부터 벌써 금강산은 불교와 떨어질 수 없는 사이다. 봉우리마다 골짜기마다 사찰이 하나씩 있다고 할 정도로, 명산대찰(名山大刹)이란 말이 잘 어울리는 산이 금강산이다. 사대부 문인들도 금강산을 유람하면서 엄청난 기행시들을 남기고 있지만 스님들의 시에는 또 다른 맛과 멋이 담겨 있다.

온갖 향기를 찾아 저물녘에 금강산에 드니
부처님께서 법 펼치신 이곳 흥도 헤아리기 어렵구나.
삼천의 고요한 세계는 임왕이 머무는 집이고
열두 개 신선의 다락은 옥황상제의 고향이지.
만폭동을 지날 때는 주장자를 날래게 움직였고
백천교를 건널 때는 시를 지어 마음을 담았네.
이곳저곳 오가다가 푸른 동자 지나는 것을 보고
그 옛날 구경 왔던 영랑 선자가 아닐까 좋아했었네.

暮入蓬萊訪衆香　諸天法地興難量
三千靜界琳王宅　十二仙樓玉帝鄕
萬瀑洞中飛錫杖　百川橋上賦詩章
徘徊喜見靑童過　無奈當年是永郎

스님은 유람을 위해 금강산을 찾은 것은 아니다. 물론 그 아름다운 절경에 감탄이 절로 나왔겠지만, 스님의 시선은 그곳에만 머물러 있지 않는다. 금강산이 이고 있는 광활한 우주와 곳곳에 어린 신화며 전설에까지 스님은 관심을 가졌다. 물질세계의 정수로서만 금강산이 인식되는 것이 아니란 말이다. 그야말로 시공을 초월한 안목으로 스님을 금강산을 그리고, 의미를 담는다. 금강산은 삼천 대천 세계를 재현하고 있으며, 12개 신선의 누각들이 다 모여 있는 곳으로 설정한다. 그러므로 부처님만이 아니라 보살들과 심지어 옥황상제까지 공존하는 곳으로 확대시킨다. 불교라는 테두리에 갇히지 않고 사물을 상대적인 관점에서 바라보았던 스님의 열린 마음이 읽히는 대목이다.

금강산의 아름다운 경치를 접했으면서도 경련에 와서야 약간의 묘사가 있을 뿐이다. 자연을 노래했지만 서경(敍景)은 거의 없다. 남들이 충분히 노래했으니 흥겨운 풍악소리도 물릴 만하지 않느냐, 이제 금강을 다른 눈으로 바라보자. 이런 스님의 충고가 들리는 듯하지 않는가? 예부터 많은 수도자들이 몸을 맡겨 수행에 전념했던 명산이기에 스님의 감회는 한 곳에만 머물 수 없었던 것이다.

푸른 옷을 입은 동자가 지나가는 것을 보고 신라시대 때 금강산에 유람왔던 영랑의 모습을 떠올리기도 하면서, 스님의 발걸음은 더욱 가볍고 유쾌하게 바뀌고 있다. 신라의 화랑으로, 효소왕 때 술랑(述郞), 남랑(南郞), 안상(安詳) 등과 더불어 4선(四仙)의 하나로 꼽혔던 그는, 금강산 일대를 유오(遊娛)한 일로 유명하다. 영랑의 발자취는 고려와 조선시대 문인들 사이에 널리 회자되어 <영랑도남석행(永郞徒南石行)>이라고 바위에 새겨진 삼일포(三日浦) 방면을 답사하는 사람들이 많이 나타나기도 했다고 한다. 아마 스님이 본 '푸른 동자' 역시 그 참배객의 일월이었을 것이다. 영랑이나 지금의 순례객이나 마음은 한결같으니 동일 인물이라고 해도 무방한 일일 것이다.

앞에서도 말한 것처럼 스님은 사대부들과도 다양하게 교유했다. 그 결과 주고받은 시가 상당수에 이른다. 험난한 시대를 살았지만 스님은 그들과 대등한 차원에서, 아니 인격적으로나 시문학에 있어서 한 수 위의 경지를 보여주었다. 스님의 시가 이를 증명한다.

여기서는 교유시보다 스님의 유교 이해의 깊이를 보여주는 시를 골라보았다. 먼저 읽을 시는 <조양의 공자의 사당에 쓰다(題朝陽聖廟)>는 제목이다.

하늘에서 고운 글을 내려주시던 날
쇠약해진 주나라에 수정 구슬이 나타났지.
기린이 잡히자 쓰던 『춘추』를 멈추었고
진시황 불길을 피해 벽에 경전을 숨겼지.
바다를 바라보며 뗏목 타고 떠날 생각하셨고
동산에 올라서는 노나라가 작다는 마음이었네.
억겁의 시간이 지나도 결코 사라지지 않으리니
옥구슬이 울리면 쇠종 소리가 화답하겠구나.

天降玉書日　衰周現水精　感麟編絶筆　避火壁藏經
望海乘桴志　登山小魯情　千秋終不泯　玉振與金聲

이 시에서 우리가 먼저 주목해야 할 점은 성묘가 있는 '조양'이라고 하는 곳이다. 보통 조양하면 중국 산동성(山東省) 일대를 말한다. 해가 제일 먼저 떠오르는 곳이란 의미에서 붙여진 이름이다. 제목의 조양이 그곳이라면 스님은 생전에 중국 땅을 방문한 적이 있다는 말이 된다. 아닌 게 아니라 스님의 문집에 보면 시를 쓴 장소가 중국일 듯한 느낌을 주는 작품이 여러 수 보인다. 중국을 다녀온 기록을 아직 읽어보지 못했고, 그런 언급을 하고 있는 자료도 없어 자신하기는 어렵다만, 좀 더 고증할 필요가 있는 문제라 생각된다. 이것이 사실이라면 그 엄혹한 시대에 중국 기행까지 실천했던 스님으로서 새로운 자리매김을 해야 할 것이다. 중국을 다녀왔다고 해도 떳떳하게 내놓고 여행할 상황이 아니었으니, 대단히 비밀스럽고 조심스러운 여행이었을 것이다. 무슨 이유로 그런 위험한 일을 감행했는지 더욱 궁금해진다.

이 시를 읽어보면 스님의 유가 이해도 만만치 않았다는 사실을 알게 된다. 그들과 문장으로 겨루기 위해 유가 지식이 필수적이긴 했겠지만, 승려로서 공자의 사당을 찾아 참배했다는 사실 자체가 흥미롭다. 불교와 유교의 화목한 공존을 꿈꾸었던 스님이었으니, 이런 예식은 당연한 과정이었을 것이다. 하늘이 내린 글이란 유가의경전일 것이고, 수정 구슬은 밝은 미래를 상징하는 대응물일 것이다. 기린이 잡히자 공자가 상심 끝에 『춘추』쓰기를 멈췄던 일이나 진시황의 분서갱유(焚書坑儒)로 유가에 큰 시련기가 닥쳤던 일 등을 기술한 것은, 이런 일을 거울삼아 불교에 대한 억압을 거둬들이라는 충고였을 것이다. 세태에 상심하여 뗏목을 타고 바다를 건널 생각까지 하고, 산에 올라 천하가 좁은 것을 안 기상 등도 우의적인 의미가 담겨 있는 것처럼 보인다. 불교가 유교가 동원이류(同源異流)라는 이념이 바탕에 깔려있는 것이다. 그런 시련을 겪고도 유교가 이렇게 번성했듯이 불교의 연원도 영원하리라는 희망과 자신감이 마지막 구절에 담겨 있다. 아울러 두 사상이 결합하여 조화를 이룬다면 마치 금성옥진(金聲玉振)과 같은 아름다운 음악이 완성될 것이라고 자신 있게 말하는 것이다.

이 시를 통해 스님은 단지 공자의 사당에 참배하는 효과만이 아니라 같은 배를 탄 동류로서 불교와 유교를 아우르려는 의지를 표명했다고 할 수 있다.

다음 시는 유가들과의 교유시에 해당하는 작품이다. 제목이 <주선비에게(贈朱生)>인 이 시는 여느 시와는 달리 약간의 훈계조가 담겨 있어 시선을 끈다.

사람 세상에서 쓸데없는 사단을 일으키지 말게
아름다운 가슴 속에는 호연지기(浩然之氣)를 키울 일이지.
한 마디 말을 읊조려 간절하게 부탁하노니
황금으로도 청년 시절을 바꾸기는 어렵다네.

勿於人世惹塵緣　錦繡胸襟養浩然
一語丁寧吟以託　黃金難可換靑年

주 선비는 누구일까? 그가 무슨 사단을 일으킨 것일까? 아니면 세상 사람들의 비난을 그가 막아준 것일까? 티끌 욕심에 얽매여 부정한 언사를 일삼으니 가슴 속에 아름다운 호연지기를 품으라고 스님은 충고한다. 그것은 세상 사람들을 향한 스님의 포효일 것이다. 그리고는 이어지는 간절한 부탁. 인생에서는 청년기는 다시 오기 어려우니 임전무퇴의 정신으로 최선을 다하라고 말한다. 어찌 보면 불가나 유가나 젊은 시절의 정진이 결국 세속의 성공이든 득도의 경지든 뭔가를 이룰 수 있는 터전이 된다. 젊어 게으른 사람이 성공하는 경우란 거의 없다. 그러니까 스님은 주 선비에게 망념에 사로잡혀 기운을 허비하지 말고 오로지 일로 정진하여 청운의 꿈을 이루라는 당부를 담은 셈이다. 그것은 개인적인 영화를 위한 것이 아니라 나라와 중생을 위한 바른 길이기 때문일 것이다. 한 인재에 향해 쏟는 스님의 마음이 읽힌다.

끝으로 읽을 작품은 잡체시들이다. 스님에게는 모두 세 편의 잡체시가 있다. 두 편은 '삼오칠언(三五七言)'이라 해서 글자수가 구를 바꾸면서 3·5·7언으로 늘어나는 형태를 보인다. 또 한 편은 회문시다.

회문시는 시행을 앞에서 읽어나가나 뒤에서 거슬러 읽어나가는 다 뜻이 통하는 시 형식을 말한다. 한자어가 고립어이기 때문에 가능한 솜씨라고 하겠다. 먼저 <회문시(回文)>부터 읽도록 하자. 이런 시는 사실 희작(戱作)에 가까운 것이라 굳이 해설을 달 필요는 느끼지 않는다. 그저 여러분께서 읽어보시고, 스님의 시재(詩才)와 재치를 느끼셨다면 만족할 만하다. 물론 그렇다고 감상할 내용이 없다는 말은 아니니 스스로 그 뜻을 음미해보는 것도 좋으리라 여겨진다.

신선 노님을 그리워한 마음 날마다 자라는데
끊임없이 이어지는 생각은 참으로 괴롭구나.
근심과 원망은 붉은 마음에 맺혔고
헤어지는 슬픔은 늙은이를 아프게 하네.
뜬 구름은 한강의 가을에 푸르고
가는 아지랑이는 저무는 숲에서 개는구나.
흐르는 눈물이 수건을 다 적시니
꿈속에서 넋은 먼 길을 돌아가네.

遊仙戀日長　脈脈情思苦　愁怨結丹心　別離傷白首
浮雲碧漢秋　細靄晴林暮　流涕欲沾巾　夢魂歸永路

길은 아득히 혼백의 꿈으로 돌아가고
수건이 젖었으니 눈물이 흐를 듯하네.
저물녘 숲에는 가는 아지랑이도 개였고
가을 한강 가에는 푸른 구름이 떴구나.
머리 흰 늙은이는 이별을 슬퍼하고

마음은 붉게 원망과 근심으로 맺혔네.
괴로운 상념들은 끊임없이 이어지는데
날마다 신선의 노님을 그리워하고 있노라.

路永歸魂夢　巾沾欲涕流　暮林晴靄細　秋漢碧雲浮
首白傷離別　心丹結怨愁　苦思情脈脈　長日戀仙遊

다음 시는 <유람을 떠나는 천해를 보내며, 2수(送天海遊翫 三五七言)>
이다.

오나라의 삿갓을 무겁게 눌러쓰고
초나라의 짚신이 향기롭기도 하구나.
동쪽으로는 영장의 북녘을 노닐었고
남쪽으로는 영호의 서녘까지 달렸었지.
산이며 바다며 나막신 두 짝이 모두 닳았었고
풍류는 능히 자장과 어깨를 나란히 할 만하구나.

重吳笠　香楚鞋　東遊瀛丈北　南走嶺湖西
山海盡輪雙屐齒　風流肯與子長齊

영주의 바다는 깊고
봉래산은 아득히 멀구나.
두 곳은 예부터 흐름이 향기로우니
주장자 짚고 오늘 두루 다녔으면.
거듭 꿰맨 메추라기 옷을 가을바람에 날리는데
거침없는 행색은 한 떨기 구름인 양 하구나.

瀛海深　蓬萊遠　兩地古流芳　一節今欲遍
鶉衣百結拂秋風　行色飄飄雲一片

끝으로 <삼오칠언(三五七言)>을 읽어보도록 하겠다.

복숭아꽃은 붉고
오얏 꽃은 희네.
누군들 묘법으로 들어가는 문호가 아니겠으며
절로 여래의 빛깔을 띠었구나.
능히 이 불생불멸(不生不滅)의 소식을 믿는다면
천 칠백 공안 따위야 다 털어버린 셈이지.

桃花紅 李花白 誰非妙法門 自是如來色
若能信得此無生 公案盡翻千七百

◎ 허정 법종의 선시 ◎
자연과 속세를 함께 품고 살다

　한시를 읽다보면 해석하기 어려운 작품도 있고, 그냥 술술 읽히는 작품도 있다. 풀이가 쉽고 어려운 차이가 곧 그 작품의 수준을 가늠하는 결정적인 기준은 아니다. 한시가 워낙 어려운 한자로 되어 있는 데다, 용사며 전고에 지켜야 할 규칙도 까다로워 우리말로 옮겨 읽는다는 것이 사실 어렵다. 하지만 사전과 참고 문헌을 뒤져서야 겨우 뜻을 알 수 있는 작품이라도 뜻을 알고 나면 이해가 금방 되는 경우도 있다. 반면에 뜻은 금방 풀려도 시행만 이해해서는 무엇을 말하는지 헤아리기 어려운 작품도 없지 않다.
　한시도 개성의 산물이니만큼 작가에 따라 다양한 얼굴을 가진다. 또 시대에 따라 표정을 달리하는 작품도 있다. 이런 한시의 특수한 상황을 이해하면서 한시를 감상하면 좀 더 그 깊은 맛을 느낄 수 있지 않을까 하는 생각이 든다. 왜 이런 말을 하는가 하면 이번에 소개할 스님의 한시는 아주 쉽기 때문이다. 대가분들이 들으면 건방지다고 할지 모르겠지만, 허정 법종(虛靜法宗, 1670~1733) 스님이 남긴 시집을 읽으면서 모든 시인이 이렇게만 한시를 쓰면 얼마나 좋을까 하는 쓸데없는 상상까지 들 정도였다.
　하지만 서두에서도 말했듯이 번역이 쉽다고 해서 담고 있는 내용도 쉬운 것은 아니다. 그렇다고 허정 스님의 시가 심오한 인생의 철리로 점철

되어 있다는 말도 아니다. 뭐랄까, 고향집 동네 아저씨의 말을 듣는 듯한 기분이랄까. 그런 푸근하고 정겨운 맛이 스님의 시에는 담겨 있다. 걱정도 많이 하고 당부도 아끼지 않으면서 때로는 인생의 내면을 들여다 본 사람이 들려줄 수 있는 진한 국물 맛이 스님의 시에는 녹아 있다. 시골 농부가 농촌의 자연 풍경을 요란한 묘사나 수사 없이 입에서 우러나는 목소리로 들려주듯, 절간 주변의 아기자기한 경치와 변화를 스님은 시 속에서 아주 담백하고 편안하게 우리에게 전해준다.

허정 스님은 그야말로 반은 산수자연에서 맑은 공기와 높은 산, 시원한 시내와 어울려 산 풍취가 물씬 풍긴다. 또 나머지 반은 세간의 잔잔한 인정이며 관심을 담고 있다. 재치있게 시를 꾸밀 줄도 알고, 재미있게 시를 다룰 줄도 안다. 갓 무쳐낸 겉절이 같은 상큼함이 스님의 시에서 풍겨 나온다. 여러분들도 한 번 느껴보시면 좋겠다.

조선 후기를 살다간 스님은 생애가 그렇게 자세히 알려져 있지는 않다. 속성은 전씨(全氏)였고, 허정은 호이다. 12세에 옥잠(玉岑) 스님을 은사로 승려가 되어, 도정(道正) 스님에게서 화엄학(華嚴學)을 배웠고, 1690년경 묘향산의 도안(道安) 스님 밑에서 장경(藏經)을 탐구했다. 그 뒤 묘향산에 들어가 월저(月渚) 스님을 참배하여 장경을 두루 섭렵했고, 추붕(秋鵬)선사의 의발을 이어받았다. 묘향산의 진상사(眞常寺)와 내원사(內院寺), 조원사(祖院寺) 등 사찰에 있으면서 강설과 참선으로 후학을 교도했다. 1732년(영조 8) 구월산에 들어가 강석을 열고 묘향산으로 돌아왔다가 이듬해 남정사(南精舍)에서 입적했다.

스님의 시는 재치도 있을 뿐더러 자신의 삶과 경험이 그대로 녹아 있어 더욱 마음에 와 닿다. 스님은 특히 잡체시를 많이 남겼는데, 그 가운데 수시체(數詩體)라 불리는 작품은 그대로 스님의 생애를 요약하고 있어 흥미롭다. 수시체란 작품의 홀수 구 첫 번째 글자가 숫자로 나열되는 시 형식을 말한다. 한 번 읽어보자.

한 번 불가에 몸을 담은 뒤부터
산속 절간에 사는 아이가 되었다네.
스물에는 선학과 부처님을 배웠으니
여러 강백과 조사를 찾아 다녔지.
서른에는 종장으로 일가를 이루어
옥석을 가리느라 몽둥이도 휘둘렀지.
마흔에는 가슴에 답답증이 생겨서
토하기도 하고 낄낄 웃기도 했다네.
이제 쉰하고도 아홉 살이 되었는데
늙은 몸에 고질병이 함께 따라오네.
육근은 홀연 쇠약하게 변질되어
기력은 사지에서 쭉쭉 빠져나간다.
칠식은 위로 탐닉에 빠지니
총명했던 생각을 아련히 잃어 버렸네.
팔만 가지 선정 지혜의 문들을
하나하나 살피지 못한 것이 한스럽구나.
구원(황천)으로 가는 길이 멀지 않았으니
염라국 귀신이 와서 나를 떠민다.
열 가지 소리 모두 염불의 소원을 담아
이 생명 다할 날을 기다리노라.

一入緇門後　便爲山家兒　二十學禪佛　歷參諸講師
三十作宗匠　龍蛇混拂槌　四十胸作痞　又增嘔吐嘻
五十有九歲　老疢並相隨　六根忽衰變　筋力減四肢
七識上合湛　聰明漠然遺　八萬定慧門　恨未一一闚
九原路不遠　閻羅鬼來推　十聲念佛願　以待命終時

이 시를 지은 해 스님의 나이는 쉰아홉 살이었다. 예순네 살을 사셨으니, 입적하기 5년 전에 쓴 작품이다. 벌써 이생의 인연이 다할 것을 아신 것일까? 스님은 담담하면서도 흥겹게(?) 자신의 일생을 정리하고 있다. 그러면서 죽을 때 아쉬움을 남기지 않도록 성실하게 살자는 다짐의 말도 들려온다. 숫자 일부터 십까지를 시구의 서두로 삼아 일생을 요약하는데, 옛날 공자가 자신의 생애를 십 년 주기로 설명했던 일화가 떠오른다.

아무리 근기가 좋아도 스승이 없다면 득도의 쉽지 않다. 스님은 오늘의 자신을 있게 해준 네 분의 스승을 기리는 시도 남기고 있다. <네 분을 애도함(悼四室)>이란 제목으로 된 이 시는 스승의 법명을 이용해 그 분들의 법력을 비유적으로 표현하고 있다. 자연 이미지들을 빌려와 수놓는 솜씨가 재미도 있지만, 정확하기도 해서 고개가 절로 끄덕여진다.

서녘 산 너머로 해는 떨어지고
사방 바다에서는 바람이 차구나.
달빛 어린 물가에 밤공기는 서늘하고
눈 내리는 암자에 등불만 깜박거리네.

西山日落　四溟風寒　月渚夜冷　雪庵燈殘

서산대사 청허휴정(淸虛休靜 1520~1604)에서 출발하여 사명유정(四溟惟政, 1544~1610), 월저도안(月渚道安 1638~1715)을 거쳤다가 추붕설암(秋鵬雪巖, 1651~1706)으로 이어지는 배움의 계보를 4언시로 깔끔하게 정리하고 있는 것이다. 뿌리를 잊지 않으면서 스승의 삶에 부끄럽지 않은 구도자의 길을 걸으려고 했던 마음을 읽을 수 있다.

스님이 입적하면서 남긴 <임종게(臨終偈)>는 반상합도(反常合道)의 선시적 묘미가 잘 살아 있다.

껍질을 깨치고 훌쩍 세상을 박찼으니
허공을 치고 떨어져서 흔적조차 없구나.
나무 사람이 요란하게 리라라 노랠 부르면서
돌말에 거꾸로 탄 채 편안하게 돌아가노라.

脫殼超然出範圍　虛空撲落無蹤跡
木人唱拍哩囉囉　石馬倒騎歸自適

자신을 나무 사람이라 했고, 혼자 흥에 겨워 뜻도 모를 시구를 읊조리다가, 돌로 된 말을 거꾸로 타고 고향을 향해 막무가내로 달려간다는 것이다. 속세에 살면서도 속기를 털어버렸고, 출세간을 노닐면서도 오연한 자세에 빠지지 않았던 평담한 스님의 삶의 자세가 보여지지 않는가?

스님의 시 중에서 역시 으뜸은 산중 생활의 운치를 노래한 작품이라고 하겠다. 스님의 시는 형식이나 내용, 소재가 무엇이든 자연 이미지들로 촘촘하게 채워져 있다. 때 묻지 않은 자연의 숨결이 스님의 시 속에 고스란히 옮겨와 있는 것이다.

스님의 문집인 『허정집(虛靜集)』 상권은 시로 꾸며져 있는데, 앞 장을 펼치자마자 나오는 작품이 세 편의 사(辭)이다. 형식에 크게 구애받지 않고 자신의 시심을 노래할 수 있는 형식이 바로 사이다. 재미있게도 세 편 모두 자연과 어우러져 사는 참맛을 담고 있다. 한 편씩 순서대로 감상하도록 하겠다.

첫 번째 작품은 <산속에서 부르는 노래(山中辭)>이다. 제목 하나에 두 편의 시가 쓰여 있다.

소나무 바람은 산사 창가로 불어오고
덩굴 사이 달빛은 빈 침상 위에 밝구나.

홀로 누웠으니 속세의 꿈도 맑아지고
온갖 인연들도 덩달아 모두 잠이 드네.

松風吹兮山膽　蘿月明兮虛枕
獨臥兮塵夢淸　萬緣兮都一寢

산속에 있어라 초당이여
돌로 빚은 창문 너머는 비고 고요하네.
곤하게 든 잠에서 언뜻 깨어나니
봉우리마다 온통 달빛 그림자로다.

山中兮草堂　石牕兮虛靜
一宿兮夢初回　千峰兮月已影

스님의 유유자적했던 삶이 그대로 진술되어 있다. 선방 창가를 스쳐 지나가는 바람과 덩굴 사이로 비치는 달빛, 그 속에 누워 깜박 잠이 드니 세상의 구차한 인연들도 함께 녹아 사라지고 말았다. 자신의 호를 빌려 스님은 평생을 지행했던 이상향을 묘사한다. '허정'은 사실 스님의 시를 관통하는 중요한 화두라 하겠다. 마음을 비우고 움직임을 죽인 채 허정하게 사는 삶. 밋밋한 듯하지만, 아주 알찬 생애가 밤톨처럼 알알이 박혀 있다.
　두 번째 작품은 <그윽한 삶의 노래(幽居辭)>이다.

하늘은 천막이고 땅은 방석이려니
구름은 창문이 되고 산은 벽이로구나.
일은 절로 단출해지고 몸도 덩달아 한가하니
산사는 그윽하고 마음 또한 고즈넉해라.
삶이며 죽음이며 이미 모두 잊었고
영광이며 치욕 따위 생각도 떨쳐 버렸노라.

흘러가는 세월 속에 머리에 서리가 내렸지만
가락은 늘 그 자리에, 소나무처럼 길이 푸르구나.

天爲幕兮地爲席　雲作扃兮山作壁
事自簡兮身自閑　境亦幽兮心亦寂
生兼死兮旣都忘　榮與辱兮念自釋
送吾年兮髮已霜　操不移兮松長碧

군살 하나 없이 산중의 쾌적한 생활을 표백해 놓았다. 천지(天地)와 운산(雲山)을 집으로 삼았다니 스님의 도량을 알 수 있다. 일없이 살아가니 절로 한가롭고, 몸이 한가하니 절간도 그윽해지며 마음은 정적의 희열로 가득 찼다. 그러니 무슨 생사의 번뇌가 있겠고, 영욕의 굴레에 얽매이겠는가? 세월이 흘렀으니 늙었지만 정조(情操)는 늘 푸른 소나무처럼 항상 젊음을 잃지 않는다. 어려운 구절 하나 없는 시이지만, 담겨 있는 시상은 참으로 깊고 무궁무진하다. 몸도 마음도 꾸미지 않고 있는 그대로 자연과 마주하지 않고서는 얻기 어려운 경지이다.

이어지는 세 번째 작품은 〈한가롭게 노래함(閑詠, 虛靜歌)〉이다. 부제가 '허정가'이니, 곧 스님이 자신을 노래한 셈이다.

푸른 산은 에둘렀고 흰 구름은 차곡차곡
초가집 깊은 곳에 허정은 한가로워라.
목이 마르면 산기슭 샘물을 길어 마시고
배가 고프면 송화가루 쪄서 배불리 먹노라.
앉아 마주했으니 덩굴 사이 달빛은 밝고
항상 들척이노니 경전엔 지혜도 많구나.
때로 바람이며 달빛을 읊조리기도 하고
샘물가 돌 틈에 찾아 여기저기 거닐기도 하지.

노니는 대로 가겠지, 백년도 안 되는 내 인생이여.

青山疊兮白雲層　草堂深兮虛靜閑
渴卽飮兮山泉　　飢卽餐兮松花
坐相對兮蘿月華　常披看兮貝多葉
或吟咏兮風月　　經行兮泉石
任遨遊兮送一生之百年兮

　　푸른 산과 흰 구름은 그대로 스님의 평생지기였다. 산이 고요하고 구름이 텅 빈 것을 스님이 배워 호를 허정이라 했는지도 모르겠다. 한 문집에서 같은 소재의 표현이 자주 등장하면 지루해질 수도 있는데, 스님의 시는 전혀 그렇지가 않다. 산이며 구름, 덩굴로 비치는 달빛, 돌 틈을 흐르는 샘물. 스님의 발자취며 눈길이 어느 곳으로 주로 향했는지 시는 그대로 알려준다. 그렇지만 물리지 않는다. 그것은 아마도 스님 자신이 그런 것들에 물리지 않았기 때문일 것이다. 거짓으로 쓴 시는 아무리 잘 꾸몄다고 해도 눈 밝은 사람을 만나면 들통이 나기 마련이다. 불경을 넘기다가 얼핏 비춰든 달빛이 반가워 창가에 머리를 내밀고 있는 스님의 모습이 구절 사이로 책갈피처럼 꽂혀 있다. 그러면서 내뱉듯이 말한다. 길어야 백 년인 인생, 그래 이렇게 흐르는 대로 가거라! 기질적으로 그렇게 고민하는 성격이 아니었던 스님은 삶이든 세상에 대해 긍정적이고 낙천적이었다. 위 세 편의 사는 그런 스님의 성격이 생생하게 드러나 있다.
　　스님에게는 산사의 정취를 담은 작품도 꽤 많이 있다. 스님에게 절은 단순한 수양공간을 넘어서서 학교이자 놀이터 같은 곳이었다. 잠시 세상을 떠도는 나그네가 짐을 내려놓고 쉬는, 그런 휴식이 있는 공간이기도 했다. 속세를 벗어난 곳이면서 동시에 속세이기도 했던 것이다. 그러니 거창한 일갈보다는 이웃집 같은 정겨움이 서려 있다.

첫 번째 시는 잡체시의 하나이다. 삼오칠언(三五七言)으로 된 <백운암에서(白雲庵)>이다. 스님이 즐겨 시에 애용했던 소재를 붙인 암자이다.

흰 구름 둘러싸인 암자에
푸른 산은 성곽처럼 둘렀구나.
동굴 틈새로 새나온 달빛은 신선의 창에 어렸고
나무 사이 부는 바람은 강석을 스쳐 지나간다.
이 사이 높게 누운 사람은 누구인고?
세상을 벗어나 무심하게 사는 허정이란 나그네라오.

白雲庵　青山郭　蘿月照仙牕　松風吹講席
這間高臥者爲誰　物外無心虛靜客

백운과 청산이 등장하고 달빛과 시원한 솔바람이 있다. 티 없이 깨끗한 암자는 정갈한 멋을 담고 있다. 그 사이에 두 다리를 뻗고 누운 사람이 있다. 그게 누구인가? 모르는 것처럼 묻지만, 자신이라고 밝히기 민망했던지 허정객이라면서 능청을 떤다. 진솔한 일생 생활에서 우러나온 물외한정(物外閑情)의 경지를 스님은 누구보다 잘 터득하고 있었던 것이다.

두 번째 작품 역시 이런 물외한정의 정취를 잘 표현하고 있다. 제목은 <천수암에서(天授庵)>이다.

첩첩이 두른 푸른 산은 온통 그윽한데
시냇물은 복숭아 꽃 띄운 채 아득히 흘러간다.
속세는 멀어 떠들썩한 소리도 끊겨 고요하고
천수암의 도 높은 스님은 세상 밖에서 노니네.

數疊青山一境幽　桃花流水去悠悠
人間迥阻塵喧靜　天授高僧物外遊

시야에 가득 펼쳐지는 청산의 행렬과 도화꽃 떠 흐르는 맑은 시냇물. 얼핏 보면 이백의 <산중문답(山中問答)>이 연상되는 작품이다. 암자의 이름을 이용해 재치 있게 시를 이끌어가는 솜씨도 보통이 아니다. 누구보다 자연을 사랑했던 스님이기에 도가적 자연관이 녹아있는 것도 당연한 일이겠다. '천수'란 하늘로부터 받았다는 뜻이다. 고승의 물외한정은 수련과 수행의 결과가 아니란 이미 저절로 주어져 있는 것이란 말일 것이다. 속세가 먼 것이 아니라 마음이 머니 속세도 멀어진 것이다. 일부러 멀리한다고 멀어지는 속세가 아니다. 이미 그런 마음가짐이라면 속세가 멀어질 리가 없다. 마음속에 뿌리 깊게 박힌 속세가 어떻게 입으로 외친다고 멀어지겠는가? 스님의 속세와의 거리두기는 참으로 고수의 능란함을 보여준다. 천수암의 고승도 다른 수행자이면서 동시에 스님 자신의 그림자이기도 한 것이다.

<보련대에서(寶蓮臺)>는 스님과 남다른 인연이 있던 암자가 아니었을까 여겨진다. 이전에 한 번 왔을 때 그곳에 계시던 노승의 가르침을 받았던 일이 있었던가 보다. 그런데 다시 찾은 암자에 스님은 이미 거처를 옮기셨고, 알고 지내던 도반들 얼굴도 반은 생소해졌다. 갑자기 스님은 아름다운 자연 앞에서 쓸쓸한 심경에 젖어든다.

나막신 신고 샘물 따라 푸른 산을 오르는데
물가에 핀 꽃들, 정자에 자란 풀이 모두 향기롭구나.
산은 푸르고 물은 맑은 것이야 예전과 다름없지만
오래된 절에 스님은 흩어져서 반도 남지 않았네.
한 조각 시내 물빛은 옥빛 거울을 빚어놓았고
몇 자락 솔바람 소리는 거문고 가락을 닮았구나.
이름난 선승들 떠나시고 헛되이 그림자만 남아
달빛 아래 대나무 문짝을 두드리는 이도 없네.

蠟屐沿泉上翠微　澗花庭草盡芳菲
山靑水綠全依舊　寺古僧殘牛已非
一片溪光開玉鏡　數條松韻引金徽
名禪歸去空留影　月下無人扣竹扉

"산천은 의구한데 인걸은 간 데 없다."는 시조의 구절이 절로 연상된다. 사람은 갔어도 그 자취는 남아 있는데, 아무도 와서 사숙하려는 사람이 없다. 도를 보는 것이 아니라 사람만 보는 세상의 인심이 야속하게 느껴졌다. 스님의 깨달음은 어디서 왔는가? 바로 자연이다. 산청수록(山靑水綠)해서 변한 것이 하나 없는데, 사람들은 참다운 그림자는 보지 않고 눈을 속이는 그림자에만 집착한다.

스님이 살던 18세기 초, 조선 후기는 여전히 불교가 탄압받던 시대였다. 명맥도 가뭇없이 끊어져 가고, 이를 지켜야 할 승려들 역시 세속의 때가 많이 묻어 있었다. 스님들이 본분을 망각하고 헛것에 눈이 멀었다면 참다운 불교의 중흥은 꿈속의 넋두리에 불과할 것이다. 이런 사실을 스님은 너무나 절실하게 자각하고 있었다. 스님은 세태를 탓하기에 앞서 우리들이 먼저 각성하는 일이 우선이라고 생각했다. 자신은 모로 가면서 남들에게만 바로 가라면 아무도 귀담아 듣지 않을 것이다. <스스로 탄식함(自歎)>이란 제목의 시에는 그런 스님의 깨달음이 잘 새겨져 있다.

부처님 가르침이 날로 쇠미해져가니
그 잘못 모두 우리들에게 있지 않나.
삶을 중시하고 법계는 가볍게 여기며
이익을 찾아 명예의 길만 좇고 있네.
세간의 즐거움은 진정한 즐거움이 아니고
도에 대해 걱정은 않고 어찌 가난만 걱정하는가.

부처님 제자된 것이 참으로 부끄러우니
홀로 서서 다시 길게 탄식하노라.

佛教衰微甚　無他在我徒　重生輕法界　求利逐名途
世樂非玄樂　貧憂豈道憂　深慚稱釋子　獨立夏長吁

물론 여기에 표현된 상황이 당시 불교계 전반의 병폐를 지적한 것은 아닐 것이다. 진지하게 구도의 길을 가면서 수행자의 본분을 지키는 스님도 많았을 게 분명하다. 그러나 본분을 망각한 몇몇 사람들의 작태가 불가의 물을 오염시키고 있었던 것도 사실일 것이다. 그러니 불교의 쇠퇴를 어떻게 탄식만 할 수 있겠느냐는 것이다. 그 허물이 고스란히 우리들에게 있다면서 스님은 질타의 몽둥이를 거두지 않는다. 시 속에서 지적하고 있는 병폐는 아주 따끔한 화살이 되어 우리들에게도 와서 박힌다. 과연 21세기 오늘날의 불자들과 스님들은 이런 허정 스님의 꾸짖음에서 자유로울 수 있을까? 우리 역시 물욕과 허명에 허우적거리며 참된 불제자의 도리를 잊고 있는 것은 아닐까? 깊이 반성할 일이라고 하겠다.

스님은 불제자들이 제 역할을 하지 못하는 현실을 안타까워하기도 했지만, 함께 깨달음의 길을 가는 도반들을 향한 사랑과 존경도 못지않게 뜨거웠다. 동료와 제자, 그리고 스승을 그리면서 지은 시를 읽노라면 스님이 얼마나 따뜻한 가슴을 가진 분인지 알게 된다. 불교가 폄훼 당하는 시기에 그 모질고 험한 고행의 길을 택한 사람들에 대한 동지애였던 것이다.

첫 번째 작품은 <운월대사에게(雲月大師)>이다.

구름은 언덕 위로 솟아 희고
달은 하늘 가운데 이르러 밝구나.
두 물건이 원래 맑은 것이니

이를 취해 도의 이름으로 삼았네.
구름은 능히 걷혔다 모이고
달도 또한 이지러졌다 차는 것이지.
무엇이 태허의 빛깔과 같겠는가
짙푸르러 다시 바뀜이 없구나.

雲生嶺上白　月到天心明　二物元來淨　取之立道名
雲能夏舒卷　月亦有虧盈　何似太虛色　蒼蒼無變更

　운월이라고 하는 스님의 덕을 기리는 시이다. 그런데 그 덕을 푸는 방식이 재미있다. 이름인 운월을 이용하고 있는데, 티끌 없는 하얀 구름과 하늘에서 지상을 밝히는 달의 미덕을 살리면서 이것이 곧 운월대사의 도력이라고 말하는 것이다. 자연에 가득한 도를 체현했다는 의미겠다.
　이 시에서 스님은 변화와 지속에 대해 이야기한다. 걷혔다 펼쳐지는 구름과 이지러졌다 차는 달의 속성은 변화이다. 그 변화는 단순한 일탈이나 변신이 아니다. 발전과 성숙을 위한 자기 갱신인 것이다. 그러나 달과 구름이 머물고 있는 하늘은 항상 푸르다. 몸은 변화하지만 바탕은 본색을 그대로 간직한다. 여기에서 운월대사의 진면목을 찾을 수 있다고 스님은 말한다. 왜 군이 법명을 운월로 했겠는가. 그것은 바로 이런 뜻을 마음에 새겨 본받기 위한 것이었을 것이다. 도반의 마음속까지 꿰뚫어 보는 스님의 혜안에 탄성이 절로 나온다.
　두 번째 작품인 〈청옥 수좌에게 차운해 보임(次示淸玉首座)〉은 아마 후배 스님에게 써준 시로 보인다.

홀로 산속 암자에 들었더니
세상 밖 나그네와 상봉했네.

엉긴 마음은 밤 물처럼 맑고
걸어둔 가사는 가을 구름처럼 희구나.

獨入山中庵　相逢物外客　凝心夜水淸　掛衲秋雲白

5언절구의 깔끔하고 단아한 맛을 유감없이 살리고 있다. 암자에 갈 때는 혼자였는데, 그곳에서 뜻밖의 진객(珍客)을 만난다. 물외한정을 즐길 줄 아는 사람을 만난 것이다. "덕 있는 사람은 외롭지 않으니, 반드시 이웃이 있다.(德不孤 必有隣)"는 공자의 말씀이 그대로 마음에 와 박힌다. 도를 향한 마음은 밤 계곡을 흐르는 물처럼 청아한 소리와 투명한 냉기를 싣고 있다. 스님의 결연한 의지를 비유한 것이다. 그러나 겉으로 드러나는 태도란 그렇게 결연해서는 곤란하다. 바람 불면 자유자재로 모습을 바꾸는 구름처럼 유연성이 있어야 한다. 바람결에 하늘거리는 가사는 그런 스님의 여유를 대변한다. 강유(剛柔)를 적절하게 쓰면서 수행에 정진하기를 바라는 마음이 부드러운 물과 구름의 이미지를 빌려 전해지고 있다.

마지막 작품은 스승의 죽음을 애도하는 시이다. 제목은 <설암 화상을 애도하며(悼雪巖和尙)>이다. 설암(1651~1706) 화상은 스님이 직접 의발을 전해 받은 스승이다. 스님의 시집에는 이 스승의 죽음을 슬퍼하면서 지은 시가 여러 편 보인다. 존경하는 스승을 잃은 스님의 심정을 잘 말해 주는 일이겠다.

소나무 문도 적막하고 새만 하릴없이 나는데
선방에는 떨어지는 저녁 햇볕만 드리웠다.
옥 주장자의 바람도 멎어 먼지는 서안을 덮었고
금빛 향로에 향불도 다해 감싸고 있는 이도 없네.
봄이 오면 보리수에 우담발화는 피어나고

날 따뜻하면 기원정사엔 지혜의 풀도 무성하겠지.
홀로 처량하게 앉아 강당의 달빛 보노라니
나도 몰래 흐르는 눈물이 옷을 흥건히 적셨구나.

松門寂寞鳥空飛　方丈唯餘落照輝
玉塵風殘塵沒案　金爐香歇衆無圍
春廻覺樹曇花發　日暖祇園慧草菲
獨坐悽凉講堂月　不知流淚已沾衣

　한 고승의 죽음 앞에 서서 망연자실한 모습이 생생하게 그려져 있다. 해 저무는 저녁나절에 정처 없이 날아다니는 새는 갈피를 잡지 못하는 스님의 마음일 것이다. 항상 제자를 일깨우느라 호령과 함께 허공을 가르던 주장자도 이젠 멈춰 서안에는 먼지만 쌓일 것이다. 금빛 향로에서 피어오르던 그윽한 향불 내음과 같은 법문 역시 다시는 들을 수 없다. 모두 스승의 죽음을 비유하고 있지만, 단지 생명이 끊긴 아픔만 담은 것은 아니다. 간곡한 가르침과 은은한 도의 체취가 사라진 상실감이 더 크게 전해진다.
　그러나 한편으로 스승의 죽음으로 모든 것이 멈추고 사라지는 것은 아니라는 믿음이 있다. 내년 봄이 되면 우담발화는 다시 피고 기원정사에 지혜의 풀도 무성하리라는 말이, 스승이 이생에서 닦아놓은 거룩한 씨앗이 머잖아 귀한 결실을 맺으리라는 스님의 신념을 전해준다. 그러면서도 여전히 가눌 길 없는 마음 때문에 달빛 아래 하염없이 눈물 흘리며, 이승의 인연이 다한 아쉬움을 모조리 쏟아낸다. 큰 슬픔을 눈물로 정화하여 미래의 재회를 기약하는 다짐이라고 해도 좋을 것이다.
　앞에서도 불교의 쇠퇴를 염려하는 자성의 목소리가 담긴 시를 읽었다만, 스님은 세태를 경계하는 작품도 여러 편 썼다. 그 내용도 막연히 경계하는 수준이 아니라 구체적이면서도 날카로워 옷깃을 여미게 한다. 어떻게 보면 선승의 목소리가 아니라 꼿꼿한 선비의 준열함까지 서려 있어 스님의 근기가 어디까지 뻗어나갔는지 짐작하게 한다.

<차운하여 도반에게 보여줌(次示同徒)>이라는 시를 읽겠다.

그대는 보지 못했나, 눈앞에선 대나무 사이 복숭아꽃이 피어도
등 뒤에선 하늘을 뚫을 나무가시를 박는다네.
마주 해선 웃지만 속에는 칼날을 감추었고
몰래 사람 해치기는 귀신이 죽이듯 빠르구나.
하늘 높이도 잴 수 있고 땅 넓이를 헤아릴 수 있지만
오직 사람 마음만은 측량할 수 없어라.
이런저런 사사로운 이야기를 재잘거리는 사이에
이미 승냥이 이리의 흉계를 품은 줄 누가 알리오.
또 보지 못했는가, 세상살이 힘겹기가 '촉도난'과 같은 것을
사람 마음 뒤집히기가 거센 파도에 못지 않구나.
도척(盜跖)의 문에서는 요임금의 말씀을 펼 수 없고
마귀의 소굴에서는 부처님 말씀도 알릴 수 없지.
길어도 또한 살피고 짧아도 역시 살펴보니
오직 무심만이 가장 안전한 길일세.
모름지기 입을 다물고 혀도 잘 보존해서
까마귀며 거북이가 헐뜯는 말을 못하게 하라.

君不見 面前夾竹桃花發　背後侵天荊棘沒
相對笑中藏利刀　　　　暗殺人如鬼殺亟
天可量地可度　　　　　惟有人心不可測
屑屑私談喋喋間　　　　誰知已抱豺狼臆
又不見 世路崎嶇蜀道難　人心翻覆若波瀾
跖門不可陳堯語　　　　魔穴誰能報佛言

長亦觀短亦看　　惟是無心第一安
切須閉口深藏舌　　莫教烏龜自語謢

세상인심이 얼마나 야박하고 변덕이 심한지, 한 번 흐트러진 심성을 바로잡기가 얼마나 어려운 일인지 스님의 떨리는 목소리가 들릴 듯한 작품이다. 세태에 대해 너무 부정적이어서 세상에 대해 스님이 과민반응을 보인 게 아닐까 의아할 정도이다. 그렇다. 경계의 말이라면 정문일침(頂門一鍼), 뇌리에 바로 짜릿하게 기억되어야 참다운 경계가 될 것이다. 또 이런 승냥이 이리와 같은 세상이 된 것은 남의 탓이 아니라 사람 하나하나가 그릇된 길을 가고 교활한 마음을 먹은 데 그 까닭이 있다는 경종일 수도 있다. 그러니까 너 자신이 이런 어두운 마음의 갈고리가 있는지 늘 반성하고 경계하라는 말인 것이다. 그러니 준열하고 엄격할 수밖에 없었을 것이다. 마음에 도사린 욕망이며 시기심을 깨끗하게 비우고 남을 헤아리기 전에 자신부터 헤아리라는 가르침을 스님은 전해주고 있다.

이어지는 두 편의 시는 완연히 사회 윤리와 맥을 함께하고 있다. 이제 스님은 수도자가 아니라 한 사회의 어른으로서 사람들에게 다가간다. 먼저 <일용우(日用憂)>부터 읽겠다.

부모님을 모실 때는 효성이 우선이고
임금님 섬길 때는 충성이 최고일세.
부모님이 자식 아니고 임금님도 신하가 아니니
이 둘을 뒤집으면 가장 큰 죄악일세.

資父兮孝爲先　事君兮忠爲最　父不子君不臣　兩大錯一大罪

사람으로 태어났으면 그 본분을 잊지 말라는 말이다. 자식으로 부모를 섬길 때는 효성을 다하고, 백성이 되어 나라를 섬길 때는 충성을 다하는 것은 쉽지만 어려운 일이고, 그래서 반드시 지켜야 할 윤리이다. 하늘이 내린 질서를 어지럽힌다면 그 어떤 징벌로도 씻을 수 없는 죄악이 된다고 거듭 역설한다. 어린 학동들에게 들려주는 것처럼 친절하면서도 자분자분한 스님의 음성이 실려 있다.

두 번째 시는 〈일용찬(日用讚)〉인데, 이번에는 나라와 부처님을 동급에 놓고 이야기를 들려준다.

천하에 가장 존귀한 이가 부처님이고
한 나라에 주인 되는 이는 임금님이지.
부처님 또한 존귀하고 임금님 역시 중대하니
언덕처럼 축수하고 산등성이처럼 축수하세.

普天下尊謂佛　一國中主曰王　佛亦尊王亦大　祝如陵祝如岡

임금이 한 나라의 주인이듯이 천하의 주인은 바로 부처님이라는 말이다. 임금을 위해 축수하는 것처럼 부처님을 위해 축수하라고 말한다. 그 깊고 넓은 깨달음과 자비심은 살피지도 않고 무작정 비난하고 억누르려는 당시의 세태를 꼬집는 말일 것이다. 부모를 섬기는 데서 가정 윤리가 출발하고 임금을 섬기는 데서 사회 윤리가 비롯된다면, 부처님을 따르는 데서 마음의 윤리가 자리하게 된다는 지적이 숨겨져 있는 작품이다. 남의 허물을 뒤지기보다 자신의 부족한 부분부터 반성했던 스님의 겸손한 마음이 이 시에도 잘 드러나 있다.

◉ 천경 해원의 선시 ◉
진지하면서도 청한淸閑한 선승의 삶

    수도와 교화에 정진하는 것이 스님의 본분이지만, 실천하는 방식이 천편일률적으로 같을 수는 없다. 근기도 다르고 개성도 다르듯이 실천행의 모습도 시대에 따라 추구하는 목적에 따라 달라지기 마련이다. 천경해원(天鏡海源, 1691~1770)스님이 살다 간 시대는 숙종조에서 영조조로 이어지는 시기였다. 이 시기는 비교적 조선 왕조가 임병양란의 혼란과 파괴를 극복하고 안정기로 접어든 때였다. 세종과 함께 가장 뛰어난 군주로 평가받는 영조시대는 곧 스님의 활동 시기와 일치한다. 왕조 내부 권력층 사이의 정치적 갈등은 있었다 하더라도 여러 면에서 18세기는 안정이 정착되었다고 할 수 있다. 또한 실학으로 대변되는 새로운 학문 풍토가 조성되고, 변화를 모색하는 지식층이 대두하면서 근대를 향한 움직임이 조용히 수면 위로 오르고 있었다.
    이런 시기를 천경 스님은 살아가면서 역시 개성 있는 활동을 했다.
    스님의 법명은 해원(海源)이고, 자는 천경(天鏡)이며, 법호는 함월(涵月)이고, 성씨는 이씨며, 본관은 완산(完山)으로, 함경남도 함흥 사람이다. 어머니 조씨가 어느 날 꿈에 큰 물고기를 보고 잉태하여 열 달이 훨씬 지나서야 스님을 낳았다. 열네 살 되던 해, 도창사(道昌寺)로 출가하여 머리를 깎고, 승려가 된 이래 두루 전국의 선지식을 찾아다니며 자신을 탁마했다.

뒷날 환성(喚醒) 스님을 섬기게 되었는데, 입산한 지 10년 만에 종문의 묘전(妙詮)을 모두 배워 마쳤다. 스님은 닭이 채 울기도 전에 일어나 가르침에 따라 정진했고, 해마다 겨울철이 되면 마치 기러기처럼 남쪽 지방을 찾아가 교화를 펴곤 했다. 이는 스님의 신심(信心)을 보여주는 좋은 예일 것이다. 스님은 또 헐벗고 굶주린 사람들을 만나면 즉시 자신의 옷과 음식을 아낌없이 베풀어 입히고 먹였다.

질병이 심상치 않은 것을 느끼고 스님은 대중들을 불러 모으고 임종게를 쓰고 나서 부처님의 명호를 부르며 담담한 표정으로 열반에 들었다. 스님은 평생을 조선조 후기의 쇠잔한 진리의 등불을 지키며 교화를 폈던 분으로, 환성지안(喚醒志安, 1664~1729)의 법통을 이어받아 전한 당대의 선지식이다. 환성당에게 입실한 이래 40여 년간 조금도 게으름을 피우지 않고 정진했으며, 부처님의 가르침을 강론하는 일에 신명을 바쳤다.

스님이 살아계실 때 어금니가 빠지면서 그 자리에서 사리(舍利)가 나와 주위 사람을 놀라게 하기도 했다. 저술로는 『천경집(天鏡集)』 3권과 『법집별행록사기증정(法集別行錄私記證正)』 1권이 전한다.

스님이 열반에 드신 뒤 다비하자 특이한 뼈(超骨, 사리)들이 출현하여 또 다시 사람들을 놀라게 했다. 제자들이 안변 석왕사(釋王寺)에 탑을 건립하고, 해남 대둔사 화엄대회 도량에 비석을 세웠다. 비명은 영의정 김상복(金相福)이 지었다. 문인은 24명인데, 완월(玩月) 스님과 영파(影波) 스님이 특히 뛰어나 법향(法香)이 전국에 미쳤다. 안변 설봉산(雪峰山)과 해남 두륜산(頭輪山)에 스님의 진영(眞影)이 모셔져 있어 해마다 기일이 되면 제향을 올리고 있다.

스님의 심성은 문제를 논쟁적으로 풀어가는 것을 즐기지 않았던 것으로 보인다. 일을 당해 진지한 태도를 잃지 않았지만 성급하게 결론을 끌어내서 자신의 의견을 피력하기 보다는 내면적인 성찰과 마음을 연 대화를 통해 풀어나가기를 좋아했던 것이다. 201편의 선시와 44편의 산문을 읽어보면 그런 스님의 흔들리지 않았던 마음을 느낄 수 있다. 아담하면서도 허술하지 않은 스님의 몸가짐이 스님이 남긴 시문은 잘 반영하고 있는 것이다.

그런 스님의 시를 읽으면서 들뜨기 쉬운 마음을 추스리고 호젓한 호숫가를 산책하는 기분을 느껴보도록 하겠다.

스님은 겉치레에 치중하기보다는 언행이 일치하는 신실한 자세와 먼 곳을 내다볼 줄 아는 여유를 가지라고 강조한다. 수행하는 사람이 눈앞의 변화에 너무 민감해서 호들갑을 떨면 누가 그를 등불로 삼아 어두운 길을 갈 수 있겠냐는 것이었다. 그들이 누가 되었던 시정의 사람들과 어울리면서 이끌기 위해서는 내가 먼저 그들의 귀감이 되는 것이 선결 과제라고 보았던 것이다. 불교의 홍포를 위해 노력하는 일도 중요하지만 치열한 수도 정진을 통한 법력의 단련과 정성이 부족하다면 자칫 공염불이 될 수밖에 없다는 것이 스님의 생각이었던 것이다. 그래서 스님은 수양인의 자세를 중시했고, 그런 생각을 보여준 시도 남겼다.

첫 번째 작품은 <회열도인에게(贈懷悅道人)>란 제목의 7언절구이다.

참선에 들었거든 언어의 길엔 발 들이지 말고
염불을 하려거든 정토의 집에 태어나길 구하거라.
염불과 참선이 원래 둘이라고 말하지 말지니
공을 이루는 데는 결코 이치에 차이가 없느니라.

參禪休踏語言路　念佛求生淨土家
莫謂念參元有二　功成決定理無差

선승의 수행법 중에 묵언수행이란 게 있다. 일정한 기한을 두고 일체 말을 하지 않으면서 정진하는 것을 말한다. 말을 하고 하지 않는 것이 중요한 게 아니다. 남에게 말할 기력을 아껴 자신과 대화를 나누라는 가르침일 것이다. 내면의 목소리를 들음으로써 본성과 진리에 대한 깊은 깨달음에 이르는 길을 찾는 수행법이다.

언어가 우주의 진리를 모두 표현하지 못한다는 것은 누구나 다 아는 사실이다. 어설픈 언어의 유희에 빠졌다가는 깨침은 고사하고 미망(迷妄)의 굴레에서 허덕일 것이기 때문이다. 참선을 하고 염불을 하는 것은 그 형식 자체도 중요하지만 왜 그것을 해야 하는지 망각하고 한다면 한낱 원숭이 흉내에 지나지 않는다. 참으로 선수행의 즐거움을 누리고 싶다면 참선한다는 말조차 잊어버려야 하고, 염불에 전념한다면 잡생각을 버리고 오직 극락정토에 이르는 길로 매진하라는 것이다. 번뇌를 털어버리지 못하고 세속의 하찮은 이익에 눈을 돌린다면 그것은 이미 지옥의 나락 속으로 발을 들이민 것이나 마찬가지일 것이다.

또 스님은 차별상을 버리라고 주장한다. 염불만이 대각(大覺)의 첩경도 아니고, 참선만이 개오(開悟)를 위한 능사도 아니라는 것이다. 진지한 수행 자세와 불퇴전의 용기, 꺾이지 않는 구도 정신이 필요한 것이지 어떤 방식이 절대적인 것인지를 두고 싸울 필요는 없다고 보았다. 고기를 얻었으면 통발은 버리는 것이다. 통발의 모양을 두고 논쟁하면서 머뭇거릴 이유가 없다. 어느 것이든 득도라는 큰 염원을 달성할 수 있는 길이라면 이치에 아무 차이도 없다는 것이다.

참선이 자력행(自力行)이라면 염불은 타력행(他力行)이겠다. 참선이 선가의 귀감이라면 염불은 교종의 가르침이라고 할 수 있다. 그러나 스님은 그런 차별심이 수행에 무슨 도움이 되느냐고 차분하게 지적한다. 자신에게 맞는 길과 방법을 택하는 것이지 절대적인 방법은 없다고 스님은 보는 것이다.

　이 시는 동도의 스님에게 준 가르침이면서 동시에 스님 자신에게 외친 교훈이기도 하다.

　두 번째 시는 <백운에게 차운해서 올림(次贈白雲)>이다. 백운 스님과 천경 스님은 각별한 친분을 유지했던 것으로 보인다. 스님은 백운 스님에게 모두 네 편의 시를 남기고 있다. 그중 한 편은 네 편으로 된 연작시니, 두 분 사이에 남다른 교분의 깊이를 알 수 있다.

　천경 스님은 산사에 칩거하여 조용히 수양에 전념하는 것으로 과업을 삼은 분이셨다. 여느 스님들의 문집에 많이 보이는 사대부 문인들과의 교유시도 스님에게는 별로 없다. 그런데 백운 스님은 입장이 조금 달랐던 모양이다. 백운 스님은 개인적인 수양만큼이나 세상 사람들과 만나 그들을 일깨우는 일도 중요하다고 보았고, 그 만남의 방식으로 시작(詩作)을 택했다. 세속을 향한 대응방식이 차이를 보이면서도 친교의 깊이가 남달랐으니, 극과 극은 통했기 때문일까. 작품을 읽어보겠다.

> 금모래 사장에 도리꽃이 저녁 바람에 피더니
> 시 짓는 나그네가 은근히 우리 집을 찾았구려.
> 스님은 안개와 노을에 젖어 겉옷이 축축한데
> 나는 주장자를 손바닥 안에 쥐고 있노라.
> 그대는 일찍이 저잣거리를 헤매다 가사가 다 헤졌지만
> 나는 홀로 청산에 앉았노라니 온갖 생각이 재가 되었네.
> 주머니 가득 시를 채웠어도 득도에는 보탬이 게 없으니
> 바위 아래에서 소를 기르다가 돌아오는 것만 못하다네.
>
> 金沙桃李晚風開　詩客慇懃訪我家
> 師帶煙霞身外濕　吾携柱杖掌中擡

曾從紫陌三衣破　獨坐靑山萬慮灰
滿囊千篇無道益　不如岩下養牛廻

　오랫동안 도성에 머물면서 만행을 하던 백운 스님이 친구를 찾아 천경 스님이 머물던 산사를 들렀다. 벗을 만나는 반가움이 시의 1·2구에 잘 드러나 있다. 향기로운 복숭아꽃과 오얏 꽃이 바람을 타고 하늘거리더니 스님이 찾아왔다고 했다. 대뜸 시객(詩客)이라고 지목한 것으로 보아 백운 스님이 어떤 삶을 추구했는지 금방 눈치 챌 수 있다. 시를 즐겼고, 한 곳에 머물지 못하는 기질을 타고난 분일 것이다. 속인들과 어울리면서 승속의 경계를 넘나들었고, 호방하고 쾌활한 성격의 소유자였을 것으로 여겨진다.
　객지를 떠도느라 가사엔 먼지와 때가 자욱이 끼었을 것이다. 꾀죄죄한 옷차림은 저저 거리를 노니느라고 삼의가 다 찢어졌다는 표현으로도 실감할 수 있다. 그런 누추한 옷이지만 산사의 친구를 찾아 산길을 걸으면서 안개와 노을이 젖었다니, 시정의 속기(俗氣)가 연하의 기운으로 씻어지기를 바라는 스님의 마음이 스며 있다. 저잣거리에 나가 부처님의 가르침을 알리기에 여념이 없는 백운 스님의 수행자의 삶이 홀로 청산에 앉아 모든 생각이 싸늘한 재로 변했다는 스님의 수행자의 삶과 겹쳐진다. 그런 생활을 나무라는 것도 아니고 내 삶이 낫다고 자랑하는 심정도 아니다. 그저 서로 인정하는 것이다. 모든 스님들이 절간에 칩거해도 곤란하고, 그렇다고 다들 절간을 비우고 도성에 산다는 것도 곤란한 일이다. 두 개의 삶이 공존해야 불교도 생명력을 이어갈 수 있는 것이다.
　그래도 너무 떠돌기만 하는 친구의 모습을 보고 안타까운 마음은 어쩔 수 없었나 보다. 바랑 안에 천 편의 시를 가졌다 한들 그것이 득도의 길로 나가는 데 도움이 안 된다면 너무나 허망한 짓이 아니냐고 넌지시 훈계한다. 부처가 될 씨앗을 내팽개치고 시작에만 몰두하고 방랑에 이골이 난 친구를 보면서 이제는 그만 돌아와 수양에 전념하기를 스님은 바라는 것이다. 바위 아래 잠시 몸을 누이고 고단한 심신을 달래면서 양우(養牛), 즉 목우(牧牛)의 삶을 살면 어떻겠느냐고 타이른다. 운수행각을 팔자로 타고났던 백운 스님일 것이니, 그 충고가 먹혔을 것 같지는 않다. 그래도 두 분 사이에 평생을 두고 흘렀던 아름다운 우정과 신뢰가 이 시에는 새록새록 박혀 있다.

 이 시를 살피면서 느낀 개인적인 아쉬움을 한 마디 적을까 한다. 스님들의 시문집이 많이 남아 있다. 불교 문학을 공부하는 사람으로서 참으로 즐겁고 다행스러운 일이다. 그런데 때로 백운 스님처럼 다른 스님의 문집 속에 이름도 전하고, 어떤 삶을 살았는지 단편적인 기록이 남은 경우, 그 분에 대해 자세한 전말을 알 수 없는 경우도 많다. 천경 스님의 지적으로 볼 때 백운 스님은 당대에는 꽤 큰 명망을 얻었던 분으로 보인다. 많은 시를 썼고, 특히 사대부들과의 교유는 누구와 견주어도 뒤떨어지지 않았을 것이다. 이런 분의 문집이 남았더라면 얼마나 좋았을까 하는 생각을 하면 아쉬움과 함께 가슴이 답답해져 온다.

 필자의 생각에 백운 스님은 떠돌이 시승(詩僧)이 아니었을까 여겨진다. 스승도 없고 제자도 없이 말 그대로 흰 구름처럼 탁발과 만행으로 저잣거리를 다니면서 문인들과 격의 없이 시를 주고받은 인물이 아니었을까 여겨진다. 그런 분이니 세상을 떠나자 그가 남긴 작품들마저 오유(烏有)로 돌아가고 만 것이다. 억불의 시대가 아니고 좋은 시대를 만나 사셨더라면 그래도 문집으로 남아 전해졌을 것이다. 조선 후기의 불교사의 한 단면을 살필 수 있고, 독특한 시세계를 맛볼 수 있었던 한 분의 문학이 속절없이 사라져 버린 것이다. 스님이야 그런 일에 얽매이지 않았겠지만, 속인으로서 나는 어쩔 수 없이 아쉬움을 지울 수 없다.

비슷한 시대를 살았던 채제공(蔡濟恭, 1720~1799)에게 <시승 백운 스님에게(贈詩僧白雲), 번암집 권6>이란 작품이 있어 여기 잠깐 소개한다.

밝은 호수 가을 기운 걷히자 물은 하늘빛이고
바둑 마치니 넌출 그늘에서는 저녁 안개가 피어나네.
담담하게 누대는 대나무 숲 사이로 열렸고
의연하게 스님은 국화 꽃 앞으로 오셨구려.
맑은 술잔에 글 솜씨는 참으로 격식을 얻었으니
살아 있는 그림 시내와 산은 더욱 아득해집니다.
물병 들고 주장자 짚다가 세 해만에 다시 만나니
불가와 아직도 인연 다하지 않은 것을 알겠소이다.

明湖秋霽水如天　棋罷蘿陰欲暮烟
淡淡樓開篁竹裏　依依僧到菊花前
淸樽翰墨眞相得　活畵溪山更窈然
甁錫三年重邂逅　空門還有未消緣

수행에 전념하면서 산사를 떠나지 않았던 스님이기에 산사 생활이 주는 평담한정(平淡閑情)한 정취가 드러난 시가 없을 수 없다. 스님이 쓴 산수시(山水詩)를 읽으면 풋풋한 봄나물의 향기가 넘쳐난다. 냉이 국을 먹을 때 입안을 감도는 상큼한 감칠맛처럼 숲속의 맑은 공기며 따스한 햇볕, 정다운 새소리가 스님의 시 속에는 울려 퍼진다. 특히 스님의 5언절구에 담겨 있는 묘미는 청량음료 한 잔을 마신 것처럼 가슴을 짜르르하게 만든다.

<청심대에서(淸心臺)>란 작품을 한 번 읽어보자.

강은 한 줄기로 쭉 뻗었고
큰 바위는 푸른 하늘로 우뚝 솟았다.
지팡이 짚고 올라 멀리 바라보니
천지는 정말 넓고 아득하구나.

一帶長江上 孤巖聳碧天 携筇登遠望 天地杳茫然

대자연을 온몸으로 느낀 시인의 탁 트인 심경이 그대로 직서되어 있다. 누대 이름 그대로 마음을 맑게 비우게 만드는 시라고 아니할 수 없다. 자연을 유상(遊賞)의 대상이 아니라 영혼의 거처로 삼은 사람만이 지을 수 있는 시가 아닐까.

이어지는 <비온 뒤 강가에서(雨後臨江卽事)>란 시도 그런 물아일체의 경지가 잘 표현되어 있다.

산 봉오리마다 비가 개여 흥을 걷잡지 못해
숲을 나와 한가로이 거닐며 강물을 응시하노라.
우레 소리와 하얀 눈빛은 물결 속에 출렁이고
피리 소리며 뱃노래는 끊긴 강가에 울려 퍼진다.
푸른 안개는 무정하게 서렸다 걷혀버리고
흰 기러기는 정겹게 잠겼다 다시 떠오른다.
아침이 다 가도록 바위에 턱을 괴고 누워서
피라미 떼 노니는 모습을 웃으면서 지켜보노라.

雨霽千峰興不收 出林閒步翫江流
雷聲雪色驚波裏 牧笛漁歌斷岸頭
翠霧無情舒夏捲 白鷗多意沒還浮
終朝石上支頤臥 笑看鰷魚樂自遊

장마 비 때문에 그동안 뜸했던 발길이 산사를 벗어났다. 사찰 안팎의 경계가 있을 리 없지만 오랜만에 싱그러운 자연의 빛깔을 흠뻑 취한 스님의 즐거운 마음이 생생하게 우러나고 있다. 내린 비로 강물은 불어나 계곡은 물살이 제법 세지만, 들판을 흐를 때는 물결도 잔잔해져 송사리 피라미가 오가는 것도 보일 만큼 투명하다. 목동의 피리 소리와 어부들의 뱃노래가 더욱 정치를 북돋는다. 멀리 푸른 산의 허리를 감돌고 떠도는 하얀 안개와 여름날의 녹음을 가르고 날아가는 흰 기러기의 색채감의 대조는 자연의 명징한 아름다움을 그대로 보여준다. 이렇게 자연의 진면목과 함께 호흡을 하는데 물욕이니 명리(名利)니 하는 잡념이 끼어들 틈이 없을 것이다.

아침 한 나절이 다 가도록 바위에 턱을 기대고 물고기들이 헤엄치는 모습을 지켜보는 스님의 눈가에는 세상의 부귀영화로는 얻을 수 없는 행복감이 가득 찼을 것이다. 장자가 다리 위에서 물속에서 노니는 물고기들이 자유롭게 오가는 것을 보고 기뻐했던 사실이나 조선초기의 화가 강희안(姜希顔, 1417~1464)의 <고사관수도(高士觀水圖)>의 한 장면이 절로 떠오른다. 동심의 세계에 젖어 자연 속의 작은 풍경도 소홀하게 넘기지 않는 스님의 정감 어린 시선을 느낄 수 있는 작품이다.

세 번째 작품은 <한가로운 삶(閑居)>이다. 이 시에는 스님의 여러 가지 심경이 잘 드러나 있어 더욱 관심을 끈다.

내 행동이 거칠 것 없어 얽매인 데 없었더니
발우 하나 들고 살아도 가는 곳마다 한가로웠네.
비록 속세 먼지를 묻혔어도 세상 밖을 날았고
인간 세상의 헛된 명예가 문득 부끄럽구나.
굶주림을 채우려고 천 집을 다니며 끼니를 채웠고

자취는 깊고 깊이 만첩 산중에 숨겼노라.
항상 동구 문을 열었어도 세상 손님은 드물어
구불구불 돌길에는 이끼 혼적이 완연하구나.

吾行疎逸無拘繫　一鉢生涯到處閑
雖把塵緣飛世外　却慙虛譽在人間
充飢每乞千家飯　晦跡深藏萬疊山
常啓洞門稀野客　崎嶇石逕蘚痕斑

1·2구와 7·8구는 말 그대로 한가로운 삶을 잘 묘사하고 있다. 세상이 요구하는 번거로운 격식이 거추장스러워 발우 하나 들고 떠도는 삶을 택했지만 아무 미련도 없다. 비록 행동에 거칠 것이 없어 소일(疎逸)하다고 했지만, 그렇다고 방종하다거나 본분을 잊고 산다는 말은 아니다. 그것은 육체의 자유로움이 아니라 정신과 영혼의 자유로움을 선언하는 말인 것이다. 세상과 절연한 것은 아니니 세상의 때를 묻히긴 하지만 이미 마음은 세상 밖을 노닐고 있다.

　스님은 <세태를 탄식함(歎世)>란 시에서 당시 불교계의 어두운 현실을 지적하고 있다.

착한 업을 쌓는 사람 점점 줄어들고
헛되이 긴 세월을 낭비하고 있구나.
다만 쾌락을 즐길 줄만 알았지
잠시도 삶을 돌이켜 보려 하질 않네.

白業錙銖少　虛生歲月長　只知貪快樂　不肯暫回光

유가의 궁극적인 목적은 경국제세(經國濟世)에 놓여있고, 개인적으로는 입신양명(立身揚名)을 꿈꾼다. 나름대로 원대한 사업이지만 물질적 욕망의 굴레에서 벗어난 모습은 아니다. 스님은 그렇게 세상이 온통 헛된 욕망으로 가득 찬 것을 부끄러워한다. 쾌락에 젖어 자신을 돌이켜보는 여유와 자성의 시간을 전혀 가지지 못한다.

  5구는 이 집 저 집을 다니며 탁발하는 스님의 일상사로도 볼 수 있지만, 당시 불교의 현실을 은연중에 보여주기도 한다. 허기를 채우려고 바삐 발길을 옮겨야 하는 것이 당시 많은 스님들의 현실일 수도 있다. 그것은 수행의 한 모습이 아니라 생활 방편에 불과할 정도로 불교의 위상이 피폐해져 있었는지도 모르겠다. 중생 제도는 한낱 외침에 지나지 않을 정도로 사람들이 이해관계에 얽히고 설켜 인생의 참모습을 외면하고 있는 것이다. 또 한 편의 <세태를 탄식함(歎世)>도 마저 읽어보겠다.

    세상 사람들 가만히 살펴보니
    가까우면 칭송하고 멀면 욕을 한다.
    세상이 모두 이와 같으니
    내 장차 무엇을 할 수 있을까!

    默算今世輩   親疎毀譽多   世也皆如此   吾將沒奈何

  답답한 세태를 보고 터져 나온 스님을 탄식이 들리는 듯하다.
  항상 동구 문을 열어두고 속세의 누구든 와서 참다운 삶이 무엇인지 물어오는 사람이 있기를 스님은 간절히 바란다. 그런데 세태를 보여주듯 찾아오는 이가 드물다. 인적이 끊겼으니 세상으로 나 있는 길에도 이끼만 자욱하게 끼여 길의 흔적도 희미해져 간다.
  이 시에는 앞의 작품이 보여주는 명랑하고 순박한 한가로움과는 다른 맥락의 감정이 담겨 있다. 진지하고 맑게 세상을 살면서 수도에 전념하려

했던 스님의 마음속에 이런 애로도 깃들여 있었던 것이다. 어쩌면 조선 후기를 살았던 불교계 수행자들의 대조적인 초상을 스님은 잘 구현했다고 볼 수도 있지 않을까?

이처럼 스님은 누구보다 현실 인식에 투철했지만, 이런 난관을 타개하는 방식은 여전히 내면적인 반성과 수도에 정진하는 자세에서 찾고 있다. 세태가 비록 각박해져 가더라도 그들만 탓해서는 아무 보람도 없다. 그들을 변화시키겠다고 속세에 잘못 뛰어들었다가는 나마저 그릇된 풍조에 휩쓸릴 수도 있다. 당당하게 세상을 향해 도전하는 자세를 스님도 굳이 막지는 않지만, 스님의 마음은 방향을 달리했던 것이다. 내면으로 마음으로 향하는 스님의 자세. 우리가 한 번쯤 차분하게 되새겨볼 태도이기도 하다. 물극필반(物極必反)이라고 했다. 아무리 세상이 혼란스러워도 결국 다시 되돌아온다는 교훈을 스님은 잊지 않았던 것이다.

그런 탓인지 스님은 세상 사람들과 도반(道伴)들, 또는 자신을 향한 경계[自警]의 목소리를 담은 시를 여러 편 남기고 있다. 자경(自警)의 의미도 있으면서 동시에 남들에게도 반성을 권하는 그런 시들이다. 먼저 읽어볼 <진문상인에게(贈震聞上人)>는 남에게 한 말이면서 나에게 한 주문이기도 하다.

세상길은 양의 창자처럼 굽이가 심하고
사람의 정도 호랑이 뿔처럼 위태롭구나.
모두들 명예와 이익의 길에서 빠져나와
흰 구름 쌓인 곳으로 깊이 들어오시게.

世路羊腸曲　人情虎角危　皆由名利道　深入白雲堆

구절양장(九折羊腸)의 험난한 세상살이, 인정이란 것도 손익에 따라 염량(炎凉)을 달리한다. 표변하는 모습이 굶주린 호랑이에게 뿔을 달아준 것처럼 위태롭다고 했다. 스님이 당시의 어떤 모습을 보았기에 이렇게 극단적인 발언까지 했는지는 알 수 없다. 또 이런 스님의 태도를 두고 염세적이라고 풀이하는 것도 지나친 비약이다. 이런 태도는 사실 스님의 진지한 수도 자세에서 비롯된 것으로 생각한다. 원래 세상은 그런 것이다, 부처님의 가피력이 있는데 무슨 큰 일 있겠느냐, 이렇게 스님은 세상사에 대해 막연하게 긍정하지 못했다. 그것은 세상에 대해 진지한 관심이 있었기 때문이었다. 물가에 아이를 내보내고 안심을 못해 담 밖을 내다보는 그런 부모의 마음이 스님의 심경이었던 것이다. 어련히 잘 놀다 오겠지 하고 도외시한다면 이는 부모의 본분이 아니다. 마찬가지로 수도자의 본분도 그런 것이다.

그런 진지한 자세에서 스님의 간곡한 염원이 이어진다. 세상살이가 이렇게 각박해지고 서로를 잡아먹을 듯이 다투는 것은 모두 명리에 눈이 먼 탓이라고 보았다. 그래서 어서 빨리 그 더러운 소굴에서 빠져나와 흰구름 떠돌고 무욕과 피안의 삶을 느낄 수 있는 곳으로 돌아오라고 외치는 것이다. 세태에 대해 안타까워하고 이런 모순이 바로잡히기를 기구하는 스님의 진지한 마음이 들려오고 있다. 또 그것이 수행자의 자세이고 궁극적인 의무라고 다짐하고 있는 것이다.

두 번째 시에서는 더욱 자경의 자세가 완연해진다. <초상화(그림자)를 보면서(影自讚)>란 제목의 이 시는 소재부터 재미있다. 영(影)이란 말의 의미가 이중적이기 때문이다. 하나는 진영(眞影)으로, 자신의 초상화를 말하게 된다. 그러나 말 그대로 '그림자'로도 볼 수 있다. 이 시에서 스님이 말한 '영'은 과연 무엇일까? 놀랍게도 그 둘 다이다. 이 시는 두 편으로 되어 있다. 그런데 가만히 읽어보면 제1수는 진영(초상화)을 두고 쓴 것이고, 제2수는 그림자를 두고 쓴 것임을 알 수 있다. 아마 원래 이 시를 쓸 때에는 초상화를 두고 쓴 것이 계기가 되었을 것 같다. 그런데 쓰다 보니 초상화만 아니라 또 하나의 검은 색으로만 된 초상화, 그림자가 떠올랐던 것이다. 그래서 두 편의 시가 된 것이 아닐까? 그렇게 써놓고 보니 결국 어느 편이 초상화고 그림자인지도 애매모호하게 되어 버렸다. 초상화나 그림자나 속성은 같지 않을까? 판단은 여러분들께 맡기겠다.

고려 후기의 학자 이제현(李齊賢)에게는 <익재진자찬(益齋眞自讚)>이란 글이 있다. 역시 자신의 초상화를 보면서 소감을 적은 글이다. 칭찬을 하면 오만하다고 할 것이고, 폄하를 하면 교만하다고 할 이런 난감한 글을 두고 익재는 적절하게 자신의 초상에 대한 평을 남긴다.

스님이 자신의 진영(眞影) 또는 그림자를 두고 시를 짓게 되었을 때도 아마 마찬가지 심정이었을 것이다. 이 시는 스님의 재치 있는 자기 평과 함께 경계하는 마음을 잘 보여주고 있다.

나도 허깨비 몸이고 그대 또한 허깨비인데
허깨비 속 허깨비를 다시 누가 전하려는가.
애석해라 천년의 붓으로 구분하려 할 때
이것은 그리지 않고 저것만 기억하는구나.

我是幻身渠亦幻　幻中之幻更誰傳
惜哉方辯千秋筆　不寫那邊記這邊

나도 그대를 따르고 그대도 나를 따라
칠십 평생을 한 번도 떨어지지 않았지.
내 뿌리로 돌아가서 그대는 세상에 남더라도
거짓 허깨비로 뒷사람을 속이지 말거라.

我隨渠也渠隨我　七十餘年不暫離
我若歸根渠在世　莫將僞幻後人欺

　그림이 허깨비라면 무상한 세월을 사는 나 또한 허깨비이다. 허깨비인 내 몸을 또 허깨비 그림으로 그려놓았다. 천 년 뒤까지 내 모습을 알리려고 그린 그림이지만 허깨비 속 허깨비를 가지고 전하느니 마느니 하니 참으로 가당찮은 짓이다. 허깨비 몸이 아니라 몸속에 깃든 진정한 마음이 그림에 그려질 리가 없기 때문이다. 껍데기만 그리는 그림이 아니라 알맹이도 그리는 그림이 되기를 스님은 바라는 것이다. 그런데도 사람들은 부질없이 껍데기인 그림만 기억하지 마음속의 진짜 나를 그리려고 하지 않는다고 탄식한다. 도를 전하기의 어려움을 토로하는 말이기도 하겠다.
　두 번째 시에서는 처음 1·2구는 확실히 그림자를 두고 한 말이다. 서로 따라 다니면서 칠십 평생을 함께 했다고 했다. 그러니 스님이 초상을 그린 시기는 연세 일흔쯤, 1760년경이 아니었을까 짐작해보았다.
　시선(詩仙) 이백(李白)은 자신의 그림자를 두고 평생을 함께 할 술친구라고 말하기도 했다. 그림자는 단지 햇볕 때문에 드리워진 검은 영상일 뿐이지만 모든 사람이 평생을 함께 하는 존재이기도 하다. 외로울 때는 친구가 되기도 하고, 무서울 때는 반려자로도 자리한다. 심심할 때는 말동무가 되기도 했고, 내 몸이 지쳐 쓰러졌을 때는 방석이 되어주기도 했다. 그런 그림자에 대해 스님은 어떤 마음을 가졌을까? 평생을 함께 따라 다니며 고락을 나누었다는 말에서 우리는 그림자에 대한 스님의 애정과 호감을 읽을 수 있다.
　3·4구에서는 내가 열반에 들어 세상을 떠나면 나는 사라져도 너는 남을 것이라고 했다. 남는 것은 그림일 것이니 초상화가 되겠지만, 좀 상상을 펼쳐보면 그림자도 된다. 몸이 사라진 뒤 이 세상에 대신 남는 것은

무엇일까? 그것은 마음이다. 보이지 않는 마음이 직접 남을 순 없으니, 마음에서 우러나온 말이 남는 것이고, 말은 곧 글을 말한다. 글은 곧 마음의 그림자이다. 글은 곧 잘못 읽혀지면 초상화나 그림자처럼 허깨비가 될 수도 있다. 스님은 자신의 마음을 담은 글이 거짓 허깨비가 아니라 내 참모습을 비춘 거울로 남기를 바라고 있었던 것이다.

그렇게 되기 위해서 스님은 "내 자신을 속여서는 안 되겠다"는 교훈을 얻는 것이다. 내 자신을 속여 쓴 글이라면 그것은 허깨비 글이고, 나는 결국 허깨비를 후세에 남기는 것이나 마찬가지다.

이 시에서 우리는 다시 한 번 스님이 얼마나 진지하게 삶을 사셨는지 알게 된다.

스님에게는 두 편의 만시(輓詩)가 있다. 만시란 다른 사람의 죽음을 애도하는 시를 말한다. 그런데 공교롭게도 두 편 다 스님의 열반을 애도하는 작품이다. 허깨비 몸이 허깨비 세상을 살다갔는데, 무슨 미련이나 아쉬움이 있어 만사를 지었을까? 회자정리(會者定離)라고 해서 삶에서 이별을 피할 수는 없는 일이다. 그러나 잠시간의 헤어짐에도 섭섭한 마음이 이는 것이 인지상정(人之常情)인데, 다시 만날 기약도 정할 수 없는 열반의 이별을 했으니, 애도하는 마음이 없다는 이 또한 거짓말일 것이다. 도반의 죽음을 대하면서 떠오른 스님의 마음은 어떠했는지 읽어보도록 하자.

첫 번째 작품은 <풍악을 애도하며(挽楓岳)>이다.

세상 사람들 말하기를 남북에 오직 풍악이라 했는데
오늘 아침 그대의 부고를 받을 줄 어찌 생각했겠는가.
칠십 평생을 살아가면서 항상 강론에 힘쓰더니
삼천 세계 저 너머로 문득 구름을 타버렸구나.
선배들의 도경을 좇아 선종의 어둠을 밝혔고

후배들의 현기를 이끌어 교학의 문을 활짝 열었네.
적막해라, 제단에는 아무 자취도 없으니
맑은 차 한 잔을 누구와 나누어 마실거나.

世言南北惟楓岳　豈意今朝訃告聞
七十人間常勉講　三千界外忽乘雲
從前道鏡明禪窟　導後玄機闢敎門
寂寞祭壇無形跡　淸茶一椀與誰分

　스님의 시로 볼 때 풍악 스님은 선종의 수행과 교종의 학문을 겸비했던 분이었다. 화두를 참구해서 도의 깊은 경지를 깨우침으로써 선종의 어둠을 밝혔을 뿐만 아니라 후배들을 교도하기에도 힘써 교학의 문도 열었던 것이다. 불교의 위상이 날로 침체되어 가는 현실 속에서 참으로 고귀한 보배 같은 존재였을 것이고, 내심 스님의 존경심도 무척 컸던 모양이다. 열반에 들었을 때 나이 70이었으니 천경 스님보다 선배였을 것이다. 남북에 풍악이라고 한 것은 북쪽에는 풍악산(금강산)이 있고, 남쪽에도 풍악 스님이 있어 나온 말인 듯싶다.
　부음을 들은 스님의 심경은 참으로 복잡하다. 담담하게 받아들여야 수행자의 도리인데, 마음은 그렇지가 못하기 때문이다. 면학과 강론으로 침체된 불교의 디딤돌로 큰 힘이 되는 분이 떠나버렸다. 더구나 세상은 전란이 아닌 마음의 혼란이 가셔지지 않고 있는데 말이다. 뜻밖의 부음에 스님은 세상이 온통 적막해진 것을 느낀다. 이제 남은 것은 허전한 제단일 뿐이고, 그 고운 목소리며 당당한 육신은 영원히 사라져 버리고만 것이다. 만날 때마다 선담을 나누며 마셨던 찻잔은 여기 그대로 있는데, 스님은 이제 이승에 존재하지 않는다. 그 상실의 아픔이 구절마다 얼룩져 있어 스님의 뜨거운 눈물이 찻잔 위로 떨어지는 듯하다.

끝으로 <취송을 애도함(挽翠松)>이란 만시를 읽겠다.

허깨비 몸 머물기 어려운 것이 물이 동으로 흐르는 것과 같아
육십 평생 흐른 세월이 부싯돌 불꽃처럼 지났구나.
달도 져버린 빈산에서 애는 끊어질 듯하고
찬 등불 밝힌 긴 밤 내내 눈물은 마르질 않네.
일생을 두고 읽었던 불경도 먼지 흙으로 돌아갔고
다섯 갈래 선종의 숲엔 조사의 바람이 멎어버렸다.
나보다 나중에 태어나 나보다 먼저 가버렸으니
하늘의 도가 사람의 마음과 어긋나는 것을 이제야 알겠네.

幻身難住水流東　六十年光石火中
落月空山腸欲斷　寒燈長夜淚無窮
一生貝葉歸塵土　五派禪林滅祖風
後我而來先我去　始知天道逆人情

　이번에는 후배의 죽음을 만났다. 한 번 흘러가면 돌이킬 수 없는 강물처럼 인생도 이 허깨비 몸 하나 항상 머물게 할 수는 없는 것이다. 그 이치를 스님인들 왜 모르겠는가? 전광석화(電光石火)처럼 피어올랐다가 스러지는 인간의 숙명을 수도자 역시 비껴갈 수는 없다. 그러나 세상을 위해 주춧돌도 되고 대들보도 되어야 할 아까운 인재들이 떠나는 상황은 슬픔을 가눌 수 없게 만든다. 떨어진 달과 빈 산, 찬 등불과 길고긴 어두운 밤은 모두 스님의 죽음을 상징하는 비유이다. 애 끓는 마음과 흐르는 눈물은 스님의 애통함일 것이다.
　평소 손때를 묻히며 읽던 불경들도 이젠 주인을 잃고 흙먼지로 돌아갈 것이라고 했다. 그것은 세상과 중생을 이끌 주인이 사라진 것을 말한다. 유구한 선종의 법맥을 이을 사람이 죽었으니, 조사(祖師)의 유풍도 멈추

고 말았다. 이런 저런 일들로 해서 스님의 마음을 더욱 저려온다.

　게다가 나보다 나중에 태어난 후배인데, 저승길은 먼저 떠나고 말았다. 순서로 따진다면 내가 가야할 길을 후배가 먼저 오르고 만 것이다. 하늘의 도가 사람 맘대로 되지 않는다는 마지막 한탄은 한 후배의 죽음을 스님이 얼마나 안타까워했는지 절감하게 만든다.

◎ 아암 혜장의 선시 ◎
일생을 울분으로 살다 요절하다

　영조(英祖, 1724~1776 재위)와 정조(正祖, 1776~1800 재위) 시대를 축으로 하는 조선 후기는 여러 면에서 변혁과 반동의 시기였다. 실학적 사고와 정조의 개혁 정치가 미처 접합되기도 전에 닥친 정조의 죽음과, 이어지는 세도 정치는 조선조 후기 정치사가 희망과 좌절을 함께 겪도록 만들었다. 뒤이어지는 국난은 국제 정세의 변화를 제대로 읽지 못하고 옹색한 자리 지키기에 급급했던 좁은 안목이 빚은 결과였다고 할 수 있겠다.
　그러나 조선 후기 200년은 임병(壬丙) 두 전란으로 인한 극심한 경제 문화적인 피해를 극복하고 독자적이고 주체적인 문화 운동이 점진적으로 추진되던 시기이기도 했다. 그 중심에 영조와 정조 같은 뛰어난 군주와 정신적·실질적 자산을 제공했던 일련의 진보적 학자들이 자리하고 있지만, 조선 왕조 500년 내내 숭유척불이라는 사회제도적 억압 속에서도 제 역할을 충실히 수행한 스님들과 불교계 지식인들의 노력과 성과 또한 무시할 수 없다. 불국토(佛國土) 수호라는 이념을 걸고 왜적과 항쟁한 청허휴정(淸虛休靜, 1520~1604)과 그 제자들의 행동하던 본보기를 비롯해 많은 고승대덕들이 출현해 업장(業障)의 고해 속에서 방황하던 민중들에게 현재와 미래의 등불을 제공했던 것이다.
　이렇게 유불 사이에 형성된 일련의 길항 관계 속에서 정조 시대 후반에 태어나 세도 정치 시대 초기를 살다간 선승 아암혜장(兒菴惠藏, 1772~1811)을 만나게 된다. 스님은 고작 40년의 짧은 세수(世壽)를 누리고 세상을 떠났지만, 대흥사에 주석하면서 동시대 승려인 백파긍선(白坡亘璇, 1767~1852)과 초의의순(草衣意詢, 1786~1866) 사이에서 정신사적 맥락을 잇는 역할을 했던 것으로 보인다. 너무나 이른 죽음으로 많은 저서나 작품을 남기지는 못했지만, 현전하는 시문만으로도 우리는 스님의 가치를 충분히 논할 수 있다. 스님의 한시에 보이는 자연풍광에 대한 청아(淸雅)한 관조 자세와 꾸밈없는 진솔한 묘사는 사경시(寫景詩)의 새로운 가능성을 보여준 성과로 판단된다. 또한 많지 않은 글 속에 불가의 입장에서 외전(外典)이라 할 수 있는 『주역』과 『논어』에 대한 자신의 의견을 피력한 문답체의 글도 있어 유불선(儒佛仙)을 함께 아우른, 지식인으로서의 위상도 살펴볼 수 있다.

스님은 1772년에 태어나 1811년에 세상을 떠났다. 젊어서 일군 학문적 울력을 꽃피우기 시작해야 할 나이에 갑자기 열반의 길로 들어서고 말았던 것이다. 워낙 짧은 생애를 살다보니 실제로 이루어놓은 교학상 입론이나 세속적 업적도 적을 수밖에 없고, 생애를 조감할 수 있는 자료 역시 많지 않다. 생애에 대해서는 스님의 문집인 『아암집』 부록에 실린 <탑명(塔銘)>과 정약용(丁若鏞, 1762~1836)이 쓴 <부도비명(浮屠碑銘)> 등을 통해 살필 수 있다. 두 글에 실린 전기적 사실도 대동소이하다. 다만 정약용의 글에는 자신과의 개인적 인연을 상세하게 소개하고 있는 차이가 있을 정도다. <비명>에 실린 내용을 읽음으로써 스님의 생애를 조감하기로 하자.

스님의 본성은 김(金)씨고, 소자(小字)는 팔득(八得)이며, 혜장은 그의 법명이다. 자는 무진(無盡)이고, 본호는 연파(蓮頗)로, 새금현(塞琴縣) 화산방(花山坊, 지금의 해남군 화산면)인데, 옛날 백제의 남쪽 변방에 있던 고을이다.

스님이 태어난 곳은 외딴 마을인 데다 집안 또한 가난해서 어렸을 때 출가하여 대둔사에서 삭발을 하고 춘계천묵(春溪天默) 스님 밑에서 수업하였다. 천문스님은 외전(外典)을 널리 통달한 분으로, 아암은 무리를 뛰어넘는 출중한 지혜로써 배운 지 몇 년 만에 명성이 총림(叢林)을 울리게 되었다. 그러나 그는 몸집이 작은 데다 소박하고 어리석은 듯이 보여 여느 스님과는 기품이 달랐다. 마을의 선비들이 모두 '팔득'이라 불렀는데, 스님의 재주를 아끼고 됨됨이를 사랑하여 친근하게 여긴 때문이었다. 성장해서는 널리 불가의 경전을 배우고 연담유일(蓮潭有一, 1720~1799)과 운담정일(雲潭鼎馹) 스님을 차례로 모셨다. 나이 27세에 정암(晶巖)스님의 법통을 잇고자 향을 올리니, 소요지종(逍遙之宗)으로 화악문신(華嶽文信)의 적통을 이은 것이다.

스님은 여러 스승을 좇아 경전을 배웠는데, 항상 머리를 숙인 채 조용히 경청했지만 문밖을 나서면 문득 입 속으로 '흥!'하고 비웃는 소리를 냈다. 그러나 오직 연담스님의 수차(手箚)와 구수(口授)를 대할 때만 그러지 않았다. 나이 서른에 두륜산의 대회에서 주맹이 되었는데 이 때 모인 사람이 백여 명을 넘었다.(이하 일부는 생략한다.)

스님은 외전 가운데에서도 특히 『주역』과 『논어』를 좋아해서 책 속에 담긴 뜻을 낱낱이 살펴 한 치도 빠뜨리지 않으려고 했고, 기윤(奇閏)의 수나 율려(律呂)의 도, 성리학 관련 여러 서적에 이르러서도 정밀하고 정확하게 익히고 이해해서 변변찮은 선비라면 도저히 따르지 못할 정도였다.

스님은 시 짓기를 좋아하지 않아 평소 쓴 작품이 거의 없었다. 또 그런 일을 달갑게 여기지도 않았는데, 갑자기 시를 써주는 사람이 있으면 반드시 좇아 화답을 해서 사람을 놀라게 했다. 병려문에 더욱 능통하여 율격이 엄정했고, 불교 경전 가운데에는 『능엄경』과 『기신론』은 좋아했지만 조경(竈經)이나 측주(厠呪) 따위는 입에 올리지 않아 스님들이 안타깝게 여겼다.

스님에게는 제자가 넷 있었다. 수룡색성(袖龍賾性)과 기어자홍(騎魚慈弘), 철경응언(掣鯨應彦), 침교법훈(枕蛟法訓)이 그들이다. 이미 의발을 전수하자 스님이 갑자기 늙으셨으니, 신미년 가을에 병을 얻어 그 해 음력 9월 14일 북암(北菴)에서 입적하셨다. 그 때 스님의 나이 고작 마흔이었다.

정약용의 <비명>에 보면 스님과 다산이 처음 교유를 가진 시기는 1801년이었다. 10년의 연배 차이가 났음에도 불구하고 두 사람은 만난 날부터 흉금을 터놓고 『주역』에 대해 토론하고 선담(禪譚)으로 교제한 사연이 자세히 실려 있다. 특히 스님의 시 <장춘동잡시(長春洞雜詩)> 20편 가운데 한 수인, 백수시(柏樹詩)라 불리는 작품으로 명성이 중국에까지 전해져 당시 중국의 대학자 옹방강(翁方綱, 1733~1818)이 찬탄하며 직접 시집을 인쇄하고, 『금강경』 1권과 자신의 시 한 축을 사신(使臣) 편에 보내온 사실이 기록되어 있는데, 스님의 문학이 지녔던 국제성을 읽을 수 있다.

35세 때 이미 여러 제자들에게 의발(衣鉢)을 전하고 시와 술을 즐기며 자유자재한 생활을 즐겼다고 정약용은 기록하고 있다. 그렇게 4·5년을 지내다가 홀연 세상을 등진 것이다. 노사(老師)의 설법을 듣고 코웃음을 칠 정도였다면, 속례(俗禮)에 얽매이지 않았던 스님의 자세를 충분히 짐작할 수 있다. 어떤 의미에서 스님은 상당히 파격(破格)의 삶을 살았다고 평가할 수 있을 것이다. 스님은 1796년(정조 20) 즉원(卽圓)선사의 법을 이어받아 대둔사의 강석(講席)을 맡았고, 문집에 『아암집(兒庵集)』이 전하고 있다.

스님의 문학에 대한 평가 역시 많이 보이지는 않는다. 다만 문집의 앞

뒤로 여규형(呂圭亨, 1849~1922)의 서문과 문손(門孫) 원응계정(圓應戒定)이 쓴 발문이 있는데, 두 사람의 글에서 약간의 시평(詩評)을 얻을 수 있다.

스님의 시를 살펴보면 시인의 시이지 스님의 입 기운이 감도는 것과는 전혀 차원이 다르다. 소사(小詞)와 사륙문(四六文), 『주역』과 『논어』에 대한 글을 읽으면 몽둥이를 휘두르고 고함을 지르는 선가(禪家)의 종풍(宗風)에 조금도 가깝지 않다. 그래서 이런 까닭으로 의심하는 사람도 있었다. 아아! 바로 이런 점이 바로 아암이 아암 스님다운 바이고, 그의 시가 참된 시가 된 까닭인 것이다. 다산 정약용이나 담연 김공 같은 당대의 큰 학자들이 서로 오가면서 보낸 편지에서 칭송해 마지않았으니, 이것이 어찌 공연한 일이겠는가?

연파노스님은 근대에 태어나 스스로 출가하여 경학에 마음을 두었을 뿐 저술은 즐기지 않으셨다. 그러나 학자들이 연이어 찾아와 풍월을 듣고 시를 주고받았는데, 그 때 남기신 주옥같은 글들을 문인들이 찾아 모으는 것까지 금하진 못했다. 그 약간의 유고를 살펴보니 담긴 뜻이 맑고 멀뿐더러 꾸밈이 전혀 없어 옛 사람의 기풍 속으로 들어간 것이었다. 가히 곤륜산의 조각옥이란 적을수록 더욱 값진 것이라고 할 만하다.…… 때문에 다산 정약용이 <대둔사비각다례문>을 읽고 "이 작품은 관각 대가의 글이니, 이윤보와 임이호의 끊어진 명성을 이을 만하다. 글자마다 옥구슬이 튀기고 구절마다 기운이 용솟음치니 푸성귀나 먹는 사람의 입 기운을 찾을 수 없다."고 칭송했던 것이다. 이로 보건대 노스님은 참으로 덕을 지니신 분이라 하겠다. 그 말씀하신 시와 글들이 비록 세상에 알려지길 원하지 않았다고 해도 어찌 가능한 일이겠는가!

두 사람의 평에서 공통된 점은 아암의 시가 보여주는 품격이 스님답지 않다는 것이다. 이른바 소순기(蔬筍氣)라고 하는 승려시의 단점이 보이지 않을 뿐더러 시인다운 품격을 갖추고 있고, 한 나라의 문장을 책임지는 대문장가의 기풍이 서려 있어 도저히 승려의 시로만 국한해 볼 수 없다는 말이다. 스님의 시가 스님답지 않다면 비난이라고 할 수도 있지만, 사실은 스님의 그릇으로만 아암의 문학을 논할 수 없다는 극찬의 말이기도 하다. 불교의 장래가 어두웠던 시기에, 더욱 그가 요절한 것이 아쉽게 느껴지는 대목이 아닐 수 없다.

여규형은 스님의 시를 두고 진정한 시인의 시라 평했고, 원응계정은 꾸밈이 없으면서도 대가의 풍모가 그대로 배어있는 문학이라고 평했다. 이 두 가지 지적을 통해 우리는 스님의 시문학에 담긴 미학적 가치와 문학사적 가치를 아울러 정리할 수 있다.

생애에서도 본 것처럼 스님은 시 쓰기를 그리 즐기지 않았다. 그러면서도 누군가로부터 시를 받으면 즉시 화답하여 사람을 놀라게 하는 시재(詩才)를 타고나기도 했다. 그렇게 상황에 맞춰 시를 쓴 탓에 작품수가 많지도 않을 뿐더러 그나마 다 전해지지도 못했을 것이다. 『아암집』에는 제목으로 따지면 26수, 작품수로 보면 81수의 한시가 실려 있다. 한 수가 한 편인 작품도 있지만, 호흡이 긴 장편 고시도 여러 편 썼고, 특히 연작시도 자주 눈에 띈다. 그 가운데 몇몇은 의례적으로 써준 화답시나 증별시(贈別詩)지만, 스님의 문학과 선심(禪心)을 엿볼 수 있는 회심의 작품들도 있어 관심을 두기에 충분하다.

먼저 산수자연과 일체가 된 심경을 노래한, 일련의 산수시를 읽어 시세계의 한 성격을 살펴보자. 특히 문집의 첫 머리를 장식하고 있는, 20편으로 이루어진 <산거잡영(山居雜詠)>은 대둔산 일대의 아름다운 절경을 접하면서 느낀 자연의 아름다움과 선승으로서의 심경이 7언절구로 다채롭게 토로된 작품이다. 자연 경관과 선적 깨달음이 혼재되어 있는, 소박하면서도 울림이 큰 작품들로 구성되어 있다. 그 가운데 다섯 편의 작품을 중심으로 감상을 전개해 보겠다.

흰 꽃은 떨어지고 붉은 꽃 구르는데 푸른 잎만 가지에 가득하니
작약꽃과 장미꽃도 처량해 보이는구나.
은은한 향기는 바로 창가 대나무에 서렸으니
때로 바람을 맞으며 두보(杜甫)의 시를 읊조리노라.

白墮紅瓢綠滿枝 淒涼芍藥與薔薇
微香正在窓前竹 時復臨風誦杜詩

첫 작품은 사람마다 다른 아름다움의 소재에 대해 말하고 있다. 즉 무엇을 아름답게 보느냐의 문제에 대해 입장을 밝히고 있는 것이다. 희고 붉은 꽃을 보고 아름답다고 경탄하지만 어지간해서는 푸른 나뭇잎을 보고 아름답다고 하지는 않는다. 그러나 화려한 꽃은 금방 시들어 떨어져 버린다. 조락(凋落)이라는 숙명을 안고 있기에 꽃이 더 아름다울 수도 있겠지만 영원할 수 없다는 점에서는 참된 아름다움은 아니다. 그래서 스님의 눈에는 하얀 함박꽃도 붉은 장미꽃도 그 부화한 자태에 안쓰러움을 느끼는 것이다.

그러면 스님은 진정한 아름다움의 소재를 푸른 나뭇잎에서 찾은 것일까? 그렇지 않다. 창가에 한두 그루 아담하게 자란 대나무에 서린 향기에서 그 소재를 찾는다. 형상이나 실체를 지니지 않은 향 속에 영원한 아름다움은 담겨 있다는 것이다. 화려한 꽃이 미(迷)의 세계라면 푸른 나뭇잎은 오(悟)의 세계로 비유할 수 있다. 그러나 참다운 깨달음은 미오(迷悟)의 경계를 넘어선 곳에 있다. 그것이 바로 색(色)의 세계를 초월한 향(香)

의 세계이다. 향은 비어 있지만[空] 가득 찬[滿] 공간이다. 그 향의 아름다움을 깨우칠 때 아름다움의, 자연의 진경(眞境) 속에 발을 들여놓았다고 말할 수 있다는 것이다. 물론 스님은 형색(形色)과 향공(香空)을 이분법적으로 가르지는 않았다. 자연을 느끼되 눈으로만 느끼지 말고 몸으로, 마음으로 오감(五感)으로 느끼라는 권유일 것이다.

금산의 골짜기가 작기가 술잔만 해도
산 빛으로 문을 열면 바다 빛이 다가오네.
앉아 석양이 닿도록 자리는 항상 그늘졌으니
이름 모를 산새들이 향대로 날아 내려오네.

金山洞府小如杯　山色開門海色來
坐到夕陽猶陰几　一群幽鳥下香臺

이 시는 스님의 일상생활이 잘 드러난 작품이다. 스님은 1811년에 북암(北菴)에서 입적했다. 북암은 초의선사가 40년 동안 주석했다는 일지암(一枝菴)과 그렇게 떨어지지 않은 산등성이에 있는 암자이다. 암자에 서면 양편으로 산줄기가 휘감아 돌고 그 아래 가운데 대흥사가 자리했으며, 멀리 장춘동(長春洞) 골짜기가 한눈에 잡힐 듯 펼쳐져 있다. 아마도 이 시는 그 북암에 있으면서 쓰여졌을 것이다.

골짜기의 규모가 아담한 것을 "작기가 술잔만 하다(小如杯)"고 표현한 데서부터 시를 읽는 맛이 남다르다. 술잔이라 해서 옹색한 느낌이 들지 않는 것도 스님의 남다른 재치와 시재(詩才)의 반영일 것이다. 병풍처럼 둘러쳐진 골짜기의 산세(山勢)라도 볼 양으로 문을 열어 젖혔더니 산 빛 대신 바다 빛이 방안으로 냉큼 들어섰다는 말이다. 사실 그 곳에서 바다는 보이지 않는다. 그러나 여기에서도 스님은 빛과 어우러진 향을 맡았을

지도 모른다. 빛 속에 담긴 향을 맡을 경지니 스님의 자연애(自然愛)가 얼마나 무르녹아 있는지 짐작할 수 있다. 창호 문을 열고 내다본 경치에 넋이 나가 석양이 내릴 때까지 하릴없이 바라보는 스님의 모습이 여일(如一)하게 그려져 있다.

담을 꾸미려고 온갖 꽃을 산사를 따라 심었으니
구월이면 응당 피어 눈에 가득 꽃밭이겠구나.
병에 물 담아 뿌려 주고 잠시 홀로 섰으려니
남쪽 바람이 솔솔 불어 가사 자락을 스치는구나.

治牆百本種山家　九月應舒滿眼花
澆了水甁還獨立　南風習習灑袈裟

이 시는 도연명(陶淵明, 365~427)의 <잡시(雜詩)> 가운데 한 구절이 그대로 연상되는 작품이다. 도연명은 국화를 꺾으면서 남산을 바라보았으니 역시 색(色)의 세계이다. 실화(實花)와 실경(實景)이 도연명의 자연 감상 대상이다. 그런데 스님의 경우는 다소 다르다. 담을 둘러 국화 움을 심어 두고 가을이 오면 필 국화를 상상한다. 색의 세계를 넘어선 공의 세계가 감상 대상인 것이다. 그렇다고 허무맹랑한 허상에 매달리는 것도 아니다. 국화 움을 둘러 심고 가을에 필 국화를 상상했으니, 인(因)이 있는 과(果)를 추구한 것이다. 색을 무시한 공이 아니라 색에 바탕을 둔 공에 스님은 닿아있다. 실경을 바탕으로 펼치는 상상의 세계는 색과 공이 융화되어 있는 공간이고, 그래서 스님의 시속에 드러나는 자연은 이른바 여산진면목(廬山眞面目)에 한 발 더 다가서 있는 것이다.

뭇 산들 우뚝우뚝 구름 사이로 솟구치고

저녁노을이 비껴가니 산마다 붉게 물들었네.
어부들은 때맞추어 낚시 그물 거두는데
엄나무 꽃잎들이 남풍에 날려 떨어지네.

群山磊落出雲中　返照橫時面面紅
漁子時來收釣網　刺桐花落有南風

산사와 어촌의 저녁 풍경을 눈길이 가는 대로 점찍듯이 소묘한 작품이다. 흰 구름 깔린 위로 올망졸망 솟아오른 산봉우리들과 저녁노을이 드리워 붉게 물든 산등성이, 그리고 낚시며 그물을 거둬 집으로 돌아가려는 어부들, 바람에 날려 떨어지는 엄나무 꽃잎들. 늘 있는 것이고, 늘 보던 풍경일 뿐이다. 그러나 그 심상(尋常)함 속에서 우리는 비범함을 느낀다. 너무나 당연하고 자연스러워 희한하달 것이 없는 데도 시구가 진부하다거나 남의 작품을 흉내 냈다는 혐의를 일으키지 않는다. 그 평범한 풍경들이 비범한 의미를 담고 있음에 우리는 경이를 느낄 수밖에 없는 것이다. 정약용이 스님을 두고 관각대수(館閣大手)의 솜씨라고 기렸던 것은 물론 산문을 두고 한 말이지만 이렇게 군더더기 하나 없이 네 개의 자연현상을 병렬했으면서도 그 속에 아름다움의 내면을 드러내는 수완도 대수의 이름값을 제대로 했다고 평해야 할 것이다.

바위틈에 몇 떨기 꽃이 신선인 양 피었는데
동네 사람들은 '목부용'이라 부르네.
한 가지 언뜻 떨리자 하늘 따라 날아가니
짐짓 앞산 옥순봉을 가려버렸네.

巖角仙花著數重　土人道是木芙蓉
一枝斜展空中去　微礙前山玉筍峰

이 작품에는 참으로 미묘한 운치와 여운이 담겨 있다. 기구(起句)와 승구(承句)에서는 바위틈에서 숨듯이 자란 목부용의 은일자적인 자태를 소개한다. 동네 사람이 '목부용'이라 부르니 꽃나무의 정식 이름은 아니고, 향토어(鄕土語)일 것이다. 이름도 없는 꽃인데, 아름답기도 하려니와 외롭게 핀 것이 선인(仙人)의 고집과 지조를 갖춘 것처럼 스님에게는 느껴졌다. 그래서 굳이 본이름을 찾으려 하지 않고 향토어 그대로 이름을 불러주었던 것이겠다. 그만큼 비근한 자연 물상에 대한 친숙한 감정의 표현이 한 귀 시구 속에 절절히 배여 있다.

그 순간, 갑자기 가지가 떨리면서 고개를 떨어뜨리더니 꽃이 공중으로 날아가 버렸다. 물론 시 자체로 봤을 때 날아간 것인지 흔들린 것인지 분명하지는 않다. 중요한 것은 색(色)의 화신인 꽃이 '空'중으로 날아간 것이다. 즉 색이 공으로 옮아가는, 아니 색과 공이 혼연일체가 되는 대변화의 순간을 스님은 기묘한 솜씨로 포착해내고 있는 것이다. 참으로 대방가(大方家)의 재주라고 찬탄할 수밖에 없다.

그런데 그 섭리의 주재자는 역시 바람[風]이다. 바람은 꽃을 움직여 공중에 보냄으로써 꽃향기가 온 누리에 가득 차도록 만든다. 더욱 놀라운 것은 마지막 결구(結句)에 숨겨져 있는 암시와 복선이다. 표현 그대로 읽으면 떨어지거나 또는 흔들리는 꽃잎이 앞산 거대한 산봉우리를 가린다는 말이다. 시인의 눈에서 꽤 먼, 바위 틈 사이에 핀 꽃나무의 꽃떨기 몇 개가 어떻게 거대한 산봉우리를 가린단 말인가? 아마도 꽃잎이 제대로 보이지도 않았을 것이다. 여기서 미세하고 일면적인 상황을 거시적이고 전면적인 현상으로 환치시킬 수 있었던 스님의 상상력이 확연하게 드러난다. 일종의 시적인 재치면서 유머라 할 수 있다.

아암에게는 여섯 편의 사(詞) 작품이 있다. 사에 대해 조금이라도 아시는 분이라면 이것이 대단한 일임을 알 것이다. 송나라 이후 널리 퍼진 사는 중국어의 음률에 능하지 않으면 제대로 흉내조차 내기 어려운 장르이다. 이런 사를 여섯 편이나 남겼다는 것은 그만큼 스님의 시재가 탁월했다는 반증이 될 것이다. 우리나라에서는 고려 후기의 대문호인 이제현 정도가 이 방면에 뛰어난 작품을 남겼을 뿐이다. 그래서 그 가운데 두 편을 골라 감상하려고 한다.

첫 번째 작품은 <어가오(漁家傲)>로, 제목은 <밤비(夜雨)>이다. 참고 삼아 말씀드리면 앞의 '어가오'는 사패(詞牌)라 해서, 미리 정해진 사의 운율과 격식 이름이고, 뒤의 제목은 그 시의 내용(또는 주제나 소재)을 요약한 것이다.

한 줄기 등불은 꺼질 듯 깜빡이는데
조각 글, 옛 그림을 이리저리 펼치노라.
떨어져나가고 이지러져도 더욱 흥겹구나.
샘물은 더욱 졸졸졸 흐르는데
늦봄에 내리는 소슬비가 그칠 줄 모르네.

一穗寒燈明不滅　殘書古畵閒披閱
剝落離奇逾可悅　猶泉咽
晚春疎雨無時絶

눈먼 거북이에 절름발이 자라 꼴 스스로 우스우니
시 짓는 심정이 이에 이르니 다시 한 번 살펴본다.
정법을 담은 눈이 어찌 매서운 날씨를 겁내랴만
깔끔하게 정리된 향대에는
몇 그루 탱자나무에 눈처럼 하얀 꽃이 피었네.

自笑盲龜兼跛鼈　詩情到此一分別

定眼何嫌風景烈　香臺潔
數株枳橘花如雪

두 번째 작품은 사패가 <낭도사(浪陶沙)>로, 제목은 <꾀꼬리 울음소리를 들으며(聽鶯)>이다.

산자락에 걸린 해는 주렴 창을 비추는데
귀머거리인 양 길게 누워 있노라.
향기로운 숲속 푸른 벽에서 꾀꼬리 울어 예니
막걸리 몇 잔 뜨면서 머물 곳 옮겨 오노니
신선 늙은이가 아니겠나.

山日照簾櫳　長臥如聾
芳林翠壁囀黃公　細酌白醪徙倚處　一箇仙翁

오호라! 세상의 저 인간들아
아직도 맑은 한가로움을 얻지 못했구나.
부귀영화야 한낱 한단의 꿈이려니
몸 밖의 뜬 구름 같은 명예를 어찌 원하는가.
주름진 얼굴을 벗어나지 못하겠구나.

嗟彼世人間　未得淸閑
芬華只是夢邯鄲　身外浮名何願　也不出孱顏

스님에게는 <장춘동에서 지은 시(長春洞雜詩)>라 해서 12편의 연작시가 있다. 장춘동은 스님이 평생 거처한 대흥사 일대의 골짜기를 말한다. 7언율시로 쓰인 이 연작시는, 20편으로 된 <산거잡영> 연작시와는 표정을 달리하는 스님의 심회가 잘 그려져 있다.

스님은 울분이 많았던 분으로 알려져 있다. 크게 보면 웅장한 철학과 역사를 가진 불교가 홀대 받고 있는 것에 대한 불만일 것이고, 쥐꼬리만 한 지식을 가지고 대가인 양 어설픈 위세를 떨치는 사대부에 대한 울화병이었을 것이다. 또 불교가 정도를 걷지 못하고 빗나가는 데 대한 답답한 심정도 적지 않았을 듯하다. 개인적으로 본다면 재주와 웅지를 품고도 세상에 인정받지 못하고 산골자기에 묻혀 살아야 하는 스님의 처지에 대한 한탄도 있었을 것이다. 스님의 천성은 승려로서만 일생을 마치기에는 너무 그릇이 컸다고 할까? 아니면 세간의 인연을 완전히 끊을 수 없었던 숙명이었다고나 할까? 한미한 집안에서 태어난 일찍이 출가했던 스님은 여러 모로 시대와 현실에 대해 많은 상념과 고민을 했던 것으로 보인다. 물론 이런 고민의 흔적들이 지금은 남아 있지 않다. 글이나 시로 쓰기에는 너무 위험한 행동이었고, 그렇다고 마음속으로 삭히자니 속은 까맣게 타들어갔다.

스님은 그런 답답하고 울적인 심사를 주로 시와 술로 달래며 살았다. 아마도 대단한 폭음을 했던 모양이다. 방외의 벗이었던 정약용이 그만 자제하라고 염려하는 글을 써줄 정도로 스님은 건강을 돌보지 않고 자신을 학대하기도 했던 것이다. 어떤 면에서 40세 요절은 스님이 스스로 끌어들인 운명이었다는 생각도 든다. 제자들에게 의발을 전한 뒤 4·5년을 시주(詩酒)로 일관하던 스님의 모습이 이를 반증하지 않을까?

다행인지 불행인지 <장춘동잡시>에 실린 몇 작품에는 그런 스님의 심경의 일단이 드러나 있다. 두 편의 작품을 읽어보겠다.

작은 연못에 실개천 흘러 절로 빙빙 도는데
향기로운 풀, 수양버들이 골짝마다 활짝 피었네.
봄은 구름 낀 산에 들어 길이 나가질 않고

물은 인간 세상으로 흐르면 정녕 돌아오질 않는구나.
길을 가다 벼루를 끌러 붓을 축여 시도 짓고
앉아 차를 끓여 마시다 재 위에 그림도 그리네.
생각하니 이 언덕에서 금호 스님과 놀았는데
복숭아꽃을 즐기러 왔던 것이 벌써 몇 해 전인가.

金塘小澗自瀠洄　芳草垂楊一洞開
春入雲山長不出　水流人世定無回
行持研匣時濡筆　坐擁茶罏試畵灰
憶與琴湖游岸上　幾年玄觀賞桃來

스님이 살던 시대는 노골적으로 부당성을 토로하기에는 위험이 상존했다. 엄연히 유불 사이에는 신분적인 차이가 있었기 때문이다. 모든 유가 사대부들이 그런 것은 아니지만, 함께 어울리는 것은 인정해도 권리를 찾겠다고 나서면 눈에 불을 켜는 사람들이 유가였다. 그런 세태 속에서 살아야 했던 스님의 심경은 속으로만 곪아 들어갔을 것이다.

누더기 가사 입은 이후 산문 밖을 나가지 않았는데
아직까지 도를 깨치지 못했으니 정녕 부끄럽구나.
정전백수자 공부로 힘을 얻은 이는 누구던가
연호장 세계도 고작 이름만 들었을 뿐이로다.
미친 노래는 매양 근심 속에 터져 나오고
맑은 눈물은 대개 취한 뒤에야 말라버리지.
좌선 마친 부들자리 위에서는 헛웃음만 나오나니
우리 무리들을 하늘이 낸 백성이라 하질 말게나.

麻衣曾不下山扄　憨愧如今道未成
柏樹工夫誰得力　蓮花世界但聞名

狂歌每向愁中發　淸淚多因醉後零
坐罷蒲團還失笑　莫將吾輩算天氓

　　이런 회한과 자탄의 심정, 그리고 자성의 목소리가 한 몫에 터져 나온 작품이 있다. 이 작품으로 이 장을 마치려고 한다. 다소 긴 고시이지만, 아암 스님의 마음을 읽기에 더없이 좋은 자료라 생각된다. 제목은 <색성과 자홍 두 상좌승에게(示賾性慈弘兩比丘)>이다.

우리 불가의 문턱이 어찌 이리 쓸쓸한지
지금 내 홀로 슬퍼하고 마음 아파하노라.
붕새(큰 스님)는 가라앉아 일어나지 못하고
뱁새며 굴뚝새들이 기가 살아 날아다니는구나.
교묘한 말로 사부대중을 유혹하면서
제사 때 독경 소리로 하루해를 보내네.
이익을 벌여놓은 꼴이 어찌 이리 풍성한지
사리탑만 길가를 가득 메우고 있네.
여행 때 쓸 도끼가 의발인 양 전해지고
법을 전한다는 말은 가는 곳마다 그득하네.
마침내 선림은 적막강산이 되었으니
종풍에 찬 바람 분 지도 벌써 오래라네.
돌아보면 나 또한 종지밖에 안 되는 근기니
전차 바퀴를 이기려 했던 사마귀와 뭐가 다르랴.
한갓 시방세계에서 주는 보시를 허비하면서
이름난 명찰을 두루 밟아보았지.
외람되게도 훌륭한 인재들을 모아 가르쳤고
인연을 맺은 분들은 모두 노스님들이었지.
헛된 이름이 한 구석에 가득해서

이제는 들고 나가는 일조차 방해하는구나.
하는 일은 맑고 빼어나지도 않았는데
처지는 어느새 늙어가는 몸이 되었네.
잡스럽고 번화한 일 항상 많았으니
고해에 빠져 물결 속에서 허덕거렸네.
진리의 나루터는 끊긴 지 오래려니
누가 능히 자애로운 배를 몰고 가겠는가.
어떻게 하면 원만한 선기(禪機)를 얻어
남은 생애나마 잘 타고 넘어갈까.

釋門何蕭索	今我獨悲傷	大鵬潛不起	鷦鷯竟翱翔
巧言引檀越	終日事祈禳	設利何太盛	窣堵滿道傍
資斧爲衣鉢	傳法儘多方	禪林遂寂寞	宗風久凄涼
顧余斗筲器	奚殊拒轍螳	徒消十方施	名寺徧徜徉
叨濫集上流	結交皆老蒼	虛名滿一隅	如今出處妨
事業未淸秀	身世反蒼黃	雜華常爛漫	苦海正汪洋
津梁久已阻	誰能泛慈航	何當得圓機	殘年與頡頏

 자신을 섬기던 두 제자에게 전법을 하면서 남긴 작품이다. 의발을 전한다는 것은 곧 그 깨달음을 인정했다는 뜻이다. 이 시는 스님 자신의 여러 가지 소감과 함께 현하 불교계의 병폐, 올바른 길을 걸어가라는 경책(警責) 등 여러 가르침이 실려 있다.

◈ 초의 의순의 선시 ◈
진경산수시眞景山水詩를 완성한 시승

초의의순(草衣意恂, 1786~1866) 스님은 워낙 다채로운 생애를 살다 가셔서 한 마디로 정의하기 어려운 걸출한 선각자이다. 그는 시인으로서 명징한 사물 인식을 보여주는 아름다운 한시를 남겼고, 우리 민족의 체질과 풍습에 맞는 차를 고르고 개발하는 데 깊은 노력과 성과를 이룩한 인문학도였다. 또 기억에서 멀어진 옛 선사의 유풍(遺風)을 고스란히 모아 전한 문인이기도 했다. 뿐만 아니라 백파 스님과 삼종선(三種禪) 논쟁을 치열하게 벌였던 논객이기도 했다. 그는 당대 최고의 실학파 지식인들과 허울 없는 교류를 가졌고, 자신의 앎을 세상을 위해 베푸는 보살행을 실천하는 군자의 삶을 견지했다.

여기서는 스님의 문인적 삶 가운데 특히 시인으로서의 면모를 말하려고 한다. 스님의 생애를 간단히 정리하면 아래와 같다.

스님은 조선 말기를 살다간 선승으로, 자는 중부(中孚)고, 호는 초의(艸衣)며, 당호는 일지암(一枝庵)이다. 속성은 장씨(張氏)고, 전남 무안(務安) 출신으로, 다도(茶道)의 정립자이다. 15세 때 남평(南平) 운흥사(雲興寺)에 출가하여 민성(敏聖) 스님을 은사로 삼아 득도했고, 해남 대흥사(大興寺)에서 민호(玟虎) 스님에게 구족계(具足戒)를 받았다. 그는 불교 외에도 유교와 도교 등 여러 교학에 통달하였고, 범서(梵書)에도 능통했다. 또한 정약용(丁若鏞)에게 유학과 시문을 배웠으며, 신위(申緯), 김정희(金正喜) 등과도 친교가 두터웠다.

그 뒤 해남 두륜산(頭輪山)에 일지암을 짓고 40년 동안 지관(止觀)에 전념하면서, 불이선(不二禪)의 심오한 진리를 찾아 정진하였으며, 다선삼매(茶禪三昧)에 들기도 했다. 서울 봉은사(奉恩寺)에서 『화엄경(華嚴經)』을 새길 때 증사(證師)가 되었고, 달마산(達摩山)에 무량회(無量會)가 창립되자 그 강석(講席)을 주재했다. 스님의 사상은 선사상과 다선일미사상(茶禪一味思想)으로 집약된다. 전선(專禪)으로만 기울지 않고 지관을 수행했다고 하는 데에서 그의 선사상의 큰 특색을 찾아 볼 수 있는데, 다선일미사상을 통해 차를 마시되 법희선열식(法喜禪悅食)하여야 한다고 강조했다.

저서에 『동다송(東茶頌)』과 『다신전(茶神傳)』, 『일지암유고』, 『초의시고(艸衣詩藁)』, 『선문사변만어(禪門四辨漫語)』, 『진묵선사행적고(震默禪師行蹟考)』 등이 전하고 있다.

스님의 활동상을 보면 그 분은 이미 승속의 차별을 넘어선 것을 알 수 있다. 서구 열강의 침탈의 조짐이 차츰 구체화되던 시기를 산 스님이라 한가롭게 절간에 앉아 수도에만 전념할 수는 없었던 것이다. 변화에 대처하면서 대안을 모색할 시기였다. 당대 최고의 정치가들과 교유하면서 시세의 흐름을 파악하고 개선에 일익을 담당하고자 했던 스님의 단심(丹心)이 빚어낸 일일 것이다. 그는 승려이면서 승려로만 머물지 않고 속을 잊지 않으면서도 속되지 않은 대승적 삶을 살았다고 말할 수 있다. 스님이 살았던 19세기는 세도 정치의 혼란과 대안 모색이 번갈아 진행되고 있던 시기였다.

먼저 아름다운 자연의 모습을 서정적으로 담은 작품 한 수부터 읽겠다. 제목은 <시냇가를 거닐면서, 경오년(1810년) 대흥사에서(溪行, 庚午 在大屯寺)>이다.

나물을 캐다가 시냇가에서 쉬노라니
냇물은 맑은데 잔잔히 물결이 이네.
갓 자란 등나무는 비갠 뒤 더욱 깨끗하고
이끼 낀 옛 돌에는 구름 덮여 어여쁘구나.
고운 이파리는 어여쁘게 돋아나고
드리워진 꽃 시들지 않아 반갑구나.
푸른 바위는 수놓은 병풍인 듯하고
푸른 이끼는 돗자리를 대신할 만하구나.
사람살이 또한 무엇에 가려지겠는가
턱 괴고 앉아서 돌아갈 일 잊었네.
차가운 물줄기 따라 서산 해는 기우는데
숲 너머로 아련히 연기가 솟아나네.

採薇休溪畔　溪流淸且漣　新藤經雨淨　古石依雲娟
嫩葉憐方展　葵花欣未娟　靑巖當繡展　碧蘇代紋筵
人生亦何屛　支頤澹忘還　滄涼山日暮　林末起暝煙

평생을 운수행각을 하면서 사는 게 스님네들의 일상이니, 자연은 스님들에게 혈육보다는 가깝고 친근한 벗이다. 또 호젓한 암자든 명산의 대찰(大刹)이든 자리하고 있는 곳이 물 맑고 산 좋은 자연의 품속이다. 오죽했으면 다른 스님을 일러 도반(道伴), 즉 길을 함께 가는 친구란 말을 썼겠는가? 때문에 스님들의 시에는 우리의 산하자연이 아름답고 수 놓여 있다. 물론 사대부들의 시에도 자연이 소재로 주제로 쓰인 작품이 많다. 그러나 유가들의 시에 드러나는 자연은 아무래도 꺼풀이 쓰여 있는 경우가 많다. 물아일체(物我一體)의 깊은 경지에 이르기에는 유가의 자연관이 다소 분석적이고 관념적인 부분이 있기 때문이다.

사대부 문인들은 때로 스님들의 시를 놀려 소순기(蔬筍氣)가 가시지 않았다고 말한다. 쉽게 말해 평생을 숲 속에 살면서 채식을 하니 속기(俗氣)가 없다는 말이다. 문학도 시대와 사회에 효용이 있어야 한다고 생각한 유가들이니, 스님들의 시를 이렇게 얕잡아 볼 수도 있는 일이다. 그렇지만 말은 그렇게 하면서도 유가들은 스님들의 시를 열심히 찾아 읽고 함께 수작(酬酌)하는 일을 게을리 하지 않는다. 왜냐하면 스님들의 시에서 배울 게 많았기 때문이다. 그들도 자연을 노래한다면서 강호가도(江湖歌道)를 말하지만, 어디까지나 자연은 잠시 머무는 곳이지 영원한 안식처는 아니다. 입속(入俗)을 위한 일시적인 거처인 것이다. 탈속도 아니고 입속도 아닌 어정쩡한 처지였으니, 그들에게 고민과 갈등이 없을 수 있겠는가? 이런 식의 갈등은 문학에 큰 도움이 되지 않는다.

위 시에는 그야말로 청징해서 티끌 하나 없는 자연이 그대로 살아 숨쉬고 있다. 자연과 내가 별개가 아니라 한 몸에 붙은 수족처럼 호흡한다. 스님은 그 대상이 사물이든 사람이든 함부로 평가하거나 자기류의 관점에서 독선적인 재단을 하지 않았다. 언제나 스님의 시선은 따뜻하고 정감에 차 있었다. 포근하게 상대를 감싸는 여유와 열린 시야를 지니고 있었기 때문이다. 이 작품에도 스님의 그런 태도가 잘 드러나 있다. 이끼 낀 돌 하나, 이름 모를 풀 한 포기와도 그는 항상 대화를 나누었고, 존재 속에 담겨진 신비를 공유했다. 저물어 가는 산사, 그 곁을 흐르는 시냇가에 서서 아름다운 자연을 만끽하고 우주와 융화를 이룬 그윽한 희열이 이면에 자리하고 있다. 더구나 이 작품이 스님의 나이 25세 때의 작품이라고 하면 더욱 예사롭지가 않다.

이어 읽을 시는 자연에 대한 겸허한 자세도 담겨있지만, 한편 구도자로서 책임감도 함께 어우러져 있는 작품이다. 제목은 <한낮에 사나사로 접어들면서(午入舍那寺)>이다.

적요한 회랑에서 안개는 담담히 피어오르고
온갖 인연 다 스러졌으니 한나절도 한 해인 듯하구나.
뜬구름에 그림자 옅어 산꽃은 떨어지고
개울물 소리는 졸졸 버들 언덕에서 잠들었네.
이끼 낀 늙은 소나무는 늙어서도 그대로인데
우거진 풀숲에 조촐한 집은 반나마 기울어졌구나.
안타까워라, 가시덤불 숲에 얽매인 중생들아
누가 능히 묘한 재주로 저들을 구제할 것인가.

寂寂回廊生澹烟　萬緣消盡晝如年
浮雲影薄山花落　流水聲長岸柳眠
苔遍古松全老後　草深荒屋半頹邊
可憐荊棘林中子　妙手誰能救爾懸

사나사(舍那寺)는 경기도 양평군 옥천면 용문산에 있는 사찰이다. 923년(경명왕 7년)에 대경(大鏡)과 융천(融闡) 두 스님이 함께 창건했다. 이 절에는 유명한 <원증국사석종비명(圓證國師石鐘碑銘)>이 전해지고 있다.

우선 눈에 띄는 것은 평범하지 않은 서경의 수법이다. 한낮의 노곤하고 나른한 분위기가 적요한 산사를 가득 메우고 있다. 오직 떨어지는 꽃떨기만이 그 적요를 깨고 있지만 그러나 그 파동도 사찰을 에워싸고 있는 정적의 깊이를 알려주는 요소일 뿐이다. 하지만 그 고요함은 단순한 적막감이 아니다. 그 속에는 우주만물의 실체가 그대로 담겨 있다. 구름이 흐르고 산꽃은 떨어지고 개울물 소리도 졸졸 들리고 이곳은 천 년의 세월도 하루 같고, 한 나절 짧은 시간도 한 해만큼이나 긴 시공(時空)이다. 그것은 진정 사찰에 숨어있는 의미이기도 하다. 산사(山寺)는 인공이 아니라 자연이라는 말이다. 그러나 속세의 사람들은 이를 깨닫지 못하고 있다. 번뇌가 가득한 화택(火宅)의 불길을 피하려고만 들 뿐 끌 줄을 모른다. 속세의 험난한 삶을 살면서도 고통을 깨닫지 못하는 사람들에게 스님은 자연과 산사가 주는 적요의 의미를 일깨워주고 싶어 한다. 그래서 맨 마지막 구절에도 나오듯이 내가 나서서 저들의 고통을 구해야겠다는 오롯한 결심을 보여주는 것이다. 이것은 결코 선민의식이 아니다. 중생과 내가 하나라는 동류의식이고 이타행의 결실인 것이다. 그 속에 은은하게 스님의 시대정신이 깔려 있다.

다음 시는 당시 사대부들과 교유하면서 지은 작품이다. <유산 정학연의 시에 삼가 화답한다(奉和酉山)>는 제목을 가지고 있다.

정토를 찾겠다고 부질없이 서방으로 가려는가?
한 줄기 밝은 가르침이 조계에 내려 있는데.
청한코자 한다면 속된 정은 멀리해야 하는 법
들뜨고 요염한 상념만 눈앞에 어른거리는구나.
마니가 더러운 물 맑게 한다 말하지만
다라니가 진흙탕 물을 정화하는 것을 누가 알겠는가.
피가 흘러 나무를 덮어도 아무 소용 없으니
빈 산과 달을 보며 우는 꼴일 뿐이지.

淨土何曾尋向西　一條明訓槀曹溪
淸閒最是關情遠　浮艶從他照眼低
總道摩尼澄濁水　誰知陀利淨淤泥
血流滿樹都無用　猶向空山和月啼

조선시대는 숭유척불을 내세우며 불교를 견제했기 때문에 유가 지식인들과 우호적인 관계를 유지하는 것은 스님들의 중요한 임무 가운데 하나였다. 사대부 역시 신앙적인 측면과 함께 방외(方外)의 벗으로써 선승들을 대우했다. 이런 가운데 자연스럽게 유불교섭(儒佛交涉)은 이루어졌던 것이다.
　정학연(丁學淵, ?~?)은 조선 후기 대표적인 실학자인 다산 정약용의 아들로, 가문이나 학문이 일세를 풍미했던 인물이다. 특히 정약용이 강진으로 유배 왔을 때 초의는 다산초당으로 자주 찾아 학문과 문학을 배우기도 했다. 연배로 보아도 정학연과는 동년배에 가까웠을 것으로 추측된다. 모두 12편으로 이루어진 시의 첫 번째 작품인데, 전체적인 시의 분위기도 그렇지만, 단순한 교유시는 아니다. 상대방의 인격을 칭송하거나 덕을 추켜세우는 식의 겉치레는 보이지 않는다. 이미 그런 속된 만남이 아니기 때문이다. 스님은 불교의 깨달음을 가지고 유가의 지식인에게 이야기한다. 궁색한 자기변명이 아니라, 당당한 자기를 주장하는 목소리가 읽으면서도 느낄 수 있다. 그렇다고 일방적인 훈계도 아니다. 강직하지만 부드러운 권유가 담겨 있다. 12편 전 작품을 읽으면 더욱 그런 맛을 느낄 수 있다. 머리를 조아린 채 귀를 기울이며 듣고 있는 정학연의 모습이 손에 잡힐 듯하지 않는가? 시인이면서도 승려로서의 본분도 잃지 않았던 초의의 태도가 잘 드러난 작품이다.
　끝으로 다성(茶聖)으로 불린 스님이었으니, 차와 관련된 작품 한 수를 보지 않을 수 없다. <석천에서 차를 끓이며(石泉煎茶)>란 작품이다.

　　하늘빛은 물과 같고 물은 안개와 같아
　　이곳에 와서 지낸 지도 어느덧 반년일세.
　　좋은 밤 몇 번이나 밝은 달 아래 누웠나

맑은 강물 바라보며 갈매기와 잠이 드네.
시기하고 미워하는 마음 원래 없었으니
비방하고 칭찬하는 소리가 어찌 귓가에 닿겠는가.
소매 속에 아직 뇌소차가 남아 있으니
구름에 기대어 두릉의 샘물을 담는다네.

天光如水水如烟　此地來遊已半年
良夜幾同明月臥　淸江今對白鷗眠
嫌猜元不留心內　毁譽何曾到耳邊
袖裏尙餘驚雷笑　倚雲更試杜陵泉

스님의 다도는 일찍부터 세상에 알려져 있다. 그는 대흥사 일지암 일대에 차밭을 일구어 늘 차를 마시면서 구도의 생애를 보냈다. <동다송>, <다신전>과 같은 차에 관한 서사시와 전문적인 저술을 남긴 사실에서도 이는 확인된다.

이 작품은 물설고 낯 설은 타향 땅 한양에 올라와서 지은 작품이다. 속세의 일로 반년의 세월을 보냈는데, 한가로운 짬을 얻게 된 스님은 오랜만에 다기를 앞에 두고 차를 끓여 마셨다. 한강을 마주한 두릉에서 맑은 샘물을 긷고 물을 끓여 다도를 즐기면서 자신의 삶을 회고하는 모습이 역력하게 새겨져 있다. 다선일여(茶禪一如)를 추구했던 스님의 풍모가 잘 배여 있는 작품이다.

이런 몇 편의 시로 초의 스님의 진면목을 얘기하기는 어렵다. 스님은 실학의 시대를 산 스님답게 전인적 교양을 갖추고 있었다. 다산이나 추사를 일면만 가지고 말할 수 없듯이 초의 스님 역시 입체적인 접근이 필요한 분이다.

◉ 철선 혜즙의 선시 ◉
안분자족安分自足의 삶을 실천하다

　세상을 살아가다 보면 주변에 있는 듯 없는 듯한 사람이 있다. 크게 주목을 끌지 않아 평소엔 무관심하지만, 막상 보이지 않으면 빈자리가 느껴지는 그런 사람 말이다. 부담도 없고 귀찮지도 않으면서 늘 우리 주변을 담담하게 장식하는 사람은, 어쩌면 우리 삶에서 가장 필요한 사람일지도 모른다. 그림에서 배경이 있음으로 해서 그 그림이 더욱 돋보이는 것처럼 말이다.

　이번에 소개할 철선혜즙(鐵船惠楫, 1791~1858) 스님이 그런 분이 아닌가 여겨진다. 스님은 지난번에 언급했던 '대흥시단(大興詩壇)'의 한 자리를 차지하고 계시는 분이다. 스님의 일생은 그렇게 빛나는 주연의 위치에 있지는 않았던 것으로 보인다. 동료이자 선배였던 초의 스님처럼 활발한 교제와 우람한 저작을 남기지도 않았고, 스승의 스승 되는 아암 스님과 같은 불 같은 정열을 드러내지도 않았다. 오로지 일생을 차분히 사지(寺誌)를 정리하고 후학을 키워내는 교육과 수행으로 일관한 분이었다. 그리고 남기고 있는 저술 역시 100여 편의 시가 실려 있는 『철선소초(鐵船小艸)』한 권뿐이다.

　그러나 스님의 존재는 마치 어두운 밤을 밝히는 등불 같았다. 밝은 낮이야 거대한 화톳불이라고 해도 태양의 밝기만은 못하다. 그러나 어두운 밤이라면 가녀린 등불도 소중한 것이다. 차분하면서 다소곳하게 일생을 사셨던 이 분의 모습은 마치 그런 등불을 연상시킨다. 그런 위상에 어울리게 스님의 시도 차분하고 잔잔하다. 그저 주어져 있는 형편에 맞게 자신을 조절할 줄 알았고, 자신의 생각이나 언행을 과장하지도 않았다. 포근한 저녁 햇살 같은 마음과 삶이 스님의 시에는 잘 녹아 있다.

스님의 법명은 혜즙이고, 법호는 철선이며, 성씨는 김씨로, 전남 영암 출신이다. 아버지는 김응손(金應孫)이고, 어머니는 윤씨였다. 출생과 연관하여 다음과 같은 이야기가 전해진다.

어머니 윤씨가 어느 날 밤에 꿈을 꾸었는데, 괴이한 형상을 한 노인 한 분이 나타나 붓 한 자루를 건네주는 것이었다. 붓을 받고 노인을 자세히 살펴보려 했지만, 이미 사라져버렸고, 손에 붓만 쥐어져 있기에 놀라다 꿈에서 깨어났다. 이것이 태몽이 되어 아이를 가졌고, 그렇게 해서 스님이 태어났다는 것이다.

스님은 5세 때인 1795년에 아버지를 여의었고, 14세 때인 1804년 해남 두륜산 대흥사로 출가해서 성일(性一) 스님 문하에서 머리를 깎고 불가에 귀의한다. 19세 때에는 당대 선지식으로 법풍을 드날리던 완호(玩虎) 스님께 『치문(緇門)』을 배우고, 연암조사(蓮庵祖師)에게 사집(四集, 書狀, 都序, 禪要, 節要)을 공부했으며, 철경(掣鯨)과 대운(大雲) 스님에게서 오교(五敎, 涅槃, 戒律, 法性, 華嚴, 法相)를 익혔다.

이후 스님은 여러 고승들을 찾아다니며 선교(禪敎)를 함께 공부했고, 결국 수룡색성(袖龍賾性) 스님의 조실(祖室)에서 향을 사르고 전법 제자가 되는 의식을 가짐으로써 수룡 스님의 법통을 잇게 된다. 그 뒤부터 스님은 전국 각지를 다니며 대중들을 상대로 강의를 열었는데, 몰려오는 학인들을 다 거둬들이며 20여 년 동안 교육에 전념하는 한편 선방에 들어가 오랜 시간 지관(止觀)을 닦기도 했다. 스님은 뛰어난 문장력을 갖추고 필법의 구사가 남달라서 당시 사람들에게 '철필(鐵筆)'로 불렸다.

스승 색성의 스승인 아암혜장(兒庵惠藏, 1772~1811)과 막역한 사이였던 정약용은 스님의 문장력과 필법에 대해 감탄하면서 다음과 같은 글을 남기기도 했다.

『대흥사지』를 보건대 스님의 글은 속되고 촌스런 티가 전혀 보이지 않고 아름답기 이를 데 없다. 또한 스님의 문장에서는 스님의 마음자리가 고요하고 탁 트였다는 것도 읽을 수 있다. 나는 후진 가운데 이렇게 출중한 인물이 있다는 사실이 너무나 기쁘다.
그러나 세월은 화살처럼 흘러가니 결코 시간을 낭비해서는 안 될 일이다. 불교 경전뿐만 아니라 여러 전적들에 대한 공부에 매진해야 할 것이다. 스님은 어릴 때부터 꽃다운 이름을 드날려 선대의 훌륭한 선지식인 아암 대사의 영광을 계승한 인물이라 할 만하다. 그러니 스님에 대한 기대가 적을 수 있겠는가.
몇 년이 지난 뒤 고관대작들과 학자들이 반드시 스님의 명성을 듣고 찾아올 것이다. 그 때가 되면 어떻게 참방하는 사람들의 발걸음을 막을 것인가.

스님은 1858년(철종 9년) 1월 25일 오후 2시경에, 대흥사 상원암에서 입적했다. 이때까지도 스님은 학인들을 지도하고 『대흥사지』를 편찬하는 일에 참여하는 등 저술과 교육에 전념했다. 세수는 67세였고, 법랍 55년이었다.

『철선소초』라 불리는 시문집이 1권 전하고 있다. '철필'로 불릴 만큼 대단한 문장력을 구사한 것으로 정평이 있었는데, 문장은 단 한 편도 전하지 않는 것이 안타까운 일이다. 청허(淸虛) 스님의 9대 법손이고, 연파혜장(蓮坡惠藏, 兒庵)의 법손이며, 서주태호(犀舟太湖) 스님과 는 법형제간이다. 스님으로부터 계를 받은 제자는 모두 32명이고, 전법 제자는 7명이다. 지금 두륜산 왼쪽 기슭에 스님의 비석이 세워져 있는데, 남병철(南秉哲, 1817~1863)을 글을 지었다.

필자는 오래 전부터 스님에 대해 관심이 있었다. 그 이유는 별 게 아니고 법호 때문이었다. 철선(鐵船)이라니, 참 독특한 이름이 아닌가? 거북선이 생각나기도 하고, 해상을 호령하는 군함이 떠오르기도 했다. 비록 얄팍한 문집 한 권밖에 잡히는 게 없었지만, 이 속에는 뭔가 묵직한 인생의 경륜과 지혜, 그리고 사자후와 같은 늠름한 육성이 슬려 있을 것이라고 짐작했었다.

그런데 이번에 스님의 시를 읽다보니 생각이 너무 앞서갔음을 알게 되었다. 스승의 인연은 속일 수 없는지 곡차(穀茶)를 즐기긴 했지만, 스님의 시에서는 의외의 세계가 자리하고 있었다. 언제나 한 페이지를 펼쳐 읽어도 물리지 않고 솔직담백한 입김이 묻어나는 그런 인격의 소유자였다. 뭐랄까, 범상함 속의 비범함이랄까? 이런 느낌을 갖게 되었다.

여러분들도 이 자리를 빌려 함께 그런 맛을 느꼈으면 좋겠다.

100여 편이 안 되는 작품량 때문도 있겠지만, 스님의 시는 뭐라고 한데 묶어 성격을 구분하기는 어렵다. 대작이랄 수 있는 두 편의 장편 오언고시가 있긴 하지만, 대가의 육성보다는 아기자기한 인심의 흐름이 잡혀질 뿐이다. 그래서 이 자리의 소개도 다소 두서가 없지 않을까 염려가 된다.

먼저 선수행의 즐거움을 노래한 작품부터 읽어보겠다. 제목부터 유쾌하다. <즐거운 선정(安禪)>이니, 참선을 과업이나 숙원 따위로 여기지 않고 편안한 기호 식품처럼 여기는 스님의 마음이 느껴진다.

연암은 동쪽에 우뚝하고 귤 정원은 서쪽에 펼쳤는데
아홉 리 소나무 숲 속에 한 줄기 시냇물이 뻗었네.
고요함이 몸에 익어 새들과도 날로 친해졌고
높은 곳에 살다보니 뭇 봉오리 낮은 것도 알겠구나.
천 겹 무거운 업장 따위를 돌에 새겨서 무엇 하겠고

만고의 형체 몸뚱어리도 진흙에 빚어 다 없앴지.
인간 세상에는 본래 번뇌스런 일이란 없으니
배고파도 요란 떨며 동자승을 부르지 않는다네.

蓮菴東蠹橘園西　九里松中一道溪
習靜漸從羣鳥狎　居高自覺衆峰低
千重業障休雕石　萬古形軀盡塑泥
人世本無煩惱事　飢來莫作小兒啼

　진지하게 선수행의 과정을 묘사한다거나 그 깨달음의 경지를 선취(禪趣)가 어린 묵직한 언어로 갈파하지는 않는다. 그저 일상사를 노래하듯 말하고 있을 뿐이다. 어쩌면 이게 진짜 깨달은 사람의 태도가 아닐까 싶다. 과장이나 겸손이란 어떤 면에서 보면 아직 설익은 과일이 아닐까? 파릇파릇 보기에는 좋지만 한 입 베어 물면 비릿하고 풋풋하다.
　이 시를 읽으면 제목인 '안선'에 어울리게 편안하다. 그저 스님이 머물렀던 암자 주변의 풍경들을 소개하는 시 같기도 하다. 오른 편에는 암자가 있고, 왼편으로는 귤 밭이 펼쳐져 있다. 그 사이로 소나무 숲을 가르고 시냇물 한 줄기가 흘러간다. 고요함이 몸에 익다 보니 새들도 친구처럼 곁에 와서 놀고, 발밑으로는 자잘한 봉우리들이 구름 속에 솟아 있다. 아, 그래서 자기가 꽤 높은 곳에 있는 것을 깨닫게 된다. 그 높이야 말로 스님의 깨달음의 높이가 아닐까 여겨진다. 업장이 겹겹으로 쌓였다고 해서 돌에 새기듯 호들갑을 떨 필요도 없고, 육신도 진흙으로 빚은 소상이 감정이 없듯이 잡념과 욕망을 다 씻어 없앴다. 세상을 고해(苦海)라 하지만 이것도 겉치장일 뿐이고, 사실 번뇌란 마음에 있는 것이지 마음 밖에 있는 것은 아니라고 스님은 말한다. 배고프면 제 스스로 나가 공양을 준비해 먹는 것이지 시동을 불러 밥을 차리지 않는다는 것이다. 남에게 무엇을 의지하려는 생각 자체가 바로 문제를 밖에서 해결하려는 내면의 번뇌라는 말이겠다.

스님의 시를 읽으면 스님은 대구(對句)의 귀재란 생각을 굳히게 된다. 율시나 절구에서 대구는 가장 기본적인 기교요 조건이었지만, 스님의 대구는 그 맛이 좀 다르다. 가볍고 경쾌하면서 유머러스하다. 그렇다고 진지하지 않다는 말은 아니다. 시인적 재치와 인간적 성실성이 느껴진다. 일일이 예를 들어 보일 수는 없지만, 스님의 시 어디서나 그런 수완이 드러나니, 읽다 보면 절로 깨닫게 된다.

두 번째 작품은 〈진불암 암자 벽에 쓰다 2수(眞佛庵壁上韻 二首)〉이다.

여윈 어깨가 무거워 가벼운 가사를 걸치고
예불하는 등불은 오경부터 타오르네.
열 책 능엄경을 차례차례 넘기노니
마음속 일들을 누구에게 알릴꼬.

一肩癯著六銖輕　禮佛燈光自五更
十冊楞嚴開次第　可中心事與誰呈

한 줄기 향불 속에 온갖 근심 가벼워지고
부들방석에서 선정에 드니 달빛도 삼경일세.
조사께서 분명히 서쪽에서 오신 뜻이야
푸른 대나무 노란 꽃들 속에 면면히 보이는 것을.

一炷香中萬慮輕　蒲團定坐月三更
祖師端的西來意　翠竹黃花面面呈

산사의 하루는 신새벽부터 시작된다. 아직 중생들이 잠에서 깨어나기 전부터 스님은 하루를 준비한다. 다들 장삼 가사를 걸치고 법당에 모여 사부대중을 위한 축수의 행사를 시작한다. 예불 마치고 돌아 나온 스님은 『능엄경』을 펼쳐들고 쉬엄쉬엄 읽어나간다. 아암 역시 『능엄경』을 즐겨 읽었다고 했는데, 아마 이 가문의 가풍인가 보았다. 경전 속에 담긴 진리와 깨침을 누구에게 알릴까 하고 말하지만, 사실 다 번잡한 일일 뿐이다.

향불 하나 피워 올리고 선정이 들면 세상의 온갖 번뇌는 가벼운 연기처럼 사라진다. 달마대사가 불법(佛法)을 전하러 오신 그 큰 뜻이 뭐냐고 묻는 일, 바로 무엇이 진정한 진리인지 묻는 말이다. 이에 스님은 푸른 대나무와 노란 꽃잎을 보라고 이른다. 진리는 세상 곳곳에 미만해 있는데, 뭘 모르는 사람들이 어리석은 질문을 한다는 말이 아닐까? 평범하면서도 진리가 가득 찬 스님의 답변이다.

세 번째 시는 <눈 오는 밤에(雪夜)>이다.

한 오라기 찬 등불 아래 불경을 읽노라니
밤눈이 사박사박 빈 뜰을 채운 줄도 몰랐네.
깊은 산 나무숲에서는 아무 소리도 없지만
때로 처마 고드름이 돌난간 위로 떨어진다.

一穗寒燈讀佛經　不知夜雪洪空庭
深山衆木都無籟　時有檐氷墮石牀

스님의 독서삼매경은 주로 밤에 이루어진 듯하다. 경전 읽는 맛에 심취한 스님은 밤을 꼬박 새면서도 밖에 함박눈이 내린 줄도 몰랐다. 기지개를 켜며 창문을 열어보니 세상은 온통 하얗게 변해 있었다. 백야(白夜)의 끝자락에 서서 웅장한 대지의 변신을 지켜보던 스님의 가슴 속에서는 뭔가 철썩하고 떨어져 내리는 느낌을 받았다. 제 몸무게를 이기지 못한 고드름이 돌난간에 떨어져 깨지는 그 소리는 곧 스님의 깨달음의 소리, 의단(疑團)이 한꺼번에 깨지는 소리였을 것이다. 그렇게 깨달음은 뜻밖의 시간에 장소에서 오기도 한다.

스님의 시에서 중요한 부분을 차지하는 작품은 역시 산사의 한정(閑情)을 노래한 시들이다. 앞에서도 지적한 것처럼 스님의 시는 잔잔하고 차분한 육성이 녹아 있어 시정(詩情)의 깊이는 읽을수록 맛이 우러난다. 이번에 소개할 작품들도 대상이나 소재가 산사의 생활로 옮겨졌을 뿐 스님의 여일(如一)한 마음은 변함이 없다.

먼저 <마음을 담아서(述懷)>란 작품부터 읽어 보자. 분수에 맞게 현실에 만족하면서 살아갔던 스님의 목소리가 잘 담긴 작품이다.

석실에 앉아 천 권의 책을 읽었고
향을 사르면서 고금의 자취를 살폈노라.
마음이 일 때는 항상 홀로 섰었고
흥겨움이 밀려오면 매번 높게 읊조렸지.
술을 마신다고 어찌 반드시 취해야 하며
거문고를 뜯는다 해서 음률을 알아야 하리.
밤 들자 촉촉하게 봄비가 내렸으니
뜨락의 풀들이 절로 우거지겠구나.

石室經千卷　燒香玩古今　有心常獨立　乘興每高唫
飮酒何須醉　彈琴不理音　夜來春雨足　庭艸任他深

작품 속에 비범한 행적이 담겨 있지는 않다. 많은 경전을 읽은 뒤 향불 아래 그 뜻을 되새기며 고금의 일을 반추해 본다. 뭔가 마음에 차오르는 느낌이 있으면 조용히 생각을 즐기고, 더욱 흥이 넘치면 이를 노래에 담아 분출한다. 어쩌다 마시는 술이라고 해서 취하려는 속기에 휩쓸리지도 않고 거문고를 뜯지만 음률이나 이론에 얽매이지도 않는다. 취하는 데 목적을 두지 않으니 향기로운 차와 다를 바 없고 음률에 마음을 두지 않으니 무현금(無絃琴)이다. 분위기를 즐기는 것이다. 알고 좋아하는 경지를 넘어서서 즐기는 경지까지 스님은 들어가 있는 것이다.

마지막 구절은 이 시의 절정이자 결론이다. 밤 내내 봄비가 촉촉하게 내렸으니 삼라만상이 따스한 물기를 머금어 훌쩍 자랐겠다고 말한다. 다 당연한 자연의 순리이지만, 그 순리를 아는 일은 범상한 눈을 가진 사람에게는 허용되지 않는 직관이다. 한 걸음 물러서 있지만, 애정과 관심을 항상 두고 있을 때 가능한 일이다. 세속은 번뇌요 출가는 열반이라는 이 분법적인 사고를 하는 사람에게는 모든 사물이 구별의 대상이 된다. 옳으니 그르니, 바르니 틀리니 이렇게 따지고 들 때 이성은 활발하게 움직이겠지만 마음은 항상 들떠 있다. 들뜬 마음으로는 세상이 온전하게 보일 리 없다. 깊은 내면적인 침잠과 평범한 변화 속에서 이치를 깨닫는 스님의 눈길은 주변 사물의 변화에 항상 머물고 있다.

<홀로 앉아서(獨坐)>란 제목의 작품을 읽어봐도 그것은 그대로 드러난다.

대나무 씻고 소나무 고르며 홀로 문을 닫았더니
나 또한 나를 잊어 고요히 말을 잃었네.
저물녘 나비 떼들은 무슨 심사이기에
홀연 창가에 나타났다 문득 뜰로 날아가나.

洗竹科松獨掩門　我還忘我寂無言
飛來晚蜨何心事　忽著明囱卻向園

이 때 문을 닫는 행위는 나와 남과의 결별이나 단절을 의미하는 것은 아니다. 잠시간의 거리두기라고 해야 할 것이다. 모든 외적인 것들의 영향을 끊어버리고 온전한 나로 돌아오는 필수적인 과정이라고 할 수 있다. 그럴 때 진정 나도 잊고 말조차도 잊을 수 있게 된다. 황혼의 빛을 받으면서 너울너울 허공을 날아다니는 나비의 자유롭고 부드러운 움직임 속에 무슨 의지나 욕망이 있는 것은 아니다. 그것은 수연낙명(隨緣樂命)의 자세이다. 인연을 따라 천명을 즐기는 자세이다. 거스름도 없고 물림도 없다. 스님의 홀로 앉기는 바로 그런 즐김의 실천적인 형상인 것이다.

스님의 일생은 부산한 움직임보다는 참선을 통해 정적미를 즐기는 쪽으로 많이 기울어져 있었다. 그것이 스님의 성품과도 잘 맞았던 듯하다. 하지만 그렇다고 스님이 세연을 완전히 끊고 은둔의 삶을 산 것은 아니었다. 시집에 읽으면 스님은 여러 방외의 문사들과 활발하게 어울렸던 자취를 찾을 수 있다. 조선조 말기라는 현실이 어쩔 수 없는 상황이었겠지만 어쨌거나 다소 의외의 사실이다. 그런 몇몇 작품을 읽어보겠다. 바로 방외의 벗들과 나눈 세교(世交)의 현장을 노래한 작품들이다.

첫 수는 〈봄밤에 이수재와 함께(春夜偕李秀才)〉이다.

뜬 구름 인생 헛것이라 스스로 웃었으니
구름 머문 골짜기를 고향 삼아도 좋으리.
너울너울 소나무 달빛은 몸을 따라 고요하고
허덕허덕 봄바람은 만물에 들어 바쁘구나.
매양 꽃 보기를 즐겨 언덕을 따라 섰더니
마침 약초 캐러 왔다가 시냇물을 지나가네.
아득한 마음의 이야기야 누구에게 말하리오
오늘 밤에 느긋하게 어여쁜 님과 마주했소.

自笑浮生一夢場　不妨雲壑作吾鄉
任他松月隨身靜　爭奈春風入物忙
每愛看花巡塢立　時因採藥過溪行
悠悠懷抱憑誰說　今夜居然對玉郎

'수재'라 소개한 것으로 볼 때 아직 젊은 청년 선비였을 것이다. 어린 나이에 벌써 부생(浮生)이니 일장춘몽(一場春夢)을 운위하니 스님의 눈에 좀 귀엽게 보였던 듯하다. 그렇게 세상이 무상한 것을 일찍 깨달았으니, 속세를 등지고 그름 낀 골짜기로 들어와 불문에 귀의하는 것은 어떠냐고 짐짓 너스레를 떤다. 이곳은 고요하다지만 무위도식하며 고요한 것이 아니라 달빛 어린 소나무 그림자를 벗하니 고요한 것이고, 바쁜 일도 있지만 명리에 눈이 먼 탓이 아니라 만물을 살찌우는 봄바람을 좇느라 바쁘다며, 속세와의 차이와 함께 동질의 부분도 말해준다. 이수재의 품성이 꽃 보기를 좋아해서 산행을 즐기고 약초 캐며 물을 따라 노니는 것을 신나 하니 천성적으로 스님이 될 품성은 타고난 듯이 보인다. 산사의 좋고 흥겨운 일상과 진지한 마음을 전할 길 없었는데, 오랜만에 될 성 부른 법기(法器)를 한 사람 만난 것이다. 밤 느지막이 양손을 붙잡고 자상하게 대화를 주고받는 소리가 지금도 들리는 듯하다.

두 번째 작품은 <추사 김정희가 제주에서 집으로 돌아왔다는 소식을 듣고(金秋史自濟州家還)>이다. 김정희(1786~1856)는 스님보다 여섯 살 위의 선배이다. 초의 스님과 세교가 두터웠던 사람이었고, 대흥사와의 인연도 옅지 않았으니, 두 사람 사이에 안면이 없을 리 없었다. 당파 싸움에 휘말려 1840년 제주도 유배를 갔던 김정희는 9년을 지낸 끝에 귀양에서 풀려 고향으로 돌아올 수 있었다. 그러니 이 시는 1849년 무렵에 지어졌을 것이다.

들으니 신선 탄 배가 바다를 떠났다기에
옷 떨치고 구를 듯이 산마루에 올랐네.
살아왔으나 저승을 다녀온 것과 무에 다르겠으며
험한 길은 따져보면 월씨국 오는 길보다 더하지.
임금님 은혜가 바다보다 깊은 것을 우러러 축하하니
오호라, 선승의 머리털도 실처럼 하얗겠구나.
한라산 백록담 갈대풀이 우거진 곳에서는
사슴과 함께 샘물 마시던 신선이 한 사람 줄었네.

聞道仙舟出海期　拂衣顚倒度山眉
生還何異經冥府　路險多於自月氏
仰賀天恩深似海　終嗟禪髮白如絲
漢拏峰上蘆花裏　少一眞人鹿飮池

시를 읽으면 김정희에 대한 스님의 간절한 마음이 그대로 드러난다. 죽음을 각오하지 않고서는 갈 수 없었던 땅, 제주도. 그곳으로 유배를 갔으니 다들 살아서 만나지 못할 것이라 여겼다. 그 고행의 길을 참고 견뎌 마침내 유배가 풀렸다는 소식을 들은 스님은 너무나 기뻐 혹시 먼발치서라도 볼까 하여 산마루로 뛰어갔다. 저승 문턱까지 갔다 왔으니 새롭게 얻은 목숨이고, 험한 바닷길은 아득한 페르시아를 다녀오는 사막의 길보다 멀다고 놀라워한다. 이런 시구에서 스님이 평소 얼마나 김정희의 안위를 염려했는가 알 수 있다. 임금의 깊고 깊은 은혜를 입어 목숨을 건질 일이야 축하할 일이지만, 그 신고 때문에 머리가 하얗게 셌을 것이니 이 또한 안타까운 일이다. 추사의 머리털을 두고 선발(禪髮)이라 부른 것은, 평소 불교에 대한 깊은 조예와 이해에 대한 스님의 존경심의 표현이다. 그 고통을 이겼으니 그대 역시 해탈한 선승과 다를 바 없다는 위로일 수도 있겠다.

　이 시의 묘미는 마지막 시구에서 찾을 수 있다. 고난의 유배 생활을 청산한 것이야 즐거운 일이지만, 그동안 백록담 갈대숲 사이에서 함께 물을 마시던 사슴은 좋은 벗 하나를 잃었다고 짐짓 내숭을 떤다. 짐승들과 무람없이 지낼 만큼 이미 추사가 탈속의 경지에 들어단 말이지만, 그것을 사슴의 입장에서 표현하니 앙증맞으면서 귀여운 느낌이 드는 것을 어쩔 수 없다. 마치 "사슴아, 네가 이해해라. 이 양반은 그곳에 계속 있을 분이 아니란다."고 타이르는 듯하다.

　진인(眞人)이라고도 부르고 선백(禪伯)의 반열에 올려 추숭한 데서 스스럼없이 그러면서도 격식은 잃지 않고 세교를 펼쳤던 스님을 볼 수 있다.

　세 번째 작품은 <석표선생과 헤어지면서(別石瓢先生)>이다. 석표선생이 누군지 알 수 없어 아쉽지만, 내일이면 먼 길을 떠나는 이별의 저녁을 기려 지인들이 모인 자리에서 지은 작품이다.

따르는 술잔이야 가볍지만은
나누는 이야기는 무겁기만 해라.
여덟 말의 문재는 세상을 놀래켰고
사뭇 기운 누더기 옷으로 겨울을 났지.
좋은 시 속에 유유자적의 멋이 담겨 놀라운데
말석이나마 한 자리에 어울리니 또한 즐겁구나.
내일 아침이면 못내 헤어져야 하는데
새벽 오경의 종소리가 시끄럽게 우는구나.

酒盃傾小小　道話亦重重　八斗文驚世　千瘡衲御冬
佳篇嗟自適　末契喜相從　告別明朝在　剛嗔是五鐘

흥겹게 오가는 술잔 속에 주고받는 이야기는 진지하다. 재점팔두(才占八斗)의 고사까지는 다소 과장이 담겼다고 해도 남다른 문학을 짐작케 한다. 게다가 청렴과 안빈(安貧)을 당연히 여겨 추운 겨울도 누더기 옷으로 만족했으니 인격이 어떤지도 알 만하다. 유유자적하게 펼쳐지는 아름다운 시구를 늘 흠모했더니, 오늘 전별에 자리에 참석할 수 있어 기쁘다고 했다. 기왕이면 진작 만나 회포를 나누고 교유를 맺었다는 더욱 좋았으리란 아쉬운 마음이 물씬 배여난다. 물론 떠날 날이 있으면 만날 날도 있는 법이다. 그렇게 치부해도 오늘 이 자리의 아쉬움은 여전하다. 조금이라도 이별의 시간을 미룰까 시간이 더디게 갔으면 하고 바라지만, 무심한 시간은 스님의 마음도 모른 채 새벽 산사의 종소리를 들려주고야 만다.

아마도 전별의 자리가 산사의 요사채나 전각에서 이루어졌던 모양이다. 그렇다면 당연히 주연 준비도 산사에서 마련했을 것이다. 조선 후기 불교의 위상으로 볼 때 어쩌면 마지못해 마련했을 자리일 수도 있었겠다. 사대부들이 사찰과 승려들에게 요구한 지독한 부담을 생각하면 약간 씁쓰레한 뒤끝이 남는다. 물론 스님의 진솔한 마음과 다른 문제이지만, 문득 이 시를 읽으면서 당시 모질었던 억불과 훼불의 기억들이 떠오르는 것은 나의 지나친 비약일까. 갑자기 옷깃이 여며진다.

끝으로 〈일옹에게(贈逸翁)〉로 제목이 붙은 시를 읽겠다.

이제부터는 백발이 되어 마른 선정에 들 것이니
의기야 어려운 때라도 또한 호연하리라.
무슨 일이든 물병과 의발 밖에서 구하는 일 없고
한 몸은 무람없이 물가며 구름가에서 늙노라.
세상 살기 뱃길이며 산길 같다고 의심치 말게나
성공일랑 느긋하게 학의 세월 속에 부쳐야지.

석실에서 깜빡이는 불빛 금옥 같은 시구들
드는 칼 있어도 이 맑은 인연이야 베기 어려워라.

從今白髮作枯禪　意氣窮年也浩然
萬事不求甁鉢外　一身虛老水雲邊
莫疑處世同舟壑　漫把成功付鶴年
石室動光金玉句　有刀難割此淸緣

　　스님의 시에 보면 고선(枯禪)이란 시어가 자주 등장한다. 말 그대로 풀면 '메마른 선정'이란 뜻인데, 의미가 단순하지 않다. 백척간두(百尺竿頭)에 서서 진일보하려는 용맹정진의 맹렬한 수행을 비유하는 말이 아닐까 싶다. 바짝 마른 나뭇가지처럼 아무런 꾸밈이나 장식도 없이 오로지 앙상한 본질을 추구하며 들어가는 그런 수행법 말이다. 그러나 겉보기는 메말랐지만 내면을 보면 의기가 호연하다고 했다. 궁년(窮年) 역시 그런 외부의 모든 물질적인 것과 단절한 상태를 비유하는 말로 보인다. 일옹이란 분은 비록 불가의 승려는 아니지만 반승반속(半僧半俗)의 삶을 살았던 것으로 보인다. 재가 불자였던 것이다. 그런 사람에게 고선이란 말을 쓴 것으로 볼 때 일옹이 얼마나 독한 마음을 먹고 깨달음의 수행에 들어 신행 생활을 했는지 짐작할 수 있다.

　　주관적이고 가시적인 현상에 얽매이지 않은 자세에 대한 묘사는 3, 4구에서도 계속 이어진다. 자연만이 오로지 벗이 되어 마음을 비우고 살아가는 모습이 다시 한 번 일옹과 스님의 수행 자세가 부각된다. 이런 정진의 시간은 그 고달픔이 세상사의 매서운 시련과 별반 다르지 않을 것이다. 더구나 짧은 시간 안에 그 성과가 나타나지도 않는다. 일생을 걸고 이루어야 할 과업이니 길은 멀지만 가지 않을 수 없는 도정인 것이다. 모든 인연을 끊어야 하는 이 순간에 서서 스님은 잠시 일옹과의 나 사이에 맺어진 인연을 생각한다. 이것 역시 끊어야 할 것이지만 그럴 수는 없다고 솔직히 인정한다. 그것은 바로 혜즙 스님이 쓰고 있는 이 시가 증거인 것이다.

세속뿐만 아니라 산사 밖 출입까지 자제하며 내면세계를 즐긴 스님이었지만, 그것이 곧 사람들을 무심하게 대했다는 뜻은 아니다. 앞에서 세간의 선비들과 교유한 작품을 통해서도 알 수 있지만, 스님은 엄숙한 수행인의 본분과 자세를 잃지도 않았지만, 따스한 인간미의 소유자이기도 했다. 그런 정이 방외의 친지들과도 돈독했으니 함께 수행을 길을 걷는 도반(道伴)들을 생각하는 마음이야 굳이 말할 필요도 없을 것이다. 많은 작품을 남기지는 않았지만 그런 도반과 교유하면서 읊은 작품을 읽어보겠다. 제목은 <다시 초의 화상에게(又贈艸衣和尙)>이다.

어깨에 가사를 걸치고 향기론 숲에 앉았더니
때때로 장화가 주석 달 때 날던 새를 보노라.
다기에 차를 따뜻하게 데워 손님에게 공양하고
우물을 파 달빛을 담아 선정의 마음을 찍었네.
깨끗한 넋은 오히려 옛날 삼생의 돌을 증명하고
아름다운 시구는 끝내 백 번 다듬은 쇠를 이루었구나.
한 해도 저무는 때 잠시 함께 한가로울 수 있다면
등불 아래 가부좌하고 동림(慧遠 스님의 호)을 배우리라.

一肩壞色坐芳林　時見張華註外禽
溫銚焦茶供客飮　鑿池貯月印禪心
精魂猶證三生石　佳句終成百鍊金
倘許半間同歲晚　燈前趺坐學東林

제목으로만 본다면 이전에 한 편의 시를 쓴 것으로 보이지만 시집에는 그 작품이 없다. 시집 제목인 '소초(小艸)', 아주 일부만 가려 뽑았다는 말처럼 스님의 시집에는 빠진 작품이 많았을 것으로 보인다. 산사의 형편이 모든 작품을 싣기에 어려웠거나, 유고집으로 꾸미다보니 누락된 경우가 적지 않았을 것이다. 현전하는 시집이 필사본인 것으로 볼 때 후자가 더 가깝겠다.

초의의순(1786~1866)은 스님보다 5년 연상인 선배다. 학문과 선기(禪機)를 겸비한 당대 최고의 고승이자 학승이기도 한 분이다. 또한 훌륭한 시인이었으며, 특히 대흥산 산록을 따라 우리 고유의 차를 개발하고 이를 시음했던 다인(茶人)이기도 했다. 혜즙과는 달리 대단히 활동적이었고, 그만큼 많은 업적을 쌓았다. 당대 최고의 문인 학자들과 어울리며 대흥사의 사격(寺格)을 높이고 불교의 위상을 제고하는 데도 큰 역할을 한 분이다.

이 시는 그런 초의 스님의 행적을 남김없이 열거하면서 존경의 마음을 담아내고 있다. 1·2구는 불가의 학승으로서 많은 저술을 한 것을 진나라 때의 학자 장화에 비유했다. 3·4구는 다선(茶禪)으로 이름을 날렸던 스님의 공덕을 기린 것이다. 5·6구는 스님의 평생을 일궈온 선 수행과 아름다운 선시에 대한 칭송이라고 할 수 있다. 마지막 7·8구는 그런 초의 스님과 이 한 해가 저물어가는 날에 함께 어울려 한정을 즐겼으면 하는 작은 소망을 적었다. 그 옛날 진나라의 혜원 스님이 육수정(陸修靜), 도연명(陶淵明) 등 방외의 벗들과 어울리다가 호계삼소(虎溪三笑)했던 고사를 떠올리면서 승속 내외의 구별 없이 자유롭게 오간 스님의 사람을 배우겠다는 다짐인 것이다.

끝으로 훈훈한 인간미를 느낄 수 있는 작품 한 편을 소개하면서 글을 마무리하겠다. <산에 살면서 2수(山居 二首)> 중 두 번째 작품이다.

파초 한 뿌리를 그윽한 뜨락에 옮겨 심었더니
한 밤중에 가는 비가 내리는 소릴 들었네.
모진 바람에 혹여 꺾이지나 않았을까 저어하여
아이에게 돌을 주워 담장을 고치라 일렀지.

芭蕉一樹種幽庭　中夜猶聽細雨聲
剛怕疾風輕破折　囑兒拾石補虧牆

파초의 가는 뿌리 한 주를 얻어 이를 뜰 구석에 심었다. 별 탈 없이 잘 자란다면 좋은 눈요깃거리가 되리라 생각했다. 그런데 그 날 밤 잠결에 가랑비 내리는 소리를 들었다. 다 자란 파초라면 이런 비가 거름이 되겠지만, 아직 뿌리도 내리지 못한 어린 것이니 혹시 이를 견디지 못하고 쓰러질까 마음이 쓰인다. 그래서 시동을 시켜 돌을 모아 담장을 고치라고 분부한다. 장대비가 쏟아진다면 스님이 직접 나섰겠지만, 가랑비니 시동 아이도 즐겁게 비를 맞으며 부산하게 움직인다.

어떻게 생각하면 파초가 비에 젖거나 쓸리지 않도록 가려주면 될 일인데 너무 수선스럽다고 여겨질 수도 있다. 그러나 조금만 더 깊이 생각하면 스님의 마음 씀씀이가 얼마나 깊은지 알게 된다. 급하다고 해서 미봉책으로 막아두면 결국 한 번 더 수고를 해야 한다. 그러니 아예 바람도 막고 물길도 몰리지 않도록 담장을 든든히 하여 화근을 단속했던 것이다. 그야말로 형식보다는 본질을 중시하는 스님의 자세가 잘 돋보인다. 만물을 사랑하되 겉치레가 아니고 진심에서 우러난 참다운 사랑을 갖도록 시동에게 배려하는 스님의 섬세한 손길도 느낄 수 있다.

세상에 대해 또는 수행에 대해서도 큰 욕심을 부리지 않고 있는 그대로 받아들이면서 잔잔하고 고즈넉한, 그러면서도 진지하고 세심한 마음 쓰기를 잊지 않았던 안분자족(安分自足)의 삶. 스님의 삶은 이 한 마디로 요약될 듯하다. 또 그런 삶은 그대로 스님의 시에서도 아름답게 구현되고 있다.

◎ 석전 박한영의 선시 ◎
도도하게 선맥禪脈의 흐름을 갈파하다

　석전(石顚) 박한영(朴漢永) 스님은 한말(韓末) 우리 불교를 일본 불교와 결합시켜 법맥을 끊으려는 야욕을 용맹정진의 일념으로 막아낸 분이다. 스님은 한말과 일제 식민지 체제 내에 가장 주체적이고 불교 원리에 입각해서 많은 불교지도자들을 양성하고, 스스로 강백(講伯)으로서 모범을 보인 분이다. 그 수난의 시기를 끝까지 절의와 법맥을 지키면서, 많은 논설과 솔선수범으로 한국 불교의 정통성을 수호했다. 수행과 함께 불교계 정화에도 애쓰셨고, 후학 양성을 무엇보다 절실한 한국 불교의 과제로 여겨 이 분야에서 많은 업적을 남기기도 하셨다.
　스님의 생애가 그러한 것처럼 스님의 시 역시 이런 스님의 삶과 간고했던 시대상이 그대로 녹아있다. 먼저 간단하게 스님의 일생부터 정리해 보자.
　스님은 1870년에 출생했고, 1948년에 입적했다.
　자는 한영(漢永)이고, 법호는 영호(映湖)며, 아호는 석전(石顚)이고, 법명은 정호(鼎鎬)로, 속성은 박씨(朴氏)고, 전주(全州) 출신이다. 어려서부터 유교 경전을 배우다가 1889년 전주 태조암(太祖庵)으로 출가하여 1891년 장성(長城) 백양사(白羊寺)의 환응(幻應) 스님에게 4교(四敎)를, 선암사(仙巖寺)의 경운(擎雲) 스님에게 대교(大敎)를 배운 뒤 순창 구암사(龜巖

寺)에서 처명(處明) 스님의 법을 이어 받았다. 1896년 구암사에서 개강한 뒤 해인사와 법주사, 백양사, 화엄사, 범어사 등에서 불법을 강의했다. 1911년 해인사 주지 이회광(李晦光)이 일본 조동종(曹洞宗)과 한국 불교를 연합하려 하자 오성월(吳惺月), 한용운(韓龍雲) 등과 함께 임제종(臨濟宗)의 전통론을 내세워 이를 저지했다. 1926년 서울 개운사(開運寺)에 강원을 개설, 불교계의 영재들을 배출하였으며, 그 뒤 조선불교월보사 사장과 불교전문학교(동국대학교의 전신) 교장 등을 역임했다. 1945년 조선불교중앙총무원회의 초대 회장으로 추대되어 불교계를 이끌다가 정읍 내장사(內藏寺)에서 입적했다. 장금봉(張錦峰), 진진응(陳震應)과 함께 근대 불교사의 3대 강백(講伯)으로 꼽히며 화엄대종주(華嚴大宗主)로 추앙받고 있다. 저서로 『석전시초(石顚詩抄)』와 『석림수필(石林隨筆)』, 『석림초(石林抄)』 등이 있다.

스님의 시에서는 한말(韓末)과 식민지 시대 우리 민족과 나라의 운명을 대변하듯 쓸쓸한 기운이 많이 감돌고 있다. 그렇다고 시의 쓸쓸한 분위기가 단순한 감상(感傷)에 머물러 있는 것은 아니다. 현실을 제대로 인식하지 못한다면, 이를 극복할 대안도 나오지 않는 법이다. 스님은 참담한 현실을 눈 감고 잊기 보다는 이를 솔직하고 여과없이 보여주는 데 주력하고 있다. 그만큼 스님은 자기 시대의 현실에 대해 민감했고, 적극적으로 대처하고자 했다. 그것은 어떤 면에서는 용기가 필요한 일이다. 스님의 시는 어두운 시대를 함께 걸었던 선승의 눈에 잡힌 그 시대의 풍속화라고 말할 수 있을 것이다.

첫 번째로 읽을 작품은 <소요산 자재암에 이르러(投止逍遙山自在庵)>라는 제목의 시이다.

험한 길 겨우 열려 사다리 길로 지나가니
고운 절간이 푸른 구름 사이로 완연하네.
바위 기운이 창을 넘어와 달빛이 환하고
폭포수 거센 물결은 봄 조수를 밀어내네.
조물주가 빚은 절경이 참으로 흐뭇하지만
애꿎은 탕자들이 이 고요함을 깰까 두렵네.
새벽이 빈산의 어둠을 그냥 두지 않으니
꽃비처럼 붉은 기운을 누가 비단 하늘에서 느낄꼬.

鳥道纔通過棧橋　琳宮宛在碧雲消
石氣投窓常月曙　瀑流激石却春潮
剛喜化工藏絶勝　偏嫌蕩子破閒寥
曉公不作空山暗　花雨誰能感絳霄

자재암 일대의 아름다운 경치와 스님의 감회가 잘 어울려 있는 작품이다. 자재암은 경기도 동두천시 상봉암동 소요산에 있는 사찰이다. 654년(무열왕 1) 원효(元曉) 스님이 창건했고, 974년(광종 25) 각규(覺圭)가 중건했다. 1153년(의종 7) 불에 탄 것을 각령이 복구하고, 1872년(고종 9) 원공(元空)과 제암(濟菴)이 중건한 뒤 영원사(靈源寺)로 고쳤는데, 화재로 소실되자 1909년 성파(性坡)와 제암이 중창하고 다시 자재암이라 불렸다. 이 때 약사여래상과 지장보살상, 관음보살상 등의 불상과 원효와 의상(義湘), 윤필(尹弼) 등의 화상(畵像)을 그려서 봉안했다. 한국전쟁으로 소실된 것을 1961년 진정(眞靜)이 대웅전을, 1968년 성각(性覺)이 요사(寮舍)를, 1977년 법조(法照)가 삼성각(三聖閣)을 각각 지어 현재에 이르고 있다.

인근에 원효 스님이 노닐던 곳이라고 하여 원효대라 불리는 폭포도 있고, 요석공주가 원효 스님을 찾아와 기거했다는 집터도 남아 있다. 소요산은 규모는 작아도 산세가 특이한 데다 봄철이면 진달래와 철쭉이 장관을 이루고, 가을에는 단풍이 특히 유별나서 예로부터 경기의 소금강이라 일컬어지는 명산이다.

　이 시는 첫 연부터 무명과 해탈의 차이를 상징적으로 보여준다. 험한 길을 올라온 것이 고행의 과정이라면 환하게 열린 암자는 해탈의 기쁨일 것이다. 암자 뒤로는 바위가 병풍처럼 둘러쳤고, 앞으로는 탁 트인 사바세계가 한 눈에 잡힌다. 또 원효의 이름을 딴 폭포에서 쏟아지는 물줄기 소리가 시원해 산길에 지친 여행객의 피로를 씻어준다. 조물주가 좋은 가람을 지으라고 베푼 절경이지만, 한편 속세의 탐방객들이 경치 구경에만 골몰해 하늘의 마음을 저버릴까 염려하기도 한다. 어쩌면 이런 장면은 스님이 살던 그 시대 절간의 일상적인 모습일 수도 있을 것이다. 각박한 식민지 시대를 살면서 마음의 안식보다는 절박한 현실로 부대끼는 중생들이 부처님의 거룩한 뜻을 헤아릴 짬이 많지는 않았을 것이다. 한 때의 홍겨움에 빠지지 말고 밤 새워 불공을 드리면서 마음의 업장을 무너뜨리고, 그리하여 찬란히 돋아나는 새벽노을의 아름다움 속에서 흩어진 마음을 다잡아 보라는 스님의 마음이 작품의 마지막 연에 잘 그려져 있다.

　다음에 이어지는 시는 자연의 웅장하고 아름다운 모습을 그대로 잡아내는 스님의 절묘한 솜씨가 돋보이는 작품이다. <새벽에 천지연을 바라보며(曉看天池淵)>이다.

　　천지에서 몸을 씻고 솟아나는 새벽 해
　　고운 무지개는 끊어질 듯 이어지네.
　　햇살 띤 바람이 여울로 내달려 불어
　　서편 봉우리 안개를 단박에 쓸어갔구나.

　　曉日天池浴　虹霓斷夏連　光風吹瀨急　蕩破西峰煙

솟아오르는 해를 좇아 천지의 수면은 온통 붉게 물들어 간다. 햇무리도 눈부시게 피어올라 끊어질 듯 아련하게 이어지며 온 누리를 고운 무지갯빛으로 채색한다. 그야말로 세상이 처음 열리는 개벽(開闢)의 경이로움을 스님을 만끽하면서 그 장관을 5언절구라는 가장 짧은 시 형식 속에 가득 채우고 있는 것이다. 태양에서 부서져 내리는 빛의 알갱이들이 파편처럼 튀고, 스님은 그 모습을 광풍(光風)이라는 아름다운 시어로 장식하고 있다. 그 힘찬 바람의 진군에 어둠을 지키던 희뿌연 안개마저 멀찍이 달아나고 말았다. 순식간에 벌어진 어둠에서 광명으로의 거대한 약진을 스님은 한 순간도 놓치지 않고 기승전결 네 구에 녹여 버렸다. 시인으로서의 재능이 유감없이 발현된 작품이다.

이어서 우리나라를 대표하는 두 가람을 탐방한 뒤 스님이 느낀 감회를 담은 두 편의 시를 읽도록 하겠다. 첫 번째는 <해인사에서(海印寺感懷)>란 작품이다.

날은 차고 낙엽 지는데 범종소리는 잦아들고
먼 나그네는 호젓하게 느즈막이 돌아가네.
눈 온 뒤 영봉에는 삭막한 기운이 감돌고
안개 속 암자의 나무도 희미하게 보이는구나.
좋은 샘물은 나와 친해 가는 발길을 멈추게 하고
산사에는 사람이 없어 저녁 햇살만 느껴지네.
게을리 떠가는 흰 구름을 슬피 바라보노라니
돌이끼가 옷에 물든 줄도 까마득히 몰랐네.

天寒木落梵鐘稀　遠客蕭然向晚歸
雪後靈岑多戍削　煙中庵樹却依微
名泉慣我留飛屢　法苑無人感落暉
悵望白雲如我嬾　澹忘石翠已霑衣

팔만대장경을 품에 안은 해인사였건만 스님은 인적도 뜸한 산사로 묘사한다. 전체적인 시의 분위기도 그다지 밝지 않다. 법보사찰(法寶寺刹)로 불리는 해인사의 풍정이 이러하다면 그 시대 다른 사찰의 모습은 어떨지 짐작할 수 있다. 그저 산사에 숨어있는 샘물을 마시면서 답답한 마음을 풀어볼 뿐이다. 퇴락한 대찰(大刹)의 안타까운 모습을 보면서 깊은 상념에 젖어 무턱대고 발길을 서성거리는 스님의 우울한 심사가 그려져 있는 작품이다. 이런 탐방의 길목에서 스님은 불교를 중흥하고 국운을 일신해야 한다는 다짐을 더욱 견고하게 다졌을 것이다. 스님이 당시 남긴 수많은 논설들과 『석전수필(石顚隨筆)』 등에 실려 있는 해박한 불교지식, 모순을 바로잡고 진리를 선양하려는 힘찬 목소리는 그런 국토 탐방의 여정(旅程) 속에서 싹터 나온 것을 알 수 있다.

사실 스님의 시편들 가운데 가장 많은 부분을 차지하는 것이 기행시(紀行詩)이다. 대개 산수 자연에 대한 감탄이나 묘사가 아니라 사찰의 자취를 찾고 그 연혁을 헤아리는 내용들이 많은데, 이런 경향에서도 스님의 마음이 다다르고 있던 곳이 어딘가를 짐작하게 해준다.

끝으로 한 수 더 읽겠다. 제목은 <불국사에서(佛國寺)>이다.

오늘날 불국사 쓸쓸하다만
그래도 이 땅의 웅장한 가람일세.
당간의 그림자는 굽이굽이 길로 뻗었고
숲속의 햇살은 탑 너머로 붉게 어렸네.
독경 소리가 다하자 법어 소리 우렁차고
저녁이 가까우니 범종 소리가 하늘을 채운다.
서리 내린 뒤 뜰에 핀 국화꽃이
홀로 말세의 풍속을 이기고 섰도다.

蕭條今佛國　在今最神雄　幢影侵蹊曲　林暉背塲紅
經疎僧語硬　夕近鍾飯空　霜後中庭菊　獨凌衰俗風

　이 시에서 우리는 스님이 현실에 절망하지 않고 미래에 대한 희망을 접지 않았음을 읽을 수 있다. 어쩔 수 없이 쓸쓸한 국면을 떨어버리진 못했지만, 그래도 불국사에는 1300년을 이어온 대찰로서의 당당한 위세가 살아 있다. 하늘을 덮을 듯 펄럭이던 깃발을 거두었던 당간(幢竿)은 아득히 속세의 길까지 그림자가 뻗어있다. 그리고 부처님의 미소 같은 햇살이 사방을 따뜻하게 감싼다. 독경 소리에 이어 법어 소리도 힘차고, 범종 소리는 하늘을 넉넉하게 뒤덮고 있다. 이런 불국사를 둘러보면서 스님은 뭔가 희망의 징조를 발견한다. 그것은 바로 서리가 내려 모든 꽃들이 다 지고난 뒤에도 홀로 노란 꽃잎을 떨어뜨리지 않는 국화의 기상과 다를 바 없다. 세상은 말세(末世)라 참담한 기운이 만연해 있지만, 국화의 절개와 기상을 잊지 않은 도반(道伴)과 신중(信衆)이 있기에 이 나라의 미래는 어둡지 않다고 스님은 확신한다.

　스님은 난세를 만났어도 불퇴전의 정신으로 이를 극복할 수 있는 군센 의지와 바른 안목을 가진 분이었다. 그러면서도 그는 섬세하고 다정다감한 마음을 읊조릴 줄 아는 시인이기도 했다. 무작정 강하기만 하면 쉽게 꺾여버리는 게 이치이다. 스님의 시에서는 부드러우면서도 감회가 어린, 다소 쓸쓸한 기운이 녹아 있는 한 세계가 자리하고 있다. 그러나 한편 그의 의지는 코끼리보다 당당하고 군세 어떤 시련 앞에서도 굴복하지 않을 만큼 강고했다. 이렇게 외유내강(外柔內剛)한 여유와 포용을 가졌기에, 스님은 어려운 시대의 사표(師表)가 되었고, 자신이 왜 존재하고 있는지 제대로 깨칠 수 있었던 것이다. 그의 문하에서 우리 시대 최고의 시인인 미당(未堂) 서정주(徐廷柱)가 나온 것도 우연은 아닌 것이다. 얼마 전에 미당 선생께서 생전에 박한영 스님의 선시 가운데 좋은 작품을 골라 번역한 원고가 발견되어, 이것이 책으로 나오기도 했다. 대강백의 시를 대시인의 손으로 옮겼으니 정말 대단한 성찬이라 하겠다. 여러분들도 기회가 있으면 읽어보기 바란다.

마지막으로 스님의 시와 산문을 한 마디로 평가한다면 깊은 성찰과 고뇌에서 우러나온 지성의 목소리가 담겨 있다고 말할 수 있을 것이다. 만해 스님이 동시대를 투사형(鬪士型)으로 살아갔다면 지사형(志士型)으로 사셨다고 하겠다.

◎ 중국 고승들의 선시 ◎
우리 선시의 뿌리를 살펴 본다

　우리나라가 배출한 고승대덕들이 아름답고 심오한 선시를 많이 남긴 것처럼 중국의 스님들 역시 엄청난 양의 선시를 남겼다. 선종이 발상한 본고장이고, 이미 6조 혜능(慧能, 638~713)이 자신의 깨달음을 5언구의 한시로 남긴 전통에서 알 수 있듯이 중국에서의 선시의 창작도 기나긴 전통을 지니고 있는 것이다. 중국불교사를 보면 시승(詩僧)으로 불린 많은 스님들이 있었고, 특히 한산습득(寒山拾得)과 같은 분은 시인으로서 더 유명하기도 하다. 당나라(618~907) 때 쓰인 시를 다 모아놓은 『전당시(全唐詩)』에 보면 115분 2,913수의 작품이 실려 있다. 전겸익(錢謙益, 1582~1664)이 편찬한 『열조시집(列朝詩集)』에도 원나라 말기부터 명나라 말까지의 시승 107분의 소전(小傳)과 작품들이 수록되어 있다. 질로야 따질 수 없지만 양적으로 보면 우리와 비교도 안 될 만큼 많은 시승들이 선시를 창작했음을 쉽게 알 수 있다.
　다음 시는 문익(文益, 885~985) 스님이 지은 <꽃을 노래함(詠花)>이다.

누더기 옷을 입고 향기로운 꽃떨기를 마주하니
오는 곳이 멀어 한결같지 않구나.
머리털은 오늘부터 하애지겠고

꽃은 지난해처럼 붉게 피었네.
예쁘고 기이한 자태는 아침 이슬을 따르고
그윽한 향기는 저물녘 바람을 좇는다.
어찌 꽃잎이 다 진 뒤를 기다려서야
비로소 만물의 이치가 공함을 알겠는가.

擁毳對芳叢　由來迥不同　髮從今日白　花是去年紅
艷異隨朝露　馨香逐晚風　何須待零落　然後始知空

스님은 중국 오대(五代) 때의 승려로, 여항(餘杭, 절강성) 사람이며, 속성은 노씨(盧氏)이다. 7세 때 출가하여 처음에는 명주(明州)의 희각공비니(希覺攻毘尼)에 의탁했다가 나중에 장경혜릉(長慶慧稜)에게 가 선법을 배웠지만 별 효력이 얻지 못했다. 그러다가 우연히 장주(漳州)에서 나한계침(羅漢桂琛)을 만나 그의 법을 이어받았다. 임천(臨川)의 숭수원(崇壽院)에서 출세(出世)했다. 남당(南唐)의 임금 이씨(李氏)가 예절과 공경을 다해 금릉(金陵)으로 모셔 보은사(報恩寺)에 머물도록 하고 스승의 예로 섬기면서 정혜대사(淨慧大師)란 호를 내렸다. 뒤를 이은 후주(後主)도 수계를 받고 그를 위해 청량사(淸凉寺)를 창건했다. 고려와 일본 등지에서 바다를 건너 배우려는 사람이 길을 가득 채웠다고 한다. 현덕(顯德) 5년(958) 윤7월에 입적했고, 세수는 74세였다. 시호는 대법안(大法眼)이고, 법안종(法眼宗)의 개조(開祖)로 불린다. 저서에 『종문십규론(宗門十規論)』과 『대법안문익선사어록(大法眼文益禪師語錄)』 각 1권이 전한다.

　스님은 꽃을 단순한 아름다운 피조물로만 보지 않는다. 나와 마주선 동등한 존재임을 인정한다. 단지 서로 존재하게 된 유래가 달라 같지 않을 뿐이라는 것이다. 다양성 속에서 하나를 찾아내는 인식이 새롭게 다가왔다. 그러나 재미있는 것은 나는 이제부터 머리가 하얗게 셀 터인데, 꽃은 예나 지금이나 앞으로나 항상 붉은 자태를 그대로 간직할 것이라는 것이다. 인생은 무상하지만 꽃으로 상징되는 진리는 무궁불변하리라는 선언에 다름없는 말이다. 아침 이슬을 맞아 청초하게 빛나는 모습이며 저녁노을과 함께 부는 바람에 그윽한 향기를 세상에 가득 채우는 것은 곧 진리의 세계가 미만한 우주의 본질을 꿰뚫은 것이라고 하겠다.

이 시의 마지막 구절은 의미하는 바가 간단하면서도 심원하다. 꽃이 다 떨어지고 난 뒤에야 세상의 모든 만물은 다 변하는구나, 공(空)하구나를 깨닫는다면 이것은 근기가 낮은 탓이라는 것이다. 사실 공이란 단순한 '없음', '비어 있음', '떨어짐' 이런 것을 말하는 것이 아니다. 변화와 불변이라는 상대적 진리를 모두 떨쳐버린 아공(我空)과 법공(法空)의 세계를 공이라고 한다. 꽃이 피었다가 졌으니 공이라고 보는 것은 이미 경계와 현상에 사로잡힌 미집(迷執)일 뿐이다. 현상에 얽매이지 않고 진리의 본질의 관조할 수 있는 눈, 스님은 이 시에서 꽃을 노래하면서, 그런 참다운 지혜를 설파하고 있다.

이어서 승민(僧旻, 467~527) 스님의 <여래찬(如來讚)>을 보자.

청산은 처음부터 푸르렀지만
백발은 본래부터 흰 것은 아니었네.
거슬러 흐르는 물은 머리를 치는 바람이고
뜬 구름은 눈앞으로 지나가는 나그네지.
영광이며 명성은 한 때 누리는 칭찬이지만
빛나는 지혜는 삼계에서 모두 이롭다네.
두 손 모아 여래를 찬양하노니
오직 사성제(苦集滅道) 공손히 따를 뿐일세.

青山初度青　白髮本非白　逆水打頭風　浮雲過眼客

榮名一時譽　智慧三界益　合十贊如來　四諦唯順適

　스님은 중국 남조(南朝) 양(梁)나라 때의 승려로, 오군(吳郡) 부춘(富春, 절강성 富陽) 사람이다. 법운(法雲), 지장(智藏) 스님과 함께 양나라의 3대 법사로 불린다. 7세 때에 출가하여 승회(僧回)의 제자가 되고, 16세에 장엄사(莊嚴寺) 담경(曇景)을 스승으로 수론(數論)과 경률(經律)을 익혔다. 또 승유(僧柔)와 혜차(慧次), 승달(僧達), 혜량(慧亮) 등에게 경론을 배우고, 492년 흥복사(興福寺)에서『성실론(成實論)』을 강술하여 더욱 유명해졌다. 뒤에 양나라 무제(武帝)의 존경과 믿음을 얻어 칙명에 좇아 혜륜전(惠輪殿)에서『승만경(勝鬘經)』을 강술하고, 정림사(定林寺)에서 석학 30인의 우두머리가 되어 일체경(一切經)에서 발췌한 88권의『중경요초(衆經要抄)』를 편찬했다. 주요 저서에『논소잡집(論疏雜集)』과『사성지귀(四聲指歸)』등이 있다.

　수행을 완성하고 위대한 인격자라는 의미를 가진 여래는 석가모니 부처님을 가리키는 십호(十號) 가운데 하나이다. 그 여래를 찬송하는 작품이다.

　첫 1·2구는 제 생각에 여래의 '여'와 '래'를 시적으로 풀이한 것이 아닌가 생각된다. 청산은 처음부터 푸르다는 것은 바로 '있는 그대로의 상태'인 '여'에 해당하고, 젊어서 검었다가 늙어 희게 세는 머리털은 오고감이 있는 '래'를 상징하는 것이 아닐까? 스님은 재치 있게 여래를 정의하고 있는 것이다. 머리를 치고 지나가는 바람이나 뜬 구름처럼 눈앞을 지나가는 나그네 등등은 모두 개별적인 행동이고 존재이지만, 여래의 눈으로 볼 때는 결국 동등하다. 구별하고 비교하는 번뇌를 떨쳐버려야만 여래의 혜안을 가질 수 있는 것이겠다.

　사람들은 육신과 생명의 현재성에만 눈이 멀어 영광이며 명예 따위에 집착한다. 그러나 이것은 고작 육신에 붙어있는 것일 뿐이다. 한 때의 칭송은 얻을 수 있지만, 시간이 흘러 육신이 무너져 내리면 안개처럼 사라지는 것이다. 그러나 여래의 지혜는 생사유전(生死流轉)이 쉴 새 없이 이루어지는 미계(迷界)일지라도 우리의 갈 길을 열어주는 이로움을 무궁하게 제공한다. 그러니 두 손을 모아 합장하며 여래의 거룩한 공덕을 찬양하지 않을 수 없다. 무명(無明)에서 해탈로 나가는 과정 고집멸도(苦集滅道)의 사성제를 아무 의심 없이 받아들이고 수양하여 궁극의 목표를 달성하겠다는 것이다. 여래의 가피력을 한편으로 찬송하면서 또 나 자신의 능동적인 수행을 강조하는 작품이라고 하겠다.

이어 애월(愛月) 스님의 <육근송(六根頌)>을 보도록 하겠다.

육근이란 원래 한 물건(般若, 眞理)에서 거두어진 것이지만
누가 한 물건이 값으로 치루기 어려운 것을 알겠는가.
굳센 자물쇠가 단단해도 고작 쥐나 막을 따름이고
매서운 채찍이 어지러운들 소나 때릴 뿐이지.
푸른 물과 푸른 산은 언제 봐도 그대로이고
맑은 바람과 밝은 달빛은 막힘없이 흐르는 것이지.
육근을 뽑아내면 응당 새로운 근지를 만날 것이니
시원한 매미 소리가 가을 알리는 소식을 듣겠네.

六根原來一物收　誰知一物價難酬
鍵關碌碌空防鼠　鞭朴勞勞錯打牛
綠水靑山觀自在　淸風明月任優遊
拔根應會生根地　聽取涼蟬報早秋

스님은 중국 청나라 때의 승려로, 황족이었다. 속성은 애신각라(愛新覺

羅)이고, 옹정제(雍正帝)의 16번째 아우로, 장왕(莊王)에 봉해졌다. 세상사에 염증을 느껴 불가에 귀의했다고 한다.

　육근(六根)이란 사람의 마음을 미혹(迷惑)케 만드는 여섯 가지 근원이란 뜻인데, 바로 눈[眼]과 귀[耳], 코[鼻], 혀[舌], 몸[身], 생각[意]을 가리킨다. 육입(六入)이라고도 부른다. 우리는 이런 감각 기관이 있기 때문에 세상을 편하게 살아갈 수 있다. 그래서 소중하게 여기고 고맙게 생각하지만, 그런 기관들이 존재하고 작용하게 하는 근원에 대해서는 잘 생각하지 못한다. 그것을 스님은 일물(一物)이라고 설명했다. 필자의 생각에 인간의 몸뚱이와 감각 기관을 움직이게 만드는 근원적인 힘을 가리키는 말인 듯하다. 바로 반야의 참된 진리가 아닐까? 그런데 사람들은 그 가치가 얼마나 큰지 망각하고 살아간다는 것이다.

　자물쇠가 아무리 단단해도 쥐가 드나들지 못하도록 막을 뿐이고, 채찍이 아무리 사나워도 소나 움직이게 할 뿐이다. 고작 물질세계의 몇몇 현상들을 다스리는 데 머물고 만다. 더 위대하고 근원적인 존재를 움직이게 하고 다스리는 데에는 아무런 소용이 없을 뿐더러 오히려 장애가 되기까지 한다. 그러니 가시적인 현상계에 얽매이지 말고 근원을 볼 수 있는 힘을 가지라는 것이다.

　그것이 무엇일까? 스님은 그 설명 대신 억겁(億劫)의 시간 동안 항구하게 존재하는 자연을 가리킨다. 푸른 물과 푸른 산, 맑은 바람과 밝은 달빛. 이것들은 언제 봐도 그대로이고, 막힘없이 우주 공간을 흘러다닌다. 얼마나 위대한 힘인가. 감각의 장애를 뽑아버리고 그 새로운 바탕 안으로 들게 되면, 여여(如如)한 무애의 공간으로 들게 되는 것이다. 매미 소리에 가을이 왔음을 알게 되는 그 당연한 세계. 이 상쾌한 세상을 한 번 느껴 보라고 주문하는 것이다.

　해답이 너무 평범해 잔뜩 기대했던 우리를 실망시킬지도 모른다. 그러나 진실란 항상 평상(平常) 속에 있음을 깨닫는다면 스님의 이 말이 캄캄한 밤의 번개처럼 순식간에 온 세상의 어둠을 살라버릴 것이다.
　　다음으로 도패(道霈, 1615~1702) 스님의 <임종게(臨終偈)>를 소개한다.

　　늙은 놈이 날 때부터 성질이 편벽되어
　　세상의 인연 속으로 휩쓸려 들지 않았네.
　　완고한 성질은 아직까지도 바뀌지 않아
　　굳세게 오만한 골격으로 유가와 선종을 발라버렸노라.
　　유가와 선종의 공명은 진실로 이미 감쌌지만
　　선종의 근기와 논변은 실천해도 온전하기 어렵구나.
　　이제는 늙어버렸으니 다시 어디에 쓰겠는가
　　다만 이 생각으로 용천에 보답해야겠지.

　　老漢生來性太偏　　不肯隨流入世緣
　　頑性至今猶未化　　剛將傲骨抹儒禪
　　儒禪功名眞已裏　　禪宗機辯行難全
　　如今垂老更何用　　祇將此念報龍天

　　스님은 명말청초(明末淸初) 조동종(曹洞宗)의 승려로, 복건성 건안(建安) 사람이다. 속성은 정씨(丁氏)고 법호는 여박(旅泊) 또는 비가수(非家叟)며, 자는 위림(爲霖)이고, 법명은 도패이다. 영각원현(永覺元賢)의 법사(法嗣)로, 14세 때 백운사(白雲寺)에 들어가 출가했다. 경전과 교법을 공부하면서 영각원현 스님을 몇 년 동안 시봉하다가, 천동산(天童山)에 가서 밀운원오(密雲圓悟)에게 참학하여 활연대오했다. 백장산(百丈山)으로 옮겨 암자를 짓고 5년 동안 정업(淨業)을 닦았다. 뒤에 복주(福州) 고산사(鼓山寺)로 옮겨가 20여 년 동안 머물렀는데, 귀의한 사람이 아주 많았다. 강희 41년에 입적하니, 세수는 88세였다.

스님은 저술도 많이 남겼다. 『인왕반야경합소(仁王般若經合疏)』 3권과 『화엄경소논찬요(華嚴經疏論纂要)』 120권, 『법화경문구찬요(法華經文句纂要)』 7권, 『불조삼경지남(佛祖三經指南)』 3권, 『위림도패선사병불어록(爲霖道霈禪師秉拂語錄)』 2권, 『여박암고(旅泊庵稿)』 4권, 『선해십진(禪海十珍)』 1권, 『42장경지남(章經指南)』, 『불유교경지남(佛遺敎經指南)』, 『고산록(鼓山錄)』 6권, 『반야심경청익설(般若心經請益說)』, 『88불참(佛懺)』, 『준제참(準提懺)』, 『발원문주(發願文註)』 등이 있다.

스님은 임종게를 쓰면서 날 때부터 고질인 완고한 성격을 죽어서까지도 버리지 못했다고 토로한다. 그 때문에 세속 인연에 휩쓸리지 않았다고 했는데, 확실히 반어적인 표현이다. 사람이 뭔가 큰 것을 이루려면 옹졸하게 남의 눈치나 봐서는 싹수가 노랗다는 말이다. 제 고집이 있어야 세상이 대경실색(大驚失色)할 사건을 저지를 수 있다는 뜻이다. 그래서 자신은 유가의 선비든 선종의 땡중이든 남김없이 다 발라버렸다고 일갈한다. 그것은 꼭 성과를 보이고 점수를 따야만 완수되는 일이 아니다. 그래서 더욱 이 일은 이루기가 어렵다. 선종에서 말하는 근기를 다 부리고 논변을 다 풀었어도 결국 온전히 해탈의 경지까지는 못 갔다고 솔직히 스님은 인정한다.

게다가 성질은 변함없지만 기운은 다하고 말았다. 이제 그 괴팍한 성격도 쓸 데가 없어졌다. 남은 길이란 이런 생각을 가져다가 용천(龍天)에 보답하는 일밖에는 없다고 마음을 접는다. 용천이란 불가(佛家)에서 말하는 천룡팔부(天龍八部)를 일컫는 말이다. 천룡팔부는 불법을 수호하는 신장(神將)들인데, 천(天)과 용(龍), 야차(夜叉), 아수라(阿修羅), 가루라(迦樓羅), 건달파(乾闥婆), 긴나라(緊那羅), 마후라가(摩睺羅迦)가 그들이다. 내생의 해탈과 진정한 열반을 위해 다시 한 번 정진 노력해야겠다는 다짐이다. 수행은 죽음으로 끝나는 것이 아니라는 교훈을 담았다고 여겨진다.

다음으로 볼 작품은 승예(僧叡, 378~444?) 스님의 <부처님 경지(佛境)>
이다.

부처님 경계는 맑아 티끌이 없으니
한결같고 한결같아 앉아 오묘하게 깨칠 수 있지.
진리의 꽃이 지금 바로 활짝 피었으니
그늘이 덮여 맑은 정취를 이루었네.
어디를 가시더라도 곧바로 다시 되돌아오고
한 번 정성으로 온갖 재앙을 없앤다네.
마음속에 아미타 부처님을 지녔으니
온갖 경우를 다 겪어도 두려움이 없다네.

佛境淨無埃　如如坐妙悟　菩提花正開　覆陰成淸趣
去去速歸來　一誠化百災　心存阿彌陀　萬般全無懼

스님은 중국 동진(東晋) 시대의 승려로, 하남성 장락(長樂)에서 출생했다. 젊어서부터 출가에 뜻을 두어 18세 때 승현(僧賢)에게 사사하고, 24세 때에 스승의 곁을 떠나 여러 산문(山門)을 유력했다. 불전의 번역가로서 유명한 구마라습(鳩摩羅什)이 장안(長安)에 오자, 그에게 사사하고 스승의 불전 한역(漢譯)에 참가하여 『묘법연화경(妙法蓮華經)』과 『대지도론(大智度論)』, 『중론(中論)』, 『12문론(門論)』, 『대품경(大品經)』, 『소품경(小品經)』 등의 서문을 썼다. 오랜 뒤에 여산(廬山)에 들어가 혜원(慧遠) 스님에게 귀의하여 정업(淨業)을 닦았고, 남조(南朝) 송(宋)나라 원가(元嘉, 424~453) 연간에 아무 병 없이 입적했다.

우리 불가의 화두 가운데 가장 대표적인 것이 바로 조사서래의(祖師西來意)가 아닙니까? "달마조사께서 서쪽에서 오신 까닭은 무엇입니까?"로 번역되는 바로 부처님이 깨달으신 그 진리의 세계는 무엇인가를 묻는 질문과 같다. 이 시는 그런 화두에 대한 대답에 해당할 만한 작품이 아닐까 생각된다.

　부처님 경계는 맑아 티끌 하나 없는 곳으로 정의하지만, 아무도 범접할 수 없는 금단의 구역은 아니라는 것이다. 그래서 여여해서 앉은 자리에서 곧바로 깨칠 수 있다고 단언한다. 해탈이니 깨침은 거룩한 스님네들의 일이니 우리 같은 범인이 어떻게 흉내나 내겠냐고 두려워 할 필요가 없다는 것이다. 평범한 사람이 닿지 못한 경지라면 그것은 참된 경지는 아닐 것이다. 누구나 갈 수 있는 곳이라야 참된 경지일 것이다. 그 곳은 일반 들어가면 진리의 꽃이 사계절 울긋불긋 피어있고, 편안한 휴식을 취할 수 있는 그늘도 있어 맑은 정취를 만끽할 수 있다는 것이다. 극락세계인 것이다. 부처님의 가피력은 온 누리에 미만해 있어 어디를 계시든 바로 내 곁에 계시는 것과 같으며, 중생을 모두 제도하겠다는 거룩한 정성으로 세상의 온갖 재앙과 번뇌를 말끔히 씻어낸다. 이렇게 스님은 다양한 묘사로 부처님의 경지를 묘사하고 알려준다.

　마지막 구절은 결론이자 권유이다. 그러니 두려워하지 말고 마음속 깊이 아미타 부처님을 잘 모셔 어디를 가더라도 흔들리거나 의심하지 말라고 말한다. 그것은 단순히 부처님께 의지하려는 마음을 가지라는 뜻은 아니다. 내 자신이 이미 부처님의 경지를 마음 밭 속에 일궜으니 그렇다는 것이다. 깨침의 세계에 닿게 되면 내가 곧 부처니, 그 아름다운 빛을 이제는 밖으로 돌려 중생 제도의 길로 나가라는 취지가 담겨 있다.

　지장(智藏, 458~522) 스님의 <흥황탑원 벽에 쓰다(題興皇塔院壁)>도 흥미로운 작품이다.

　탑원이 동남쪽으로 향했는데

구름을 휘감아 대나무 빛깔을 이었네.
밝은 섬돌은 갈림길로 돌아가고
작은 길은 산비탈로 이어졌구나.
게으른 길짐승들은 서로 편안해 기뻐하고
나는 새들도 스스로 얻느라 고생이구나.
선방이 문을 닫지 않았으니
고요한 정취가 그윽한 구역으로 통했다.

塔院向東南　揮雲延竹色　明堦轉路岐　小徑沿山側
倦獸喜相安　飛禽勞自得　禪房不掩門　靜趣通幽域

  스님은 남조 양(梁)나라 때의 승려로, 승민(僧旻), 법운(法雲)과 함께 양나라 3대 법사로 불린다. 속성 고씨(顧氏)고, 자는 정장(淨藏)이며, 오군(吳郡, 강소성 吳縣) 출생이다. 성실(成實)과 열반의 교학에 뛰어났고, 양무제(梁武帝)의 신임이 두터워, 무제가 그로부터 보살계를 받았으며, 태자의 사부도 역임했다. 만년에는 개선사(開善寺)에 머물렀기 때문에 세상 사람들은 그를 '개선'이라고도 불렀다. 저서에 경론의 주소(注疏)를 많이 했다고 하고, 그의 교학은 수(隋)나라 때의 가상대사(嘉祥大師) 길장(吉藏)과 천태(天台) 등으로부터 많은 비평을 받으면서도 큰 영향을 끼쳤다고 하는데, 현재 전해지는 저작은 없다.
  사찰의 전각 벽에 쓴 작품이다. 시의 내용으로 볼 때 규모가 그리 크지 않은 아담한 가람인 듯하다. 섬돌을 내려가면 숲으로 접어드는 오솔길이 나오고, 그 길은 바로 산비탈로 이어져 있다고 했다. 우리나라로 따지면 암자(庵子) 정도 되는 산사가 아닐까 여겨진다.
  그렇지만 산사가 작다고 깨달음을 추구하는 스님의 마음까지 작아지는 것은 아니다. 길짐승은 게으르고 산새들은 바삐 날아다닌다고 했는데,

세속의 정서라면 게으른 놈이 문제가 있고, 바쁜 놈은 성과가 있어야 한다는 게 올바른 답일 것이다. 그러나 스님은 이것을 다르게 본다. 길짐승은 서로 편안해하며 기뻐한다고 했고, 반대로 새들은 뭔가 얻어 보겠다며 자신을 수고롭게 한다고 꾸짖는다. 이것이 바로 스님이 생각한 '게으름'과 '바쁨'의 차이가 아닐까 보인다. 깨달음은 행위에서라기보다는 오히려 여유에서 얻어진다는 숨은 뜻을 발견하게 되기 때문이다. 세상의 온갖 형상을 다 보고 깨치겠다고 분망한 수행 자세가 진정한 깨달음의 길이 아님을 스님은 직시한다. 작은 선방이나마 문은 열려 있다. 그곳에 들어가 정좌(靜坐)한 채 적묵(寂默)의 세계를 찾아들면, 거기에는 훨씬 넓고 다양한 수행처가 있다는 것이다. 논리의 옳고 그름을 넘어서서 바람직한 수행의 자세를 스님은 이런 한 편의 시를 통해 우리들에게 넌지시 알려주고 있는 것이다.

이번 작품은 작자를 알 수 없는 작품인데, 제목은 <산사에 자면서(宿山寺)>이다.

뭇 봉우리가 찬 기운 속에 솟았는데
깨끗한 오두막이 이를 보며 자리하였네.
살별은 성근 나무숲을 꿰뚫으며 빛나고
달리는 달님은 구름을 거슬러 흐른다.
아득한 산이라 찾아오는 이도 드물고
높은 소나무 위로 학도 무리 짓지 못하네.
한 스님 살고 계셔 나이는 여든이지만
세상사 얘기는 일찍이 들은 바 없다네.

衆岫聳寒色　精廬向此分　流星透疏木　走月逆行雲
絶頂人來少　高松鶴不群　一僧年八十　世事未曾聞

깊은 산 정상에 자리한 고즈넉한 산사의 정경을 잘 묘사한 작품이다. 정려(精廬)라 한 것으로 보아 작은 암자가 아닐까. 사방으로 봉우리들이 우뚝우뚝 솟아있고, 그 가운데 산사는 화룡점정(畵龍點睛)하듯이 모습을 드러낸다. 별똥별들이 나무숲을 가르며 지나가고, 달이 날아갈 듯이 흘러 구름을 따라잡을 기세를 보인다. 그야말로 청정무구한 자연의 세계가 어떤지 쉽게 연상시켜준다.

찾아오는 이도 없고 지대가 높아 학도 무리 지어 오지 못한다는 것은 산사의 고절감(孤絶感)을 표현하기도 한 시구이지만 이어지는 한 노스님의 법력을 암시하는 상징이기도 하다. 나이가 물경 여든이 되도록 세상 소식을 듣지 못했다는 것은 무슨 뜻이겠는가? 오랜 세월 수도에 정진하여 일체 번뇌를 끊었다는 말이고, 산사가 이미 세속과 완전히 절연하여 독자적인 한 세계를 구축하고 있다는 말일 것이다.

그 높은 곳에 있는 산사를 온갖 고생을 감수하고 시인이 오른 데는 까닭이 있을 것이다. 깨달음의 찬 기운을 맛보려는 고행을 자청한 것일 수도 있고, 노스님의 법문을 들어 한 소식 접하려는 정성의 소산일 수도 있다. 어쩌면 세속의 티끌 먼지를 없애고 진정한 깨달음을 얻기 위해서는 그만큼 각고의 노력이 뒤따라야 한다는 평범하면서도 비범한 사실을 시인은 이런 시를 통해 우리들에게 전하려고 했는지도 모를 일이다. 더 이상 나아갈 곳이 없는 곳에 세워지는 암자. 속세의 끝이자 극락세계로 들어가는 문이라고 할 수 있는 이런 암자에 가서 하루를 묵으면서 시인이 우리들에게 들려주는 그 가르침을 반추하는 것도 좋은 경험이 될 것 같다.

끝으로 읽을 시는 본성(本誠) 스님이 지은 〈홀로 가는 스님(獨行僧)〉이란 작품이다.

강남길이며 강북 길을 홀로 가는 스님네는

시 짓기, 술 마시기, 거문고에 바둑 어느 것 하나도 능하지 못하네.
알록달록 단청의 모양새가 어떠냐고 묻는다면
오로지 황홀한 노을과 뭉게뭉게 구름을 배웠다고 말하리라.

江南江北獨行僧　詩酒琴碁無一能
若問丹靑何體制　專師霞蔚與雲蒸

　스님은 원나라 때의 승려로, 가화(嘉禾) 사람이다. 처음 이름은 문성(文誠)이었고, 나중에 이름을 도원(道元)으로 고쳤다. 자는 각은(覺隱)이고, 스스로 보성산인(輔成山人) 또는 대동산옹(大同山翁), 치시자(癡始子), 촉치저공(蜀畤竚公)이라 불렀다. 오하(吳下)에 살면서 아름다운 산수 경치를 좋아해서 일정한 곳에 머물러 지내지 않았다. 시로 자부심이 컸는데, 특히 그림에도 일가를 이루었다. 저서에 『치시자집(癡始子集)』이 있다.
　운수 행각을 하는 승려의 삶을 그리면서 절대 고독자로서의 수행자의 본질을 설파한 작품이라고 하겠다. 길의 남북을 가리지 않고 발걸음을 재촉하는 모습에서 우리는 진리를 찾기 위해 두려움 없이 정진하는 한 스님의 처연한 모습을 연상하게 된다. 세상의 이런 저런 잡기며 취미에도 모두 미숙하다는 말은 능란하지 못한 서툰 솜씨를 겸연쩍게 인정하는 소탈한 모습을 드러낸다. 그러나 달리 보면 완물상지(玩物喪志)를 경계한 말이기도 하다. 여기(餘技)에 빠져 본업을 소홀히 하는 세태를 꼬집은 것이기도 하겠다.
　단청이란 인공의 장식이다. 그것이 비록 곱고 아름답긴 하지만 결국 사람의 눈을 현혹시키는 물건이다. 여기서는 실제 단청 자체를 가리키는 것이라기보다는 단청처럼 실체를 가리는 모든 장애물을 의미하지 않을까? 그래서 스님은 황홀하게 저녁 하늘을 물들이는 노을이며, 뭉게뭉게 피어오르는 구름에서 배워 그린 것이 단청이라고 말한다. 꾸민 것만 보지 말고 본바탕이 되는 것에 주목하라는 암시로 들려온다. 결국 진리를 깨치고 더 이상의 번뇌나 윤회가 없는 경지에 이르는 길이란 오로지 한 곳을 바라보면서 본바탕을 손상시키지 않고 잘 지켜나가는 말 없는 노력의 연속밖에 없다는 말을 스님은 하고 싶었던 것 같다.

이렇게 두서없이 중국 고승들의 선시들을 눈에 띄는 대로 골라 보았다. 아직 우리나라에서는 중국이나 일본 선승들의 선시가 제대로 소개된 경우가 많지 않다. 그러나 우리의 것을 알려면 남의 것도 알아야 한다. 우리의 선시가 고유의 맛과 멋이 있다면 중국과 일본의 선시에도 그들만의 정취와 법력이 담겨 있을 것은 자명한 이치이다. 우리의 것을 제대로 알기 위해서라도 이런 일은 필요하다. 앞으로 이런 방면의 선구적인 업적이 많이 나오길 기대하면서 글을 마친다.

【부록 1】

옛 시인들이 노래한 낙산사洛山寺

　671년(문무왕 11) 의상대사에 의해 창건된 양양 오봉산(五峰山) 낙산사는 우리나라 사찰 건축물로는 드물게 바닷가에 자리하고 있다. 특히 관음보살이 바다에서 붉은 연꽃을 타고 솟아오른 자리 옆에 지은 홍련암(紅蓮庵)은 강화도 석모도(席毛島)에 있는 보문사(普門寺)와 남해군 금산(金山)의 보리암(普提庵), 통천군에 있는 금란굴(金蘭窟)와 더불어 4대 관음성지(觀音聖地)로 꼽힌다. 의상대사가 정성으로 기도를 드려 관음보살을 친견했다는 이야기나 원효대사가 청조(靑鳥)의 도움으로 관음보살을 친견했다는 전설은 불국토로서 우리나라의 신성함과 숭고함을 잘 보여주는 일화라고 할 수 있다.

　관음보살의 상주처라는 독특한 입지와 함께 낙산사는 예로부터 산과 바다가 어우러져 동해안 최고의 명승지라는 칭송을 듣기도 했다. 의상대에서 바라보는 일출의 장관과 홍련암 바닷가에서 내려다보이는 관음굴의 비경은 굳이 신앙을 가진 불자가 아니더라도 한 번쯤 이곳을 사람들의 발길을 돌리게 만들었던 것이다. 자연의 웅장한 모습이 새롭게 신앙의 열정을 뜨겁게 달구기도 했을 것이다.

　낙산사의 비경을 둘러싼 발길은 불자들이나 대중들에만 머문 것은 아니었다. 자료로만 보아도 고려시대부터 조선시대 전반에 걸쳐 선승들의 성지 순례는 물론이고 수없이 많은 시인묵객들이 이곳을 찾았다. 낙산사는 관동팔경의 한 구역이었던 만큼 이들 시인들의 손끝이 이 아름다운 광경을 시로 노래하지 않을 수 없었고, 그에 걸맞게 많은 한시들이 지금까지 전해지고 있다.

여기서는 그 많은 한시들 가운데 몇 편을 소개하려고 한다.

조사한 바로는 낙산사와 그 주변의 경관을 노래한 한시는 대략 170여 편에 이른다. 소재로 볼 때 주로 제영(題詠)의 성격이 많은 것은 그들이 아무래도 유가 지식인인 탓일 것이고, 관음성지라고 하는 성격이 벽이단(闢異端)의 논리와 맞물려 신앙적인 측면에서 접근한 작품은 보기 어렵다. 특히 산과 바다, 산사가 삼위일체가 된 비경에 대한 감탄은 이들 시작품 전반을 흐르는 정서이다. 다음으로 의상대에서의 일출이 빠질 수 없다. 또 산사라는 절속(絶俗)의 분위기와 명승의 아름다움이 주는 흥취는 연집(讌集)의 장소로서도 기능을 하고 있던 것을 알 수 있다.

조선조 말까지도 순례의 행렬은 끊이지 않았다. 풍운의 세월을 겪으면서 구국의 일념으로 의병 활동을 했던 한말의 대표적인 의병장들도 이곳을 찾아 자신들의 감회를 시화하고 있는 것이다. 또 당연히 사찰인 만큼 스님들의 한시가 빠질 수도 없겠다.

이런저런 작품들을 읽으면서 낙산사가 지녔던 그 빼어난 경관과 숭고한 성지로서의 참모습을 회고해 보면 어떨까? 더구나 지난해(2005년) 4월 달에 일어난 양양 산불로 말미암아 사찰이 화마의 참상을 겪은 지금, 이런 작품들을 읽노라면 고귀한 우리 문화재를 영원히 잃어버렸다는 안타까움과 함께 부디 중창 불사가 잘 마무리되어 옛날의 그 찬란한 모습을 다시 볼 수 있기를 기원하는 마음이 가슴 한 편에서 우러나온다.

낙산사를 찾은 일반적인 정취

먼저 읽을 작품은 낙산사의 일반적인 풍정을 노래한 시들이다. 낙산사 관련 한시 가운데 상당수가 이런 작품들이다. 산수 좋은 절경을 찾아와 아름다운 경치를 즐기면서 느낀 심회를 담은 것들이다.

첫 번째 작품은 성현(成俔, 1439~1504)이 쓴 7언율시 <낙산사 누대에 있는 시에 차운함(次洛山寺樓上韻)>(허백당집 권2)이란 제목의 시이다.

산사가 봉우리 사이로 아슬아슬 걸렸는데
바위는 울퉁불퉁 좁은 길 따라 겨우 통한다.
바람이 쇠사슬을 흔들어도 스님은 고즈넉하고
달빛이 옥 나무를 비춰도 그림자는 깊이 깔렸네.
천 길 오랜 골짜기에 땅 없는 바다에 자리했고
한 오라기 향불만이 허공으로 올라가려 하는구나.
공양 마치고 해 저무는데 침상에 기대 누웠더니
감로수 마시는 누대 아래서 범종 소리 울려 퍼진다.

招提孤絶架層峯　萬石崎嶇小徑通
風動金鐸僧寂寂　月侵琪樹影重重
千尋老壑臨無地　一縷香煙欲上空
飽飯黃昏欹枕臥　寶瓶臺下數聲鍾

낙산사 누대에 걸린 시에 차운한 작품이다. 낙산사 경내의 다양한 정취가 시인의 눈을 타고 파노라마처럼 전개되는 구성을 보이고 있다. 산사로 오르는 가파른 길과 바위들에 대한 묘사에 이어 고즈넉한 산사 분위기를 잔잔하게 그려 나간다. 멀리 바다도 조망하고 법당에 들어 타오르는 향불도 지켜보고 침상에 기대 아련히 울리는 범종 소리를 듣는다는 것으로 시를 마무리한다. 어디에도 시인 자신의 감회가 드러나 있지는 않다. 그야말로 무언지언(無言之言)이라고나 할까. 굳이 표현하지는 않았지만, 이 산사에 와서 그의 마음이 얼마나 편해지고 안정을 얻었는지, 시구마다 묻어 있다.

두 번째 작품은 정사룡(鄭士龍, 1491~1570)의 작품으로, 제목은 <낙산사에서(洛山寺)>(호음잡고 권3)이다.

사찰의 경계엔 파도치고 땅은 허공에 닿았는데
산사의 누대와 불전은 바닷물 모인 골짝을 누르네.
은빛 산 같은 파도는 풍이의 굴에서 어지럽게 부서지고
곱게 꾸민 건물 속에는 바다 신의 보금자리가 앉았구나.
신령한 느낌으로 인과를 닦아 맑은 영역을 열었고
사람과 하늘이 신이함을 모아 스님의 거처를 보호하네.
처마 끝 창에서 둘러보니 해 돋는 골짜기로 통하고
자줏빛 기운의 둥근 바퀴는 막 아침 해가 뜨는 떼일세.

寺界窮波地接虛　上方臺殿壓歸墟
銀山亂碎馮夷窟　貝闕中涵海若廬
靈感修因開淨域　人天鍾異護僧居
軒窓一覽通暘谷　紫氣輪囷浴日初

전고와 용사가 대단히 많은 작품이다. 앞의 네 구절은 주로 산사의 가람 배치와 자연 경관에 대한 묘사로 이루어져 있다. 뒤 네 구절은 사찰의 거룩한 가치를 노래하면서 새벽녘에 맞이하는 해돋이의 감회가 토로되어 있다.

벼랑 끝에 걸린 듯 자리하고 있는 산사의 구조가 시인의 눈에는 이채롭게 보여서 마치 허공 위에 집을 지은 듯한 느낌을 가져온다. 파도가 부서지는 관음굴 앞의 광경과 홍련암 암자의 아담한 경치를 화려한 수사로 노래하여, 독특한 운치를 들려준다. 선정과 묵상으로 통해 쌓은 수양의 결과 정토(淨土)의 세상을 열었고, 불자들과 하늘의 신이한 도움이 미쳐 이곳이 잘 보존될 것임을 천명하기도 한다. 결론으로 저 멀리 해 뜨는 고장과 이 절이 이어져 있어 항상 아침마다 붉은 기운 감도는 해를 맞이할 수 있는 복록이 머물러 있다고 말한다. 수사가 너무 화려해서 정작 낙산사의 빼어난 경치와 그 감동이 반감되는 약점도 있지만, 솔직한 감정의 묘사보다는 다양한 문학적 소양이나 지식을 적절하게 구사해서 웅장하고 진중한 산사의 분위기를 살린 장점도 놓칠 수 없는 작품이다.

끝으로 조위한(趙緯韓, 1567~1649)의 7언율시 <낙산사에서(洛山寺)>(현곡집 권7)를 읽어보자.

고래 파도가 해안을 치자 우레 소리마냥 울리는데
길은 금빛 모래사장으로 들어 발자국마다 소리나네.
부처님 한 분은 옷깃을 열고 불전에 앉아 계시고
스님네들은 합장하며 홍예문으로 나와 맞이하네.
다락은 높아도 신라 때 제도를 고치지 않았고
누대는 오래되었어도 의상대사의 이름을 전하는구나.
오늘 저녁 구름비가 걷힌 것을 함께 기뻐하느니
새벽이 오면 함께 나가 해 뜨는 모습을 볼 것일세.

鯨濤拍岸殷雷聲　路入金沙步步鳴
一佛披襟當殿坐　諸僧合掌出門迎
樓高未改新羅制　臺古猶傳義相名
共喜今宵雲雨霽　好看來曉日初生

산사의 입구로 들어선 시인은 먼저 우레처럼 들려오는 파도 소리에 신선한 충격을 받다. 산사라면 말 그대로 고요한 산골짜기에 자리한 것이 통례인데, 낙산사는 그 위치부터 남다르다는 생각을 하게 된 것이다. 더구나 고운 모래밭 길이 이어지는 산길은 밟을 때마다 사박사박 발소리가 울려 퍼진다. 바닷가에 있는 낙산사니 이는 사실 새삼스러울 게 없는 일이다. 어쩌면 시인의 능청처럼 느껴지는 표현이다. 그러나 이런 표현에서 우리는 시인이 이경(異境)으로 접어들었다는 자신의 깨달음을 알리고 싶어 하는 의도를 읽을 수 있다.

미리 소식을 전했는지 산내 스님들이 문 앞까지 나와 그를 맞이한다. 다시금 산사의 인정을 느끼면서 들어가니, 원통보전에 독존(獨尊)으로 봉안된 건칠관세음보살상이 그를 맞이한다. 고풍스런 절간의 가람 배치와 장구한 역사를 말해주듯 의상대사의 이름을 딴 누대 등을 두루 관람하면서 오랜 역사의 한 흐름 속에 서 있는 자신을 발견하는 것이다. 더구나 저녁이 되자 흐렸던 하늘도 맑게 개여 새벽 해돋이 구경을 놓치지 않게 되었다며 기뻐한다.

일출을 맞으면서 느낀 다양한 정서

낙산사하면 지금도 가장 먼저 떠오르는 인상은 의상대에서의 일출일 것이다. 그것은 예나 지금이나 다를 게 없었을 것이다. 사실 어디서 보든 일출은 특별한 경험이다. 그래서 많은 사람들이 그 경험을 산문이나 시로 남겨놓았던 것이다. 그러나 해변에서 조금 불거져 나온 벼랑에 자리하고 있는 의상대에서의 일출은 그 맛이 각별하다고 한다. 더구나 해수관음보살께서 현신하고 계신 곳이니, 세상에 다시 찾기 어려운 의미 있는 장소일 수밖에 없다. 낙산사 관련 한시에 거의 어김없이 등장하는 소재가 일출인 것을 감안하더라도 이곳에서 펼쳐지는 일출의 장관이 얼마나 사람들의 마음을 사로잡았는지 짐작할 수 있다. 그 가운데 몇 수를 읽어보도록 하겠다.

김세필(金世弼, 1473~1533)이 지은 <낙산사에서 일출을 보면서(洛山寺連曉望日出)>(십청헌집 권3)는 일출을 보지 못하고 지은 작품이다. 시와 함께 붙어 있는 간단한 문구가 이를 말해준다. 더구나 그는 낙산사에 머무는 내내 일기가 고르지 못해 한 번도 일출을 보지 못했던 것 같다. 그러니 안타까운 마음은 더했을 것이다.

먹구름이 온통 덮어 소원을 이루지 못했더니 장차 떠나려고 하는 밤에 별빛이 반짝이면서 새벽까지 맑았다. 그러나 다시 비구름이 사람을 속이니, 조물주가 사람을 희롱하는 것이 항상 이와 같다.(頑雲巧蔽 不諧願 將發之夜 耿耿達曙 又爲雨陰所欺 造物之戱人 每如是矣)

일출을 보지 못했다고 해서 시까지 짓지 못할 까닭은 없다. 사람의 의지와 하늘의 뜻이 어그러지는 경험과 심회가 어떠한지 염두에 두면서 읽으면 또 다른 묘미가 있을 듯하다.

동쪽 막다른 곳에 묵으니 땅도 바다를 드러냈는데
새벽까지 이불을 끌어안고 홀로 난간에 기대었다.
소슬소슬 산비 내리는 소리도 곧 끊길 듯하고
지즐지즐 귀뚜라미 울음도 잦아들 듯하구나.
구름 빛이 휘감아들며 별빛도 어지럽더니
솔숲의 물결은 어지럽고 바다 파도는 차가워라.
동쪽 땅의 끝에서 공경스럽게 맞는 예가 펼쳐지지 않으니
사람과 하늘의 뜻이 서로 만나기 어려운 것을 비로소 알겠네.

寄宿東陲地盡端　五更携被獨凭欄
蕭蕭山雨聲初斷　咽咽秋蟲響欲殘
雲彩替回星彩亂　松濤猶雜海濤寒
嵎夷不展寅賓禮　始識人天契會難

　모처럼 큰마음을 먹고 일출을 보러 왔는데, 하늘의 시샘인지 뜻을 이루지 못했다. 지금도 강원도 양양하면 꽤 먼 곳이지만, 교통이 훨씬 불편했을 그 당시를 생각하면 일생을 두고 두 번 오기 힘든 여행이었을 것이다. 그래서 이곳을 밟은 사람치고 한 자락 심회를 남기지 않은 이가 없었던 것이기도 하다. 그 드물게 찾아온 기회를 놓치고 그저 안개와 구름에 뒤덮인 뿌연 일출을 봐야 하는 기분은 대충 상상이 간다. 그러나 그는 낙담보다는 이것 또한 인연으로 여기고 자신을 달랜다.
　시는 전날 밤부터 새벽까지 일출을 맞이하는 작자의 심경과 조바심 등을 주로 묘사하고 있다. 이불을 끌어안고 난간에 기댄 모습이나 소슬비 소리에 가슴 졸이고 귀뚜라미 울음에 귀 기울이는 장면을 통해 행여 일출에의 길조를 찾으려는 정성이 엿보인다. 그러나 구름은 여전히 하늘을 감돌고 거센 바람이 불어와 파도는 차갑게 요동을 친다. 어지럽게 깜빡이는 별빛을 보며 부디 일기가 일출까지 순탄하기를 시인은 염원하는 것이다.
　그러나 끝내 뜻대로 일은 이루어지지 않고 말았다. 그는 하늘이 쉽게 자신에게 안복(眼福)을 허락하지 않는 것에 섭섭한 마음을 가누지 못한다. 일출을 한 번 보는 일이 전생의 공덕을 쌓아야 할 만큼 큰 정성이 필요한 일은 아니지 않을까? 언제 다시 발길이 닿을지 모르는 이곳을 결국 소원을 이루지 못하고 떠나가게 되었다. 마음은 조금 아쉽지만, 그래도 이것도 삶의 일부라면서 스스로를 다독인다. 뒷날을 기약하는 시인의 쓸쓸한 어깨가 보이는 듯하다.

두 번째 작품은 구사맹(具思孟, 1531~1604)이 지은 <이화정에서 일출을 보면서(梨花亭 觀日出 在洛山寺東)>(팔곡집 권1)란 시이다. 이화정은 낙산사 주변에 있었던 정자였던 것으로 보인다. 지금은 자취를 찾을 길 없다만, 18세가 초의 문인 조문명(趙文命, 1680~1732)의 시 속에 보면 이화정에서 달밤에 검무(劍舞)를 보았다는 기록으로 보아, 비교적 최근까지 낙산사의 부속 정자로서 의상대와 함께 일출을 관람하기 좋았던 장소가 아닐까 여겨진다.

이 시에도 "당시 약한 구름이 점점이 끼어 있어 결구를 이렇게 맺었다.(時有微雲點綴 故結句及之)"는 후일담이 적혀 있는 것으로 볼 때 김세필처럼 날씨가 좋지 못할 때 낙산사를 찾았던 것 같다. 다행히 그는 일출을 볼 수 있었다.

해 뜨는 골짜기에서 정성을 다해 공경스럽게 맞으니
매번 높은 곳 오를 때마다 푸른 바다를 보았지.
붉은 해는 떠오르지 않았어도 자연의 원기는 갈라졌고
태양이 수평선을 박차고 오르니 온 누리가 밝아온다.
해 무리는 뭉게뭉게 피어나 채색 봉황과 이어지고
곁에서 엿보던 큰 고래는 놀라 움츠리며 숨어드네.
뜬 구름이 아침 내내 끼여 뜨는 해를 가리어서
눈부신 햇빛이 천하를 비추는 모습 보지 못할까 두려웠지.

暘谷寅賓罄至誠　每登高處望滄瀛
彤丸未出鴻濛判　黃道纔陞宇宙明
夾侍葳蕤聯彩鳳　傍窺辟易竄長鯨
浮雲却恐終朝掩　不見陽輝遍八紘

웅장하게 펼쳐지는 일출의 광경을 자못 감격에 차서 묘사하고 있다. 혹시 보지 못할까 마음 졸이며 기다리게 맞게 된 일출이니 감격이 더했을 것이다. 하늘과 바다를 온통 붉게 물들이면서 수평선을 박차고 돌아오르는 일출의 우렁찬 포효가 들릴 듯이 묘사하고 있다. 그만큼 감격에 벅찬 시인의 마음이 담겨 있는 것이다. 너울거리는 해 무리와 타오르듯이 꿈틀거리는 구름의 모습을 시인은 봉황새가 해를 감싸고 날아도는 것 같다고 비유한다. 동해를 안마당처럼 헤엄치던 고래조차 그 광경에 놀라 움츠리고 바다 속으로 숨어들 만큼 그 날의 일출은 장관이었던 것이다. 지상의 어둠을 모두 걷어버리고 천하를 밝은 광명으로 채워버리는 과정을 목격하면서 시인은 조물주의 위대함에 다시 한 번 감탄한다.

이민구(李敏求, 1589~1670)가 그린 낙산사의 일출은 장대한 스펙타클보다는 너무 빨리 끝나버린 과정의 아쉬움을 적고 있다. 제목이 <낙산사에서 일출을 보며(洛山寺 觀日出)>(동주집 권7)이다.

육룡이 해를 부추겨 드높은 하늘로 올리는데
은빛 바다는 아득하게 안개로 자욱이 덮였네.
희화씨에게 고삐를 천천히 잡으라고 알려
해 지는 서쪽 경계가 그렇게 먼 것은 아니라고 말해야지.

六龍扶日上層霄　銀海茫茫積霧消
爲報羲和徐按轡　虞淵西畔未全遙

바다 용의 힘을 입어 해가 용솟음치는 모습이야 볼 만했지만 오랜 시간 즐기기에는 미흡했던 모양이다. 좀 더 천천히 즐기고 싶었는데, 어느새 해는 솟아 바다를 온통 은빛으로 적시더니 곧 안개가 자욱하게 끼여 뒷맛을 흐리고 말았다. 그러니 절로 이런 한탄이 나올 법하다.

태양을 실은 마차를 부린다는 전설상의 신이 바로 희화이다. 뭐가 그리 급히 말고삐를 휘둘러 부리나케 달려가느냐고 시인은 투정을 부린다. 내심 하루 동안 서녘까지 가서 일몰을 맞자면 시간이 부족할까 그러냐고 묻고 싶은 심정이었든가 보았다. 그래서 우연(虞淵), 해 지는 곳이 그리 말 곳에 있는 것이 아니다, 그러니 서두를 필요가 없다는 것이다. 이 귀중한 기회를 좀 더 느긋하게 즐기도록 천천히 수레를 몰아도 괜찮다며 자신의 아쉬움을 우회적으로 표현한다.

일출을 보고 느낀 감회를 다른 각도에서 묘사한 작품이라고 하겠다.

한말 의병장들의 낙산사 시

이번에 소개할 시는 한말 의병장들이 남긴 낙산사 시이다. 구국의 충정도 대단한 분들이지만, 한편 이분들은 우리 한문학사의 마지막을 장식하는 시인이기도 했다. 무슨 인연이었는지 낙산사를 다들 찾았고, 그 감회를 시로 남겨 놓았다. 애국충정이 담겨 있지는 않다고 해도 자연을 애호하는 마음과 명승지를 유람하는 시심이 녹아 있어 감상할 가치가 있다.

첫 번째 작품은 허훈(許薰, 1836~1907)의 <낙산사에서(洛山寺)>(방산집 권5)이다.

난간에 기대니 삼라만상은 절로 촘촘히 펼쳤는데
관동 지방 최고의 명승이란 말이 비로소 실감나네.
기와지붕과 상서로운 구름은 나무들과 합쳐지고
금빛 소반 위로 새벽 해는 파도를 가르고 솟구친다.
어느 곳에서 삼신산 있는 섬은 떴다 가라앉는지
이 바닷가 아홉 고을 성벽 따라 푸르고 아득하구나.

갑자기 시원한 바람이 불어 양 옆구리로 흐르니
나이는 늙었어도 멀리 노니는 마음 저버리지 않았네.

憑欄萬象自森橫　始信關東第一名
玉殼祥雲連樹合　金盤曉日劈波生
何方浮沒三神嶼　是岸蒼茫九郡城
忽漫冷風流兩腋　白頭不負遠遊情

거침없이 전개되는 시상이 시인이 느낀 감동을 잘 보여주고 있다. 드넓은 바다가 곧 우주의 축소판이란 말을 전제로 하면서 그러니 이곳이 관동 최고의 절경이란 말도 과장이 아니라고 단언한다. 옥빛으로 반짝이는 기와들과 하얀 구름, 그리고 푸른 나무숲이 색채의 조화를 자랑한다. 또 금빛 바다와 붉은 해, 하얀 파도가 선명한 빛깔의 대조를 보여준다. 다양한 색채가 담겨 있는 소재들을 나열함으로써 낙산사 일대의 눈부신 전망을, 마치 물감을 뿌리듯이 펼쳐 놓는다. 멀리 삼신산이 보일 듯도 하고, 가깝게는 아홉 고을 거느린 동해의 긴 해안선이 보인다. 그런 활달한 분위기가 답답한 마음을 열어주는데, 시원한 바람까지 불어온다. 늙은 나이에 먼 곳까지 와서 유람을 한 보람이 있었다면서 시인은 기쁨을 숨기지 않는다.

한말의 대표적인 의병장 유인석(柳麟錫, 1842~1915)의 <낙산사에 올라(登洛山寺)>(의암집 권1)는 5언절구의 짧은 시이다. 당연히 담고 있는 시상도 단순하다. 깊은 정취가 묻어 있진 않아도 메모처럼 정리된 소감은 긴 다큐멘터리가 아니라 한 컷으로 만들어진 스냅 사진을 보는, 깔끔하고 정제된 느낌을 만들어낸다.

양양 땅 낙산사를

먼 길 나그네가 잠시 오가노라.
바다는 아득히 펼쳐져 보이고
부상에서는 해가 솟아오른다.

襄陽洛山寺　遠客暫徘徊　大海茫茫見　扶桑日出來

평범한 시어들로 점철되어 있지만, 이것이 곧 시인의 성품을 잘 드러내는 배치가 아닐까 여겨진다. 구구한 묘사나 화려한 비유는 쓸데없는 사치라는 말일까? 백문(百聞)이 불여일견(不如一見)이란 말을 하고 싶었던 것일까? 낙산사에 왔다가 아득한 바다와 이튿날 새벽 일출을 보았다는 말로 시는 바닥을 드러낸다. 수사는 비록 없다고 해도 백 마디 말로도 담을 수 없는 흥취가 이 시에서는 우러난다.

끝으로 곽종석(郭鍾錫, 1846~1919)의 <낙산사에서(洛山寺)>(면우집 권4)를 읽겠다.

양양 고을이 자랑하는 명승지 낙가루여
나그네는 난간에 기대 먼 시름을 떠나보낸다.
구름이 지나가자 산 한 구석이 절로 열리고
하늘 햇볕은 바다 동쪽 머리를 온통 비추네.
가슴의 회포는 바람 우레와 함께 씻겨나가고
눈앞에는 오로지 해와 달이 떠 있을 뿐이네.
안타까워라 계신 스님들 빈곤에 찌들어
세간에서 양주학을 구하기 어렵구나.

襄陽勝狀洛伽樓　客子憑欄放遠愁
雲勢自開山一面　天光盡在海東頭
胸懷下與風雷盪　眼界中惟日月浮
憐爾居僧貧欲死　世間難得鶴楊州

이 제영시는 단아하면서 인정이 어려 있어 맛깔스럽다. 그가 낙가루 난간에 기대 흘려보낸 시름은 곧 시국을 염려하고 나라를 걱정하는 마음이었을 것이다. 위태로운 나라 사정을 생각하면 이런 유람도 호사라는 견책도 있겠지만, 이런 명승고적들이 왜적들의 손아귀에 넘겨줄 수 없다는 다짐도 있지 않았을까?

구름이 걷히면서 오봉산 산자락이 손에 잡힐 듯 드러난다. 그리고 환한 햇볕이 찬연하게 해수면을 비춘다. 바람과 우레 소리는 시인을 놀라게 하지 않고 오히려 장부의 기개를 떨쳐 가슴에 맺힌 원통한 마음을 씻어 버렸다. 그저 눈앞에 한 아름 펼쳐진 자연을 접하면서 알 수 없는 기꺼움에 몸을 맡기는 것이다.

그러면서 마지막 연에서는 가난한 산사의 살림살이로 눈을 돌린다. 난세에 산사의 삶인들 평탄할 수 없다. 한때 임진왜란과 병자호란과 같은 국난을 맞아 승복을 벗고 구국의 전선에 나섰던 스님들의 기상을 생각하면 이렇게 초라하게 바뀐 불교의 현재가 마치 나라의 말로를 보는 것 같은 느낌이 들었을 것이다. 물론 양주학은 인간 세상에서 부귀영화를 모두 누리고 싶어 하는 인간의 욕심을 비유하는 고사이다. 옛날에 사람들이 모여 살아생전에 하고 싶은 일을 서로 얘기하기로 했다. 그러자 첫 번째 사람은 양주자사가 되어 권력을 차지하고 싶다고 하자, 두 번째 사람은 권력보다는 돈 10만금을 가지는 게 낫다고 했다. 그러자 돈이나 권력이야 죽으면 그만이니 학을 타고 신선의 세계에서 불로장생하고 싶다는 사람이 나왔다. 이 말에 마지막 사람은 자기는 양주자사가 되어 돈 10만금을 옆구리에 꿰차고 학을 타고 신선의 세계로 날아가고 싶다는 소망을 말한다. 수도에 전념하는 스님들이니 마음의 풍요는 누리겠지만, 세속의 부귀영화와는 거리가 멀어 이 양자를 모두 구비하지는 못했다는 비유인 것이다. 깊은 번뇌가 서려 있진 않지만, 조국의 국토를 접하면서 피어오른 한 우국지사의 감회가 잔잔하고 단아하게 묘사된 작품이라고 하겠다.

선승들이 노래한 낙산사

낙산사는 사찰이니 당연히 그 주인은 스님들이다. 더구나 그들은 유가 선비들처럼 단순한 행락객의 일원이 아니다. 관음보살을 친견하고, 수도를 통해 개오와 해탈의 경지를 얻으려는 수행자들이다. 정겹고 친근하기로 따진다면 선승들의 시가 가장 생생하게 보여줄 것이다. 끝으로 선승들이 남긴 낙산사 시를 읽어보자.

한 가지 지적할 것은 스님들이 남긴 낙산사 시가 그리 많지 않다는 것이다. 아무래도 만행의 발길이 이곳 바닷가까지 오기엔 너무 멀었던 것일까? 유람이나 일출을 보기 위해 온다는 것은 더욱 어불성설이다. 심산유곡 곳곳에 자리한 고사(古寺)와 대찰(大刹)을 찾은 심경을 담은 스님들의 시가 많은 데 비해 낙산사 시가 적은 이유를 이런 데서 찾을 수 있지 않을까 싶다.

먼저 청허휴정(淸虛休靜, 1520~1604)의 <낙산사 방장에 쓰다(題洛山寺方丈)>(청허집 권1)부터 읽겠다.

임자년(1552) 초가을 어느 달에
멀리 이 선방에 와서 잠시 머무네.
산은 동쪽 땅에 닿아 다했고
바다는 북녘 하늘로부터 드넓구나.
고을이며 마을이 많은 것은 알겠지만
봉래산과 영주는 아직 아득하구나.
창문을 여니 읊조림을 멈출 수 없는데
아침 햇볕이 부상 끝에서 솟아오른다.

壬子初秋月　遠來住此房　山當東地盡　海自北天長
郡邑知多少　蓬瀛又渺茫　開窓吟不耐　朝日出扶桑

　　스님은 삼십대 초반, 원기 왕성한 나이에 낙산사를 찾았다. 아직 전란의 황폐함과는 거리가 먼 시기였다. 그런 탓인지 작품에는 시심이 무르녹아 있다. 칼로 자른 듯이 딱 끊어진 땅과 바다의 경계에 서서 스님은 멀리 동해의 푸른 물결을 굽어보았다. 가까운 곳이 사람들이 살아가는 속세라면 저 먼 곳에는 신선의 고장인 봉래산과 영주가 자리하고 있을 것이다. 차안과 피안의 경계에 스님은 서 있는 것이다. 그 경계에 서서 스님이 무슨 상념에 잠겼는지는 알 수 없지만, 뒷날 국난을 맞아 분연히 떨쳤던 일을 생각할 때 세간과 출세간의 중간 지점에 서 있다는 현실 인식이 있었는지도 모른다.
　　어쨌거나 거대한 자연의 정점에 서서 스님은 울연히 차오르는 마음을 가눌 수 없었다. 방장의 창문을 활짝 열고 밤을 새워 시심을 가다듬고 있는데, 드디어 어둠을 꿰뚫고 아침 햇볕이 물 밀 듯이 사바세계를 적시며 다가왔다. 벅찬 감격보다는 미망(迷妄)에서 개오(開悟)로, 무명(無明)에서 광명(光明)으로 진일보하는 순간을 체험한 생생한 감동이 작품 전체를 감싸고 있는 듯하다.
　　영허해일(暎虛海日, 1541~1609)이 남긴 <다시 낙가산에서 노닐면서(再遊洛伽山)>(영허집 권3) 역시 정갈한 선승의 시심이 청정하게 수 놓여 있다.

　　낙가산 위에 자리한 가람에는
　　가을이 가고 또 봄이 온다.
　　모래톱 갈매기 똥은 먹지 않으니
　　어찌 의상대에 부끄럽겠는가.

바다 하늘 구름은 한결같고
배나무 살구나무가 나란히 꽃을 피웠네.
따로 진정 아리따운 곳이 있으니
고깃배도 달빛 안고 돌아오는구나.

洛伽山上寺　秋去又春來　不食沙鷗矢　寧慚義相臺
海天雲一樣　梨杏樹雙開　別有堪怜處　漁舟帶月回

싱그러운 봄날의 낙산사의 정경을 차분하게 붓끝으로 소묘했다. 제목으로 보아 두 번째 방문이니 들뜬 기분은 많이 가라앉았을 것이다. 다시 보면서 낙산사의 참맛을 느꼈다고나 할 수 있을 것 같다. 물결도 잠잠한 온화한 기후 속에 배꽃과 살구꽃도 활짝 봄날의 모습은 완연히 무릉도원을 연상케 한다. 그런 곳에 또 하나의 별천지가 있으니, 고깃배가 달빛을 맞으며 포구로 돌아오는 정경이 바로 그 곳이다. 낙산사 일대를 이상향의 경지로 끌어올린 작품이라고 하겠다.

용암체조(龍巖體照, 1713~1779)의 <낙가산 의상대에 올라(登洛伽義相臺)>(용암당유고)는 회고조 풍으로 쓰인 시라고 하겠다. 말 그대로 우연히 스치듯 지나가게 된 여정이 아니었나 싶다.

우연히 주장자를 옮기다 낙가루에 이르렀으니
의상 노옹의 누대는 높아 나그네 시름을 씻는다.
스님 가신지 천 년이라 되돌아오시지 않으련만
그저 산 아래 출렁이는 푸른 파도를 굽어보노라.

偶然飛錫洛伽樓　湘老臺高洗客愁
師去千年不夏返　但看山下碧波流

의상 노옹의 누대라던가, 스님 가신 지 어느덧 천 년이라는 말, 그리고 다시 돌아오지 못할 것이라는 표현은 뭔가 아련한 향수를 불러일으킨다. 스님이 이런 심경을 가지게 된 것이 시에서 한 말처럼 객수(客愁) 때문만은 아닐 것이다. 스님이 살던 18세기 불교의 처지가 겹쳐진 감정이 아니었을까 싶다. 수행 공간이나 기도 공간으로보다는 선비 문인들의 유람 공간으로 전락한 낙산사와 의상대의 현실이 스님의 마음을 그렇게 아프게 하지 않았을까? 스님은 그저 고개를 숙여 벼랑 밑으로 출렁거리는 무상한 파도를 굽어볼 뿐이다. 관음보살은 어디 계시고, 그곳으로 스님을 이끌던 청조(靑鳥)는 어디서 찾을 수 있을까, 천 년의 세월이 흐른 지금 과연 우리는 의상이나 원효대사에 부끄럽지 않은 후예로 살아가는 것일까? 아마 이런 생각들을 스님은 했을 것 같다.

특정한 공간을 소재나 주제로 삼아 오랜 기간 많은 작품들이 생산된 경우, 대개 명승고적이 그 대상이 될 때가 많다. 특히 그 가운데에서도 산사와 관련되어 쓰여진 일련의 제영시들은, 굳이 낙산사만이 아니더라도 하나의 작품군을 형성하는 예가 상당할 것이다. 산사의 특성이 자연과 인공이 아름답게 조화를 이루고 있을 뿐만 아니라 부처님과 스님들이 수양하고, 불자들의 신앙생활이 함께 이루어지는 성소(聖所)인 탓에 다양한 미학적 관념과 실상들이 공존하기 마련이다. 어쩌면 우리 한문학사에서 유일하다고도 할 수 있는 사찰제영시(또는 사찰기행시)는 이런 점에서 좀 더 다각도로 조명할 필요가 있고, 그만한 가치와 성과를 기대할 수 있는 연구 영역일 것이다. 문집 속에 실려 있는 무수한 이런 종류의 한시들은 아직도 미답의 영역으로 남아 있다고 해도 과언이 아닐 것이다.

그러나 이런 작품들을 접근할 때 단순히 소재 중심으로만 해설해서는 안 되리라 생각한다. 이 글 역시 그 수준을 벗어나지 못하고 있지만, 궁극적으로는 유불교섭이나, 사찰 조경, 성소의 이미지, 자연귀일의 한 성격, 미학 이론의 완성 등 해야 할 과업들이 산재해 있다. 워낙 불교한문학을 연구하는 인원이 부족한 현실을 생각할 때 결국 희망으로 그칠 염려가 크다. 앞으로 이쪽 분야에 관심을 두고 연구하는 인력들이 많이 배출되길 바라는 마음으로 글을 마친다.

【부록 2】
옛 선비들이 노래한 산사山寺의 아름다움

　불교는 삼국시대부터 우리나라에 들어온 이래 지금까지 민족과 운명을 같이하면서 다양한 문화유산을 남겨놓았다. 그 유산의 풍부함에 굳이 예증을 덧붙일 필요는 없지만, 승려들이 머물면서 수행과 포교 활동에 중심적인 역할을 한 사찰 건물 자체가 지닌 가치도 유산의 일부로써 간과할 수 없다. 사찰은 대개 자연 경관이 수려한 곳을 정해 가람 기능에 어울리는 조경과 짜임을 갖추게 된다. 때문에 사찰은 단순한 수행공간(修行空間)이나 예불공간(禮佛空間)으로서의 기능뿐만 아니라 아름다운 자연과 조화를 이룬 심미공간(審美空間)으로서도 중요한 기능을 하는 것이다.
　사찰은 대개 심산유곡(深山幽谷), 주변에서 가장 경관이 빼어난 곳에 자리하게 마련이다. 삼국시대나 통일신라시대의 경우에는 도시 인근이나 평탄한 지역에도 사찰이 건립된 듯이 보이지만, 고려시대 후반을 거치면서 차츰 산중으로 자리를 옮기는 추세로 바뀌었다. 이는 고려 중기에 발생한 무신의 난(1170)으로 인해 기존의 불교계가 박해를 받았고, 특히 조선시대에 들어 숭유척불책(崇儒斥佛策)이 공공연하게 시행되면서 벌어진 어쩔 수 없는 결과였을 것이다.
　그러나 이러한 사찰의 자리 이동은 단순히 지정학적 이동이라는 의미 이상의 결과를 가져왔다. 그것은 바로 문학 창작의 이상적인 공간으로서 사찰이 등장하게 되었다는 사실이다. 고전시대의 문학이 대개 지식인 사대부를 중심으로 창작층과 향유층이 형성되었음은 주지의 사실이다. 그들이 비록 이념상으로는 유학(儒學)을 앞세워 이단으로서 불가(佛家)를 멀리한 듯 보이지만, 치자(治者)이면서 문예인(文藝人)이었던 그들의 심미안 속에 사찰의 풍부한 심미적 잠재력이 도외시되지는 않았을 것이다. 그런 가정을 증명하듯이 시대의 원근을 막론하고 사대부들의 문집을 들춰보면 누구에게나 상당량의 사찰 관련 한시들이 담겨 있는 것이다.

이렇게 많은 사찰제영시들이 문집에 남았다는 사실은 그들이 얼마나 빈번하게 사찰을 찾았는가를 증명한다. 물론 신앙적인 이유 때문에 찾은 이도 적진 않겠지만, 그보다는 사찰이 아우르고 있는 자연 공간이 지닌 미덕에 더 큰 이유가 있었을 것이다. 예부터 명승지의 목록을 엮을 때 명산대찰을 함께 꼽는 것처럼 명승지와 사찰은 아주 돈독한 친연 관계를 유지했던 것이다.

본고는 그런 사찰과 자연의 조화를 노래한 한시 작품을 읽으면서, 이러한 한시 작품군인 사찰제영시에 담긴 자연미의 현현 양상을 살펴보려고 한다. 다만 좀 더 이론적 논의가 필요한 탓으로 '자연미' 자체보다는 작품 속에 담긴 자연의 의미를 살펴보는 일에서 접근을 시도하고자 한다. 이 글에서 다뤄지는 작품은 고려시대 시인의 작품으로만 한정되어 있다. 이는 차후 조선조 문인들의 그것과 비교해보려는 의도가 담긴 것이다.

사찰입지(寺刹立地)의 묘사

사찰하면 가장 먼저 떠오르는 것은 사찰 주변의 아름다운 경관이다. 그만큼 사찰과 자연은 가깝게 접해 있으면서, 서로의 가치를 높여준다. "만물 모두에게 부처가 될 씨앗이 있다"고 했던 경전의 말처럼, 만물은 바로 자연에 다름 아니다. 자연의 아름다움은 자체로 천부적인 것이지만, 사람의 그윽한 손길과 조화롭게 만났을 때 더욱 빛을 발하게 된다. 사찰의 가람 배치가 자연을 거스르지 않고, 자연을 좇아 이루어졌다는 점에서 사찰은 자연에게 더욱 밝은 빛을 주는 대상이 되는 것이다. 고려시대 시인들의 눈에도 이러한 가람의 자연 친화적인 배치와, 그런 배치가 주는 아름다움을 외면하지는 못했을 것이다. 이어지는 네 편의 작품은 바로 그러한 시인의 눈에 비친 사찰 주변 자연의 아름다운 입지를 시화(詩化)한 것이다.

금빛 푸른 누대는 날아오를 듯하고,
푸른 산은 물줄기로 거듭 둘렸네.
햇빛 받은 서리 꽃에는 가을 이슬 내렸고,
구름 엉긴 바다 기운에는 저녁 햇살 흩어진다.
기러기는 떼를 지어 여덟 팔자로 날아가고,
해오라기는 그림으로 그린 듯 나는구나.
미풍도 일지 않아 강은 거울 같으니
길가의 행인이 그림자 대한 채 돌아가네.

金碧樓臺似翥翬　靑山環遶水重圍
霜華炤日添秋露　海氣干雲散夕霏
鴻鴈偶成文字去　鷺鷥自作畵圖飛
微風不起江如鏡　路上行人對影歸 －「감로사(甘露寺)」

이규보(李奎報, 1168~1241)의 작품을 읽고 있노라면 제목을 보지 않고는 그 소재가 사찰임을 알 수 없다. 어느 가을날 바다로 둘러싸인 산천의 저녁 풍경을 소묘해 놓은 작품으로 보아도 좋을 내용이다. 시의 제목이 「감로사」이기에 산사에 펼쳐진 만추(晩秋)의 저녁 풍광을 담은 작품임을 알게 된다. 산 중턱에 우뚝 솟은 누대와 그 아래를 감돌며 흐르는 강물은 사찰의 공간적 위치를 설명해준다. 햇빛에 녹은 서리 때문에 더욱 붉어진 꽃잎 위로 이슬까지 내렸으니 가을날의 청징(淸澄)한 기운이 독자에게도 전해지는 듯하다. 게다가 노을로 뒤덮인 바다의 저녁 경치는 이 사찰의 입지를 더욱 뚜렷하게 설명해준다. 붉은 노을 사이를 떼를 지어 나는 기러기와 점점이 흩어진 하얀 해오라기의 대구 또한 이 시의 의장(意匠)을 더욱 빛나게 만든다. 인위의 흔적을 될 수 있는 대로 멀리한 묘사를 통해 우리는 시인이 찾은 사찰의 입지가 얼마나 자연 친화적으로 짜여 있는가를 실감하게 된다. 이 시가 사찰제영시이면서도 사찰 관련 제재가 한 구에도 등장하지 않은 것도 이 작품이 불교와 관련된 어떤 입장이나 태도를 나타내려는 의도를 갖지 않고 쓰였기 때문이다. 시인의 관심은 사찰이 아니라 사찰을 감싸고 있는 자연인 것이다. 그 자연이 보여주고 있는 '절로 그러함'의 세계를 시인은 노래하고 있으며, 그런 자연의 천진함을 담음으로써 사찰이라는 공간이 가진 심미적 기능을 시인은 말하고 있는 것이다.

이어지는 임춘(林椿, ?~?)의 작품 역시 사찰을 노닐면서 우러난 감상을 읊은 것이다.

산길은 험하고 거친 데다 우뚝하여
두 손을 더위잡고 허덕이며 오른다.
가도 가도 사람은 만날 길 없고
고목만 저물녘 안개 속에 푸르네.
구름 속에 홀연히 골짜기가 열리는데,
골짜기는 낮고 밝아 또 다른 한 세상이로다.
사람 거처 아득한데 누각이 모여 있어

높은 다락 밟아 오르니 푸른 하늘 반이로다.
처마 끝은 벼랑에 닿아 천리 낭떠러지요,
난간 따라 흐르는 폭포 삼백 척 길이일세.
때로 놀란 새가 푸른 깃털 떨구며 나니,
인간 세상 나그네에게 익숙하지 않은 탓이지.
저녁 빛 어둑해지자 산문도 이내 닫히고,
하늘거리는 소나무 그림자 황혼에 달빛일세.
절간의 스님네는 눈썹이 눈처럼 하얀데,
말없이 뜰을 쓸다가 나더러 쉬었다 가라네.
이 선경이 다시 오려도 길 잃을까 염려되니
은근히 말을 돌려 흐르는 세월에 붙이노라.

山徑險巉屼　兩手勤追攀　行行不逢人　古木昏蒼烟
忽得雲邊開一洞　洞裏平明別有天
人居縹緲多樓閣　步上高樓半空碧
當簷絶壁一千尋　灑檻飛流三百尺
時見驚禽落翠毛　只應不慣人間客
晩色蒼然正掩門　婆娑松影月黃昏
上方釋子眉如雪　靜掃中庭留我歇
仙境重來恐易迷　慇勤廻語題歲月　－「유지륵사(遊智勒寺)」

　임춘은 사찰 주변의 자연 공간을 또 다른 차원으로 승화시켜 이상향 (理想鄕)의 경지로 노래하고 있다. 이 작품을 읽으면 도연명(陶淵明)의 <도화원기(桃花源記)>가 절로 연상되는데, 작품의 결구(結構)가 그것과 닮아 있기 때문이다. 험한 산을 힘겹게 올라보니, 인기척은 전혀 없고 오래 묵어 쓰러진 나무만 눈에 띄었다. 자욱한 구름에 가려 아무 것도 보이지 않더니, 구름이 걷히자 마침내 아담한 사찰이 눈에 들어왔다. 누각의 반은 하늘에 닿아 있고, 그 아래로는 까마득한 벼랑이며, 흐르는 물줄기는 폭포수처럼 하얗게 부서져 구름 속으로 사라진다. 새들조차 외지 사람의 방문에 소스라치게 놀라는 그런 오지의 절집에서 시인은 평화로운 자연 속에서 낯선 침입자로 선 자신을 깨닫게 된다. 해가 지는가 싶더니 벌써 달빛이 소나무 가지를 비추는 밤이 되었다. 이러지도 저러지도 못하는 그에게 뜰을 쓸던 스님이 하룻밤 쉬어가라며 빈방을 내어준다. 그제야 시인은 이곳이야말로 신선의 고을, 바로 선경(仙境)임을 알게 된다. 자연의 구경(究竟)이 바로 선경임을 간파하는 데 사찰은 중요한 기능을 담당한다. 시인이 이 가파른 산길을 헤치고 험준한 언덕을 넘은 까닭은 바로 그곳에 절이 있기 때문이었다. 자연과 어우러져 살면서 새들조차 눈에 익어 공존하는 인공조형물인 사찰과 그 사찰에 몸을 깃들인 승려는 이미 인위적인 대상이 아니다. 바로 자연과 혼연일체가 된 상태에 놓여 있는 또 하나의 자연인 것이다. 이러한 자연입지는 사찰만이 제공해주는 아름다움이라고 할 수 있다. 세월이야 아무리 흘러도 바쁜 일 하나 없이 유유자적하게 살아가는 자연의 덕성(德性)과 그 한가롭고 고요한 마음을 시인은 배우고 싶은 것이다.

다음 이제현(李齊賢, 1287~1367)의 작품도 역시 사찰의 아름다운 자연입지를 그리고 있다.

예부터 도솔천의 웅장한 경치 들었더니
오늘 봉래산 기상이 한가함을 보는구나.
천 걸음 회랑은 바닷가로 이어졌고,
백 층 높이 누각은 뜬 산을 둘렀도다.
시름 잊은 해오라기는 종소리에 잠들었고,
부처님 말씀에 깨친 용은 탑 그림자에 서렸다.

난간 앞에 걸터앉으니 저물녘 어부가 들리고,
비단 물결은 쓸어낸 듯 일고 달은 굽었구나.

舊聞兜率莊嚴勝　今見蓬萊氣像閑
千步回廊延漲海　百層飛閣擁浮山
忘機鷺宿鐘聲裏　聽法龍蟠塔影間
雄跨軒前漁唱晚　練波如掃月如彎　-「금산사(金山寺)」

첫 연에서부터 시인은 대뜸 두보(杜甫)의 시에서 의장(意匠)을 빌려온다.[「登岳陽樓」昔聞洞庭水 今上岳陽樓] 도솔천은 미륵보살이 산다고 하는 정토(淨土)의 공간이고, 봉래산은 신선이 산다고 하는 동해 한가운데의 산이다. 이는 이 시의 소재인 '금산사'의 자연 입지를 정토와 선경(仙境)의 차원으로 끌어올리려는 시인의 의도가 담긴 것이다. 절의 한 쪽은 바다에 닿아 있고, 또 한 쪽은 산으로 이어져 있다. 미물인 해오라기며 신물(神物)인 용이 잠들고 깃들이는 곳이기도 하다. 게다가 난간 앞으로는 어부의 한가로운 노랫가락이 울려 퍼지고, 멀리 잔잔한 바다 물결과 활처럼 굽은 초승달의 그윽한 달빛이 사방에 젖어 있다. 한마디로 우주의 삼라만상이 모두 한 눈 자연 속에 모여 있는 셈이다. 그런 자연 안에 사찰이 자리하고 있다. 자연이 바로 사찰이면서, 사찰이 바로 자연이라는 평범치 않은 깨달음이 이 작품 속에는 녹아 있다.

게다가 이 사찰은 규모 면에서 보더라도 여느 절과는 같지 않다. 천 걸음으로 이어지는 긴 회랑과 백 층 높이의 탑이 비록 과장이라고 해도 상당히 웅장한 외형을 자랑하는 사찰임은 분명하다. 그러면서 사찰의 위용은 그러한 외적인 크기에서만 나오지 않는다고 시인은 주장한다. 해오라기가 '망기(忘機)'의 경지에 들고 서린 용이 '청법(聽法)'을 하는 영험함이 전제되었기에 사찰은 그 존재 가치가 높아지는 것이다.

끝으로 이숭인(李崇仁, 1349~1392)의 작품을 살펴보자.
산 북쪽 산 남쪽 가는 길은 갈렸는데
송화는 빗물 머금어 어지럽게 떨어진다.
스님은 샘물 길어다가 띠집으로 돌아가니
푸른 안개 자욱한 가운데 흰 구름이 들어선다.

山北山南細路分　松花含雨落繽紛
道人汲井歸茅舍　一帶靑烟染白雲 -「제승사(題僧舍)」

산에 두 길이 나 있는데, 한 길은 세간(世間)으로 이어질 것이고, 한 길은 출세간(出世間)으로 이어져 있다. 그런 갈림길에서 스님을 만났는데, 그는 샘물을 길어 절간으로 돌아가는 중이었다. 그 길은 북쪽 길이었을까 남쪽 길이었을까. 그러나 이런 생각 자체가 이미 세속적이다. 스님이 살고 있는 작고 누추한 띠집은 송화 가루가 흩날리고 비 뿌리면 빗물이 새는, 푸른 안개와 흰 구름이 무시로 드나드는 곳이다. 사람이 지혜를 짜내어 좀 더 편리하게 살 수 있게 만들어진 그런 '집'이 아니라 자연과 사람이 어우러져 근심 없이 한적하게 살아가는 그런 '곳'이다. 산 중턱 어디쯤 그냥 주어진 대로 꾸밈없이 있는 띠집, 그런 자연 공간에 자리한 사찰의 모습을 이 시는 노래하고 있는 것이다.

이렇게 네 편의 작품은 모두 사찰을 소재로 하여 창작되어 있지만, 정작 사찰은 시상(詩想)의 흐름에서 주변에 머물고 있다. 사찰을 노래했음에도 사찰은 그 안에 없는 것이다. 대신 그 안에는 자연의 이런 저런 현상들이 들어서 있다. 사찰은 따로 있는 것이 아니라 자연 속에 있다는 사실을 이 작품들은 말해주면서, 아울러 사찰을 둘러싼 자연이 얼마나 사찰의 풍광을 잘 대변할 수 있는지를 보여준다. 우주의 모든 피조물들이 욕심 없이 어우러져 살아가는 무욕계(無欲界)로서의 사찰, 그 사찰을 내포하는 자연의 청정(淸淨)한 아름다움을 우리는 이런 작품들을 통해서 만날 수 있는 것이다.

탈속(脫俗)의 공간

사찰은 승려에게 있어서 수행 공간이다. 그런데 유가의 선비들에게 있어서도 사찰은 비슷한 기능을 하기도 한다. 물론 그들이 불법(佛法)을 익히기 위해 사찰을 찾는 경우는 드물겠지만, 과거 공부를 위해서든 심신 수양을 위해서든 사찰은 그들에게 알맞은 장소로 자리하였다. 이런 저런 이유로 사찰을 찾은 그들에게 수양인(修養人)으로서의 승려의 모습과 그에 걸맞은 사찰의 의미는 단순한 명승지를 찾는 의미와는 달랐을 것임에 분명하다. 또한 유가의 산수관(山水觀) 속에 강호가도(江湖歌道)하고 안빈낙도(安貧樂道)하는 정신적 지향이 자리하고 있었던 만큼 사찰과 그 주변의 자연 공간은 세속의 번잡함을 벗어나 또 다른 세계와 만나는 신성한 장소로 다가갔을 개연성은 얼마든지 있다. 아래 네 편의 작품을 통해 그 편린을 확인하고자 한다.

실낱 길 구불구불 푸른 산으로 이어졌고,
절간 묻기도 번거로워 스님 좇아 들어섰네.
산에 닿자 비로소 맑은 시냇물 소리 울리니
인간 세상 온갖 시비를 빻아 날리는구나.

線路縈紆接翠微　不煩問寺逐僧歸
到山才聽淸溪響　舂破人間百是非 -「유영통사(遊靈通寺)」

첫 번째 작품은 이규보의 것이다. 세상을 살면서 무슨 고민이 있었는지 시인은 훌쩍 자리를 박차고 산길로 접어들었다. 구불구불 이어진 산길은 아스라이 푸른 산 너머로 이어졌는데, 귀동냥으로 들은 산사를 찾아 나섰다. 그곳이 어딘지 모르는 그로서는 물어 갈 수밖에 없는 길이었지만, 그 또한 구차한 일이었다. 그저 앞에 스님 한 분이 걸어가기에 뒤좇아 가는 것으로 목적지를 가늠하는 것이다. 스님이 가는 곳이 산사밖에 더 있겠는가. 과연 그는 산길로 접어들어 어느 사찰로 들어섰다. 물론 시인은 산사에 닿았다는 말은 밝히지 않는다. 그저 맑은 시냇물 흐르는 소리만 귓전을 울린다고 넌지시 표현할 뿐이다. 사찰을 감돌아 흐르는 시냇물 소리로 그는 산사의 아름다운 경관을 모두 설명하였다. 더구나 그 물소리로 하여 인간 세상의 온갖 시빗거리도 함께 날아 가버렸다. 표현도 재미있어서 '용파(舂破)', 즉 절구로 빻아 없애듯이 깨뜨렸다고 하였다. 한 줌의 재처럼 날아 가버린 세간의 시빗거리를 너무나 실감나게 비유한 구절이다. 시냇물 소리라는 자연의 음향으로 하여 시빗거리라는 인공의 소음이 말끔히 씻겨나간 것이다. 마치 최치원(崔致遠)이 세상의 시비 소리가 들릴까 두려워 흐르는 물줄기를 모두 모았던 것처럼, 이규보 역시 산사의 자연 경관을 통해 고된 일상사로부터 벗어난 기쁨을 얻었던 것이다. 그런 탈속의 상쾌함이 나온 까닭은 직접적으로는 신성 공간인 사찰 경내에 들어선 탓이겠지만, 넓게 보자면 사찰이 자연과 일체화된 상태였기 때문이라고 보아야 할 것이다. 세사에 찌든 몸과 잡념을 버리고 산사 자연에 묻혀 숨어살고 싶은 시인의 희망이 작품 속에 잘 갈무리되어 있는 것이다.

이어지는 작품은 이색의 것으로, 역시 이규보의 심상과 닿아 있는 시인의 희망이 녹아있다.

금종사 다락이야 애초 좋아했더니
금종사 나무도 더욱 사랑스럽구나.

주렴 걸린 창살에는 빈 하늘이 걸려있어,
아침저녁으로 안개 연기 피어나네.
우러러 보니 붉은 해는 비껴 지나고
내려다보니 나는 구름이 흘러 떠간다.
게다가 그윽한 시내 소리 들리니
기이한 흥취가 아련히 떠오른다.
진실로 아득한 곳을 좇아 찾을 만하니,
곧바로 가물한 밭에 가 닿고 싶어라.
비웃노라, 저 산 아래 어리석은 사람들,
세상의 티끌을 흰 깃에 묻히는구나.
머리에 꽂은 비녀를 손으로 문지르니
또한 다시 마음으로 자신을 돌아봄일세.

已愛金鍾樓　更愛金鍾樹　簾櫳懸虛空　朝夕生烟霧
仰看赤日避　俯見飛雲度　況聞幽澗泉　悠然發奇趣
眞堪追冥搜　直欲到玄圃　笑彼山下人　紅塵吹白羽
摩挲頭上簪　亦復內自顧
 ―「하일여제공유금종사 2수(夏日與諸公游金鍾寺二首) 1」

　여름날 여러 친구들과 함께 금종사에 올라 느낀 소회를 담고 있다. 작품은 전반적으로 금종사를 둘러싼 자연의 아름다움을 노래한 뒤, 신선향(神仙鄕)에 닿고 싶은 시인의 마음을 그리는 쪽으로 이어진다. 높은 다락에 올라 조망하는 자연 산하의 아름다운 풍경과 시절에 맞춰 잎새 돋고 꽃 피며 열매 맺고 단풍 드는 한 그루의 나무에서조차 그는 애정을 느낀다. 눈에 들어오는 모습 하나 하나가 모두 시인의 시상(詩想)을 일깨우는 것이다. 그러나 신선 취향은 도피적이라는 혐의가 짙기 때문에 탈속과는 다소 차원이 다르다고 할 수 있다. 그것은 은일(隱逸)이기보다는 은둔(隱

遁)에 가까운 태도다. 시인은 결코 세상과 완전한 등 돌리기를 원했던 인물이 아니었다. 그러기에 시인은 뭔가 미진함을 느끼고 저 산 아래에서 고달픈 인생을 살아가는 사람들의 어리석음을 말한다. 다들 신선의 고장으로 가겠다고 말들 하지만, 결국 따져보면 티끌세상 속에서 허덕이는 존재에 불과하다는 넋두리다. 그러나 그 호소는 자신에게도 여전히 유효한 것이다. 벼슬길에서의 한 줌 명예를 버리지 못하고 연연해하는 자신의 모습을 반추하면서 시인은 더욱 깊은 자기반성에 잠기는 것이다. 산사를 둘러싼 아름다운 자연 경관을 마주함으로써 탈속에의 꿈은 비로소 시인의 의식 밖으로 유출되어 나오고 있다.

이어지는 작품 역시 이색(李穡)의 것이다.

세상 피해 그 누가 새 짐승과 함께 살꼬,
자고 먹으며 초가집 살이 꺼릴 게 없네.
마음에는 다시 세속을 담을 곳 없으니,
손안에 낚싯대 있어 고기 낚을 만하구나.

避世誰從鳥獸居　不妨眠食寄精廬
心中無地更容俗　手裡有竿還可漁 －「제도미사(題道美寺)」

이 시는 쓰여지게 된 사연이 좀 복잡하다. 제목에 자세히 나와 있지만, 둔촌(遁村) 이집(李集)이 보내온 작품에 차운하여 엮은 것인데, 위 작품은 이집의 <도미사병중잡영(道美寺病中雜詠)> 가운데 첫 번째 작품[江頭野寺似村居 久寓還疑是我廬 獨坐不愁無伴侶 往來荒徑有樵漁]의 운에 맞춰 지은 것이다. 이집은 젊은 시절 신돈(辛旽)의 행패를 비판하다가 고초를 겪은 뒤부터 세상사에 뜻을 잃고 숨어산 인물이다. 어쩌면 전형적인 고려 말기 은일지사(隱逸之士)의 한 사람이라고 할 수 있는 사람이다. 그런 사연을 염두에 두면서 이 작품을 읽으면 시인의 의도가 한결 쉽게 읽혀진다. 세상을 피해 자연과 벗하면서도 마음으로는 성긴 밥, 누추한 살림살이에 거리낌이 있다면 이는 진정한 숨어삶[隱逸]이 아니라고 시인은 생각한다. 세상사를 한 치도 담지 않을 마음가짐과 제 분수를 지킬 줄 아는 도량이 있을 때 그것은 가능하다고 본다. 그만한 그릇이 누구인가 하면 바로 이집이라는 복선이 이 작품에는 전제가 되어 있다. 그러나 그런 지향은 이집의 것만이 아니라 시인 자신의 것이기도 하다.

물론 이 작품은 시인이 직접 사찰을 유람하면서 환기된 감정을 시화한 경우는 아니다. 그러나 원운(原韻)의 시를 읽어보면 차운시의 심상도 이해할 수 있게 된다. 이집은 원시에서 산사에 오래 머물다 보니 절간이 내 집 같고, 벗할 만한 사람 없다고 근심치 않는다고 하면서, 거친 길가의 나무꾼과 어부가 바로 나의 반려자라고 노래하고 있다. 이미 세간과 출세간의 경계까지 무너뜨린 탈속의 깊이가 진솔하게 노래되고 있다. 이런 점에서 이색의 차운시 역시 궤를 같이한다고 하겠다.

마지막으로 이숭인(李崇仁)의 제영시를 살펴보기로 하자.

천 구비 돌길은 시냇물 따라 이어지고,
금빛 푸른 햇살은 산봉우릴 내리 비친다.
절간 창에 어린 기운 생각으로 풀 길 없고,
벼슬길에 눈먼 세월 부끄러워 미안하구나.
굽이굽이 구름 안개 세상일 없어졌고
뜰 가득한 소나무 대나무 도심은 한가롭다.
해 저물어 돌아가려니 지팡이에 의지하니
수풀 너머 코 앞이 바로 인간 세상일세.

千回石徑壓潺湲　金碧相輝照翠巒

禪窓氣味思難得　宦路馳驅愧未安
萬壑煙霞塵事少　一園松竹道心閑
日暮欲歸還倚杖　隔林咫尺卽人寰 ―「제승사(題僧舍)」

산사를 찾아가는 발길이 절간으로 가까워질수록 '진사(塵事)', 속세의 먼지 같은 일들은 줄어든다고 시인은 직설한다. 부처의 가피력(加被力)인 듯한 따스한 햇살을 맞으면서 걷는 산길은 푸름으로 가득하고, 사찰 경내에 심어진 소나무며 대나무에는 가지마다 마디마다 도심(道心)이 깃들어, 보는 이의 마음을 한가롭게 만든다. 시인은 오랜만에 물욕에 빠져 지은 번뇌의 도가니에서 잠시 벗어나 심신의 휴식을 얻는 것이다. 그래서 기왕이면 요사채 공부방에 앉아 선정 흉내도 내보지만 득도의 길은 생각만으로 이뤄지는 것은 아니다. 해가 떨어졌다고 세속으로의 발길을 재촉하는 마음으로야 '진사'가 걷혀졌다고 자랑할 게 못되는 것이다. 그제야 시인은 자신의 짧은 식견을 뉘우치게 된다. 천 구비 돌길을 거쳐 온 산사에의 행로가 갑자기 지척 너머 가까운 거리가 될 수는 없다. 그 거리는 지리적 거리가 아니라 마음의 거리를 뜻한다. 마음이 저자에 가 있으면 천리로 떨어져 있다 해도 산사는 시끄러운 저잣거리일 뿐이다. 자연과 산사의 풍광에 도취되어 잠시 달관과 탈속의 기분에 취해보지만, 마음의 짐을 벗어 던지지 않고서는 진정한 달관도 탈속도 없다는 사실을 시인은 지적하고 있는 것이다.

　부침(浮沈)이 심한 세파를 겪으면서 사는 것은 시인이라고 다를 바 없다. 더구나 사대부 문인이라면 그 책임감으로 인해 더욱 세상사의 번뇌가 깊었을 것이다. 그런 번뇌의 정점에서 찾아간 사찰은 유상공간(遊賞空間)으로서의 자연과는 다른 의미의 자연 공간을 시인에게 제공한다. 네 편의 작품에서 시인들은 세간에서는 얻지 못한 심리적 편안함을 사찰이라는 자연 공간에서 얻고 있다. 그것이 '미안(未安)'한 감정이든 '자기비하(自己卑下)'의 정서이든 시인은 자신의 영혼을 마지막으로 둘 거처로서 사찰과 자연을 머릿속에 그리고 있는 것이다. 자연과 사찰이 환기시켜준 이완된 감정이 작품 속에 잘 승화되어 있다고 하겠다.

물아일체의 선열(禪悅)

승려가 수양 생활을 하면서 얻게 되는 최고의 열락(悅樂)은 바로 개오(開悟)의 순간에 느껴진다. 그것은 오랜 각고의 시간을 보내고도 얻기 어려운 것이기도 하다. 사대부 문인들이 사찰을 찾는 빈도와 시간이 많아질수록 그들은 승려가 보여주는 삶과 세계에 대한 남다른 자세에 경이감을 느꼈을 것이고, 그 원인과 방법에 대해 나름대로 해답을 찾았을 것이다. 물론 꼭 의도적인 접근은 아니라고 해도 성소(聖所)로서 사찰이 보여주는 신비감과 각자(覺者)로서 승려가 보여주는 비범성은 시인들의 관심의 대상이 아닐 수 없다. 아래 네 작품은 그런 관심에 대한 사대부 문인들의 호기심과 각성의 과정을 담은 경우라고 하겠다.

먼저 이규보(李奎報)의 작품부터 살펴보자.

절간은 묵었어도 산은 외려 푸르고
스님은 도가 높아 땅도 절로 맑구나.
들판 구름은 비를 잔뜩 머금었는데
솔바람 소리가 가을을 재촉하네.
떨어지는 햇살은 까마귀 위로 빛나고
흩어지는 노을은 집오리 너머로 밝구나.
시인에겐 아직도 옛 습관이 남아있어

나뭇잎을 따다가 그윽한 정을 그린다.

寺古山猶碧　僧高地更淸　野雲含雨意　松籟僭秋聲
落日鴉邊耿　殘霞鶩外明　詩人餘習氣　摘葉寫幽情
-「제봉두사(題鳳頭寺)」

유서 깊은 사찰과 도력(道力)이 높은 대덕(大德)은 산과 땅으로 비유되어 푸르고 맑다며 시인은 말문을 연다. 그리고는 구름과 솔바람 소리며 노을과 날짐승들의 행진이 이어진다. 함련(頷聯)과 경련(頸聯)에 표현된 자연 현상은 지극히 당연한 현상을 노래한 것이다. 당연한 일이 당연하게 일어나는 세상이 바로 선오(禪悟)한 세상임을 시인은 암시하는 것이다. 한 승려가 득도한 힘이 지상의 만물을 온통 맑게 변하게 만든 원동력이 되었다. 시인은 아직 그 깨달음의 깊이와 기쁨을 맛보지 못한 상태이지만, 자연 물상의 떳떳한 모습을 보면서 이를 추체험한다. 그는 여전히 속기를 버리지 못한 세속의 시인이기에 그 흥취를 문자 속에 담고자 나뭇잎 한 장을 들어 그윽한 정취를 그리려는 흉내를 내는 것이다. 이 흉내내는 시인의 태도에서 우리는 그가 선열(禪悅)의 핵심에까지는 가지 못했다 해도 이미 비범한 선적 체험이 있었음을 감지할 수 있는 것이다. 물아일체(物我一體)가 되어 나와 남의 경계를 허물어버린 그의 마음은 다른 작품의 한 구절 "나와 희롱해도 노니는 물고기야 피하지 마라, 연못가 늙은 이가 어찌 꼭 어부겠는가."에서도 읽을 수 있다. 이규보의 선불교에 대한 조예는 이미 다른 연구자에 의해 검증된 만큼 굳이 부언할 필요는 없겠지만, 이런 한 두 편의 작품을 통해서도 선취(禪趣)의 깊이를 확인할 수 있는 것이다.

이어서 이곡(李穀, 1298~1351)의 작품을 읽기로 하자.

새벽안개에 발걸음 앞을 구분하기도 어렵더니
해 뜨자 맑고 밝아 하늘 용에게 감사한다.
구름 두른 산은 멀리 서남북으로 펼쳤고,
눈에 우뚝 솟은 봉우리는 만 이천 개로다.
한눈에 진면목을 알아챌 수 있으니,
여러 생의 좋은 인연이 이제야 결실 맺었네.
저물어 절집에 와서 하룻밤을 묵으니
시냇물이며 솔바람 소리 모두 선정(禪定)이로다.

曉霧難分跬步前　日高淸朗謝龍天
雲連山遠西南北　雪立峯攢萬二千
一見便知眞面目　多生應結好因緣
晩來更向蓮房宿　溪水松風摠說禪 -「숙장안사(宿長安寺)」

　개오(開悟)의 과정을 시적 의장으로 묘사한 점이 돋보이는 작품이다. 안개가 자욱해 발걸음 디디기조차 조심스러워하는 장면은 깨우침에 이르기까지의 혼돈과 염려를 비유한 것이다. 이윽고 해가 뜨고 구름 안개가 걷히자 비로소 밝은 세계의 진면목이 눈에 가득 찬다. 구름을 끼고 아득히 이어지는 산등성이며 눈 덮인 우뚝한 봉우리가 빠짐없이 시야에 잡히는 것이다. 안개로 뒤덮였을 때 자연은 미망(迷妄)의 공간이지만, 깨침의 순간을 겪고 나면 그곳은 법열(法悅)의 공간으로 탈바꿈하게 된다. 같은 자연도 마음이 어떻게, 어떤 과정을 거쳐 받아들이는가에 따라 이렇게 깊이와 넓이가 달라질 수 있음에 시인은 감격스러워 한다. 그야말로 "산은 산이요, 물은 물"이라는 그 평범한 언어 속에 깃들인, 미망과 법열의 차이를 시인은 깨닫는다. 그리고 자연의 아름다움이 일만 이천 봉우리가 어우러져 일궈내듯 오늘의 깨달음도 찰나적인 결과가 아님을 분명히 한다.

오랜 숙생(宿生)의 인연을 밟고 밟아 오늘날 결실을 맺은 것이다. 이런 깨달음의 과정을 건너온 시인의 눈과 귀에 보이고 들리는 자연 물상은 이미 세속의 비근한 물상일 수 없게 된다. 그 음성과 형상은 바로 선오(禪悟)의 깊은 진리를 노래하는 자연의 음악 소리로 시인의 마음에 던져지는 것이다.

이어지는 이색의 시는 아직 선오에 들지는 못했지만 그 방법론을 모색하는 시인의 성찰 태도가 드러난 작품이라고 할 수 있다.

지난날 산수를 향하지 못해 못내 아쉽더니
세월 늦고 길 막히자 마음이 절로 볶이는구나.
험한 시절에 자취 숨김은 천명 있음을 앎인데,
몸을 복된 땅에 두려 해도 전혀 길이 없구려.
산 중턱 탑 그림자는 해 가운데 우뚝 섰고,
달을 치는 풍경 소리는 바람결에 들려온다.
베 버선이며 푸른 신을 만약 가릴 수 있다면
뜰 앞 잣나무에게 참선법을 물으련만.

當年恨不向林泉　歲晚窮途內自煎
晦跡危時知有命　致身福地却無緣
半山塔影日中立　搖月磬聲風外傳
布襪靑鞋如可辦　庭前栢樹問參禪 －「억산사(憶山寺)」

그는 산수 자연의 무욕무념(無欲無念)의 경지 속으로 돌아가기를 마음 깊이 꿈꾸고 있다. 그러나 그는 그 기회를 번번이 놓친 채 답답한 세상살이에서 헤어나지 못한다. 연이은 핍박 속에서 고통을 견디지 못하면서도 그는 끝내 세간을 버리지 않는다. 위험한 시대에 자신을 숨기는 일이 현명한 처사이긴 하지만, 시인은 자신에게 내려진 하늘의 뜻이 무엇인지 알고 있는 것이다. 그러므로 '복지(福地)'를 향해 몸을 던지고 싶어도 인연이 닿지 않는다며 자탄에 빠진다. 그런 번뇌에 젖은 마음에 좌표인양 한낮 사찰에 드리워진 탑 그림자와 경종을 울리듯 들려오는 달밤 산사의 풍경 소리는 더욱 시인의 마음을 어지럽힌다. 포의로 살면서 무욕무념의 경지에 드는 것이 옳은 태도인지, 벼슬자리를 지키면서 광정보국(匡正輔國)의 길을 걷는 것이 옳은지 시인은 갈피를 잡지 못한다. 그 커다란 의단(疑團)을 잡아 뜰 앞의 잣나무에게 해답을 묻겠다고 했다. 당나라의 고승 조주종심(趙州從諗)에게 제자가 '불법하처재(佛法何處在)', 즉 "부처님이 가르친 진리는 어디에 있는가?"고 묻자 "뜰 앞의 잣나무다"라고 대답한, 유명한 선공안(禪公案) 한 자락을 들어서 번뇌의 가닥을 풀겠다는 의지를 표명한 것이다. 정전백수자(庭前栢樹子)라는 대단히 고양된 자연 이미지를 빌려와 선열의 기쁨을 체득하지 못한 자신을 책망하는 것이다.

이어지는 이숭인의 한시에서는 이미 선오에 들어 출출세간(出出世間)의 경지에 든 시인의 마음자락이 잡히고 있다.

넝쿨 옷에 색 바랜 누더기 이미 몸을 잊었거늘
도를 깨친 요즈음에는 부처님 말씀도 하찮구나.
선정 방석에 떨어지는 꽃에 봄은 적적하거니.
솔바람 소리 빗소리 들리는 날 다구를 꺼내든다.

蘿衣白衲已忘形　悟道年來輟誦經
禪榻落花春寂寂　松風和雨出茶餠 -「제신효사담선방(題神孝寺湛禪房)」

이 작품은 거의 선시적(禪詩的) 비유법이 동원되고 있다고 해도 좋을 정도로, 선(禪)과 속(俗)의 경계를 훌쩍 뛰어넘고 있다. 승려로 따진다면 '오도송(悟道頌)'에 해당할 만한 작품인 것이다. 게송(偈頌)의 하나인 오도송은 물론 종교적인 깨달음의 순간을 시적인 방편을 빌려 표현한 것이긴 하지만, 의미의 함축성과 뛰어난 자연 묘사 때문에 시가(詩家)에서도 고수의 기법으로 인정받고 있다. 절간의 선방에 앉아 참선 공부에 전념하던 시인이 어느 날 깨달음을 얻었다. 헤진 옷에 누더기를 걸쳤어도 몸의 누추함을 모르니 깨달은 경지로 따지자면 결코 얕다고 할 순 없다. 그 '망형(忘形)'의 경지에서 문득 눈에 들어온 꽃잎 하나, 거기에서 시인은 봄 한 철의 적적함을 알게 된다. 그 적적함이란 번뇌를 털어 낸 사람만이 느낄 수 있는 심경이다. 한 줄기 마음의 동요도 일으키지 않는 마음의 적적함을 꽃잎 하나가 대변한다. 일체무상(一切無常)을 깨달은 그에게 있어 경전 공부도 헛된 짓일 뿐이다. 하찮은 말장난이야 내팽개쳐 버린 뒤, 시인은 솔바람 소리를 마주 하면서 빗소리를 화음 삼아 차 한 잔의 선미(禪味)에 빠져드는 것이다. 앞에서 본 같은 시인의 작품이 아직 깨침에 이르지 못한 중생의 노래였다면, 이 시는 완연히 각자(覺者)의 노래에 가깝다. 오도의 순간을 '꽃잎'과 '솔바람 소리', '빗소리'라는 자연 이미지에 담아내는 시인의 재간은 이미 시적 기교의 상태를 넘어선 것으로 보아도 좋을 것이다.

　이처럼 네 편의 한시는 선적 깨달음의 기쁨을 자연 이미지 속에 담아 표현하고 있다. 위 작품들의 작자들은 물론 선수행(禪修行)을 직접 경험한 사람들은 아니다. 그러나 그들은 사찰을 찾고 선승들과 교유하면서 다양한 선적 분위기를 접할 기회를 얻었고, 이런 기회는 그들로 하여금 자연 이미지로 여과된 선열(禪悅)의 깊이를 문학 작품 속에 담게끔 만들었던 것이다.

찾아보기

ㄱ

가사(歌辭) 66
가상대사(嘉祥大師) 297
가타(伽陀) 25
간폐석교소(諫廢釋敎疏) 163
간화선(看話禪) 27
감로사(甘露寺) 55
감로암(甘露庵) 67
강월헌(江月軒) 84
강호가도(江湖歌道) 152
강희안(姜希顔) 222
개선사(開善寺) 297
견우(見牛) 77
견적(見跡) 77
경기체가(景幾體歌) 108
경덕전등록(景德傳燈錄) 27
고루가(枯髏歌) 86
고분가(孤憤歌) 40
고사관수도(高士觀水圖) 222
고산사(鼓山寺) 293
고선(枯禪) 273
고집멸도(苦集滅道) 291
고체가(枯體歌) 67

공부선(功夫選) 85
곽암(廓庵) 77
곽종석(郭鍾錫) 315
관각대수(館閣大手) 242
관음성지(觀音聖地) 303
광지(廣智) 67
괴승(怪僧) 117
구마라즙(鳩摩羅什) 15
구사맹(具思孟) 311
구암사(龜巖寺) 279
국청사(國靑寺) 24
권오송(勸悟頌) 113
권학문(勸學文) 80
금강경(金剛經) 17
금강경찬(金剛經贊) 39
금강대(金剛臺) 156
금란굴(金蘭窟) 303
금산사(金山寺) 149, 164
기어자홍(騎魚慈弘) 236
기우귀가(騎牛歸家) 77
길재(吉再) 82, 110
김상복(金相福) 214
김세필(金世弼) 309
김응손(金應孫) 260

김정희 269

ㄴ

나르시시즘(narcissism) 48
나옹삼가(懶翁三歌) 67, 86
낙도가(樂道歌) 86
낙화(落花) 181
남악회양(南嶽懷讓) 9, 15
남양혜충(南陽慧忠) 15
남전보원(南泉普願) 16
남정사(南精舍) 196
낭도사(浪陶沙) 245
내원사(內院寺) 196
내장사(內藏寺) 280
녹로(轆轤) 49

ㄷ

다선삼매(茶禪三昧) 252
다선일여(茶禪一如) 258
다성(茶聖) 257
단속사(斷俗寺) 38
단하천연(丹霞天然) 16
대교약졸(大巧若拙) 125
대상무형(大象無形) 136
대음희성(大音希聲) 136
대자어찰(大慈御刹) 104
대흥시단(大興詩壇) 259
덕산선감(德山宣鑑) 16

도미사병중잡영(道美寺病中雜詠) 334
도연명(陶淵明) 241, 275, 327
도원(道源) 27
도창사(道昌寺) 213
도첩제도(度牒制度) 118
도패(道霈) 293
도화원기(桃花源記) 327
동산화상(洞山和尙) 28
두보(杜甫) 32, 120
득우(得牛) 77

ㅁ

마조도일(馬祖道一) 16
마하연암(摩訶衍庵) 118
만법귀일(萬法歸一) 67
망우존인(忘牛存人) 77
망중한(忙中閑) 57, 123
목우(牧牛) 77
목우도(牧牛圖) 77
묘오(妙悟) 31
묘적암(妙寂庵) 85
묘청(妙淸) 117
무념무사(無念無事) 56
무릉도원(武陵桃源) 152
무문관(無門關) 27
무문혜개(無門慧開) 27
무생가 78
무언지언(無言之言) 306
무욕계(無欲界) 330

무위진인(無位眞人) 161
무의자시집(無衣子詩集) 38
무자화두(無字話頭) 68
무현금(無絃琴) 141, 267
묵언수행 216
문익(文益) 287
물극필반(物極必反) 225
물외한정(物外閑情) 203
미타경찬(彌陀經讚) 108
미타찬(彌陀讚) 108
밀운원오(密雲圓悟) 293

ㅂ

반본환원(返本還源) 77, 78
반상합도(反常合道) 22, 144, 198
반야가(般若歌) 106
반죽(班竹) 135
방편교(方便教) 159
백납가(百衲歌) 67, 86
백설당(白雪堂) 179
백수시(柏樹詩) 236
백양사(白羊寺) 148, 279
백운사(白雲寺) 293
백운암가(白雲庵歌) 70
백장회해(百丈懷海) 16
백파긍선(白坡亘璇) 234
백화도인(白華道人) 133
법보사찰(法寶寺刹) 284
법안종(法眼宗) 16

법왕가(法王歌) 106
법원사(法源寺) 85
법집별행록사기증정(法集別行錄私記證正) 214
법집별행록절요사기(法集別行錄節要私記) 179
법화경(法華經) 159
법화칠유(法華七喩) 159
벽계구이(碧溪九二) 178
벽암록 27
벽암록(碧巖錄) 15
변협(邊協) 118
보광사(普光寺) 69
보리암(菩提庵) 303
보명(普明) 77
보문사(普門寺) 303
보은사(報恩寺) 288
본성(本誠) 299
봉은사(奉恩寺) 118, 133, 252
불각사(佛脚寺) 68
불도일행(佛道一行) 114
불리문자(不離文字) 16
불립문자(不立文字) 16
불법하처재(佛法何處在) 341
불살생계(不殺生戒) 147
불씨잡변(佛氏雜辯) 103
불이선(不二禪) 252
불조직지심체요절(佛祖直指心體要節) 66

ㅅ

사나사(舍那寺) 255
사유수(思惟修) 13
사패(詞牌) 244
산거잡영(山居雜詠) 238
산중문답(山中問答) 181, 204
산중자락가(山中自樂歌) 68
삼가귀감(三家龜鑑) 133
삼몽사(三夢詞) 143
삼성각(三聖閣) 281
삼오칠언(三五七言) 191, 193
삼의(三衣) 20
삼일포(三日浦) 187
삼종선(三種禪) 251
삼처전심(三處傳心) 14
상당법어(上堂法語) 50
상두암(象頭庵) 85
서산대사(西山大師) 133
서왕가(西往歌) 86
서정주(徐廷柱) 286
서호주인(西湖主人) 126
석왕사(釋王寺) 214
선경후사(先景後事) 121
선관서영(善官署令) 84
선교결(禪教訣) 133
선교석(禪教釋) 133
선교일체론(禪教一體論) 119
선나(禪那) 12
선리시(禪理詩) 26
선문강요(禪門講要) 39
선문염송집(禪門拈頌集) 27
선문오종(禪門五宗) 16
선사시(禪事詩) 26
선암사(仙巖寺) 279
선원제전집도서과평(禪源諸詮集都序
  科評) 179
선정(禪定) 12
선취시(禪趣詩) 26
설두중현(雪竇衆顯) 27
설암난고(雪巖亂藁) 178
설암잡저(雪巖雜著) 178
성현(成俔) 305
소상팔경(瀟湘八景) 179
소설산(小雪山) 68
소순기(蔬筍氣) 254
수도가(修道歌) 86
수룡색성(袖龍賾性) 260
수룡색성(袖龍賾性) 236
수미산(須彌山) 126
수선교화(修禪教化) 56
수선사(修禪社) 37, 56
수시(垂示) 28
수시체(數詩體) 196
수연낙명(隨緣樂命) 44, 268
순교승(殉教僧) 118
숭수원(崇壽院) 288
습득(拾得) 24
승민(僧旻) 289
승속일여(僧俗一如) 169

승예(僧叡)　295
승원가(僧元歌)　67
시경(詩經)　167
식암거사(息庵居士)　165
신광사(神光寺)　85
신구(神龜)　158
신돈(辛旽)　334
신돈(辛頓)　117
신익성(申翊聖)　164
신화(神話)　10
신흥사(新興寺)　148
심우(尋牛)　77
심우도(尋牛圖)　77
십우도(十牛圖)　77
쌍계사(雙磎寺)　164

ㅇ

아리스토텔레스　10
아서구(牙瑞具)　84
아황(娥皇)　135
안분자족(安分自足)　277
안분지족(安分知足)　138
안빈낙도(安貧樂道)　113, 152
안빈낙도(安貧樂道)　33
안양찬(安養讚)　108
안연(顔淵)　128
애월(愛月)　291
약산유엄(藥山惟儼)　16
양산사(陽山寺)　69

양주학　316
어가오(漁家傲)　244
어적십난(禦敵十難)　171
엄우(嚴羽)　31
여규형(呂圭亨)　237
여래찬(如來讚)　289
여산진면목(廬山眞面目)　241
여영(女英)　135
연곡사(燕谷寺)　148
열반송　62
열조시집(列朝詩集)　287
영가현각(永嘉玄覺)　15
영각원현(永覺元賢)　293
영남간고상(嶺南艱苦狀)　58
영랑도남석행(永郎徒南石行)　187
영물시(詠物詩)　97
영원사(瑩源寺)　85
영주가(靈珠歌)　67
영허해일(暎虛海日)　318
예미도중(曳尾途中)　158
오도송(悟道頌)　76, 145, 341
오자서(伍子胥)　128
옹방강(翁方綱)　236
완주가(翫珠歌)　86
왕국유(王國維)　31
왕부지(王夫之)　31
왕사진(王士禛)　31
왕유(王維)　32
요승(妖僧)　117
요연선사(了然禪師)　85

용암체조(龍巖體照) 319
용천(龍天) 294
용추사법당중건기(龍湫寺法堂重建記) 149
우바새(優婆塞) 156
우연(虞淵) 313
운문종(雲門宗) 16
운산음(雲山吟) 70
운수단(雲水壇) 133
운흥사(雲興寺) 251
원각경(圓覺經) 68
원오국사(圓悟國師) 55
원응계정(圓應戒定) 237
원증국사석종비명(圓證國師石鐘碑銘) 255
원효(元曉) 36
월등사(月燈寺) 39
월저도안(月渚道安) 178
위앙종(潙仰宗) 16
위음왕불(威音王佛) 73
유불일치(儒佛一致) 113
유인석(柳麟錫) 314
유정(惟政) 131
육근송(六根頌) 291
육수정(陸修靜) 275
육조 혜능(慧能) 13
윤회사상(輪廻思想) 20
은일지사(隱逸之士) 334
음풍영월(吟風詠月) 40
의상(義湘) 36

의상암(義湘庵) 104
의승병(義僧兵) 147, 163
의현(義賢) 164
이곡(李穀) 338
이규보(李奎報) 325, 337
이민구(李敏求) 312
이백(李白) 32, 120, 138, 228
이색(李穡) 82, 334
이숭인(李崇仁) 330, 335
이심전심(以心傳心) 17, 154
이언절려(離言絶慮) 22, 79
이제현(李齊賢) 227, 328
이조혜가(二祖慧可) 14
이집(李集) 334
이타교화(利他敎化) 78
이타행(利他行) 58
이형기 181
익재진자찬(益齋眞自讚) 227
인수원(仁壽院) 163
인우구망(人牛俱忘) 77
일용우(日用憂) 211
일용찬(日用讚) 212
일체무상(一切無常) 342
임제선(臨濟禪) 68
임제의현(臨濟義玄) 16
임제종(臨濟宗) 16
임종게(臨終偈) 81, 129, 144, 145, 148, 198, 293
임춘(林椿) 326
임포(林逋) 126

입유출불(入儒出佛)　172
입전수수(入廛垂手)　77

ㅈ

자경음(自慶吟)　106
자력행(自力行)　216
자리행(自利行)　78
자수원(慈壽院)　163
자재암　281
자초무학(自超無學)　104
잡시(雜詩)　241
잡체시(雜體詩)　167
장경혜릉(長慶慧稜)　288
장광설(長廣舌)　75
장금봉(張錦峰)　280
장안사(長安寺)　118
장엄사(莊嚴寺)　290
장자(莊子)　158
장춘동잡시(長春洞雜詩)　236
재점팔두(才占八斗)　272
전겸익(錢謙益)　287
정도전(鄭道傳)　103
정두경(鄭斗卿)　165
정려(靜慮)　12
정림사(定林寺)　290
정몽주(鄭夢周)　82
정사룡(鄭士龍)　306
정약용(丁若鏞)　234
정양사(正陽寺)　120

정전백수자(庭前栢樹子)　341
정학연(丁學淵)　257
제자백가(諸子百家)　32
제행무상(諸行無常)　110
조동종(曹洞宗)　16
조문명(趙文命)　311
조사서래의(祖師西來意)　295
조원사(祖院寺)　196
조위한(趙緯韓)　307
조주종심(趙州從諗)　16
조주종심(趙州從諗)　341
종안(宗眼)　178
종풍가(宗風歌)　106
주희(朱熹)　80
중흥사(重興寺)　68
증도가(證道歌)　68, 86, 90
지공(指空)　85
지눌(知訥)　37, 56
지장(智藏)　296
진상사(眞常寺)　196
진실교(眞實敎)　159
진진응(陳震應)　280
진해탈인(眞解脫人)　161

ㅊ

참선명(參禪銘)　70
창랑시화(滄浪詩話)　31
채제공(蔡濟恭)　220
책수음(策修吟)　106

처매자학(妻梅子鶴) 126
처영(處英) 131
천룡팔부(天龍八部) 294
천태산(天台山) 24
천호암(天湖庵) 68
철경응언(掣鯨應彦) 236
철필(鐵筆) 261
청원행사(靑原行思) 15
청전표(請田表) 55
청정본성(淸淨本性) 75
청평사(淸平寺) 118
청허휴정(淸虛休靜) 317
최우(崔瑀) 39
최치원(崔致遠) 332
취모검(吹毛劍) 80
층시(層詩) 167
치문(緇門) 260
친원파(親元派) 84
칠정(七情) 100
침교법훈(枕蛟法訓) 236

ㅌ

타력행(他力行) 216
태고유음(太古遺音) 69
태고집(太古集) 69
태조암(太祖庵) 279

ㅍ

팔도선교도총섭(八道禪敎都摠攝) 164

평담한정(平淡閑情) 220
표훈사(表訓寺) 118

ㅎ

하택신회(河澤神會) 15
한산(寒山) 24
항몽기(抗蒙期) 58
행주좌와(行住坐臥) 122
향림사(香林寺) 165
허훈(許薰) 313
현정론(顯正論) 104
호계삼소(虎溪三笑) 275
호법론(護法論) 165
호불간쟁(護佛諫諍) 164
혹세무민(惑世誣民) 111
화두(話頭) 27
화엄강회록(華嚴講會錄) 179
환성지안(喚醒志安) 214
환오극근(圜悟克勤) 27
회고가(懷古歌) 82, 109
회광반조(廻光反照) 14, 17
회암사(檜巖寺) 67, 85, 104
회자정리(會者定離) 229
흥복사(興福寺) 290
희각공비니(希覺攻毘尼) 288
희작(戲作) 191

임종욱(林鍾旭)

1962년 경상북도 예천(醴泉)에서 출생했다. 동국대학교 국문학과를 졸업했고, 동대학원에서 박사학위를 받았다. 전공은 한문학이고, 현재 청주대학교 사범대학 한문교육과 전임강사로 재직하고 있다.

저서에 『운곡(耘谷) 원천석(元天錫)과 그의 문학』과 『고려시대(高麗時代) 문학의 연구』, 『한국한문학(韓國漢文學)의 이론과 양상』, 『중국의 문예인식』, 『중국문학에서의 문장체제 인물 유파 풍격』, 『여말선초(麗末鮮初) 한문학의 동향과 불교(佛敎) 한문학의 진폭』이 있다. 편저로 『고사성어대사전』, 『동양문학비평용어사전-중국편-』, 『한국한자어속담사전』, 『동양학대사전』(전4권) 등이 있으며, 번역한 책으로 『화담집(花潭集)』, 『초의선집(艸衣選集)』, 『논어(論語)』, 『몽구(蒙求)』, 『명심보감(明心寶鑑)』, 『천자문(千字文)』 등이 있다. 약 50여 편의 논문을 발표했고, 2500년 전 공자(孔子) 시대와 현재를 오가면서 벌어지는 의문의 살인사건과 그 실체를 추적한 장편소설 『소정묘 파일』(1·2, 달궁)을 출간했다.

현재 한국학술진흥재단이 지원하는 〈한국문집 소재 부(賦) 역주 해제〉(3년 과제) 프로젝트에 책임교수로 있으면서 우리나라 부 문학 전반에 대한 번역과 연구를 진행하고 있다.

우리 고승들의 禪詩 세계

2006년 10월 20일 초판 발행

지은이   임종욱
펴낸이   김흥국
펴낸곳   도서출판 **보고사**

등록   1990년 12월(제6-0429)
주소   서울시 성북구 보문동 7가 11번지
편집부 922-5120~1, 영업부 922-2246, 팩스 922-6990
홈페이지   www.bogosabooks.co.kr
메일   kanapub3@chol.com

ⓒ 임종욱, 2006
ISBN 89-8433-493-6 (93810)
정가 12,000원

* 잘못된 책은 바꾸어 드립니다.
* 저자와의 협의에 의하여 인지를 생략합니다.